GUIDE PRATIQUE DE LA SARL

et de L'EURL

Création et gestion de la SARL, de l'EURL, de la SELARL, de la SELU et de l'EARL

Éditions d'Organisation
Groupe Eyrolles
61, bd Saint-Germain
75240 Paris cedex 05

www.editions-organisation.com
www.editions-eyrolles.com

ISBN : 978-2-212-54686-6

PASCAL DÉNOS

Diplômé d'expertise-comptable
DESS en banques et finances

GUIDE PRATIQUE DE LA SARL

et de l'EURL

Création et gestion de la SARL, de l'EURL, de la SELARL, de la SELU et de l'EARL

Compléments en ligne sur
www.editions-organisation.com/livres/denos

Cinquième édition

EYROLLES
Éditions d'Organisation

Du même auteur
Dans la même collection

Guide pratique de l'entreprise individuelle
Guide pratique de la SAS et de la SASU
Guide pratique de la SCI
Gestion de patrimoine : optimisez votre investissement immobilier

LES QUESTIONS AUXQUELLES RÉPOND CE LIVRE

LE CHOIX DE LA SARL COMME STRUCTURE JURIDIQUE

- Pourquoi choisir la SARL ?
- Comment constituer la SARL ?
- Comment modifier les statuts de la SARL ?
- Les structures de partenariat
- Transformer la SARL
- Restructurer la SARL
- Comment dissoudre la SARL
- Cession, transmission, nantissement et location des parts sociales
- La responsabilité pénale de la SARL

LE STATUT DU GÉRANT DE LA SARL

- Nomination, révocation et démission du gérant
- Cumul des fonctions de gérant et de salarié
- La protection sociale du gérant
- Le statut du conjoint du gérant
- Les responsabilités du gérant
- Imposition des rémunérations du gérant

LE FINANCEMENT DE LA SARL

- Les apports des associés
- Les emprunts auprès des tiers ou des associés
- La garantie par les associés des engagements financiers de la SARL
- L'augmentation de capital
- La réduction de capital
- Les emprunts obligataires

L'ENTREPRISE AGRICOLE À RESPONSABILITÉ LIMITÉE

LA SARL POUR DÉVELOPPER UN PROJET D'ENTREPRENEURIAT SOCIAL

SUPPLÉMENTS INTERNET

Pour obtenir les suppléments Internet de cet ouvrage (imprimés fiscaux commentés, actes types pour le suivi juridique et compléments d'information), rendez-vous sur le site des Éditions d'Organisation : *http://www.editions-organisation.com*, puis tapez le code de l'ouvrage (54686), dans le champ de recherche en haut à gauche.

Une fois sur la fiche de l'ouvrage, vous pouvez télécharger les suppléments dans la rubrique Téléchargements de la colonne de droite.

Sommaire des annexes disponibles en téléchargement

TABLE DES MATIÈRES

Chapitre 2

Le statut du gérant de la SARL

Chapitre 3
LE FINANCEMENT DE LA SARL

Chapitre 4
LA GESTION ET LE CONTRÔLE DE LA SARL

Chapitre 5

La prévention et le traitement des difficultés financières de la SARL

Chapitre 6

L'entreprise unipersonnelle à responsabilité limitée (EURL)

Chapitre 9

LA SARL POUR DÉVELOPPER UN PROJET D'ENTREPRENEURIAT SOCIAL

ANNEXE

1

LE CHOIX DE LA SARL COMME STRUCTURE JURIDIQUE

1. La SARL en bref

L'essentiel sur la société à responsabilité limitée (SARL)

La SARL est une structure juridique bien adaptée aux petites et moyennes entreprises. Elle permet de développer un projet sans changer de forme juridique. La SARL est une société dont la **responsabilité des associés** est **limitée** au montant de leurs apports. La SARL est une société fermée avec un petit nombre d'associés qui se connaissent bien. Cependant, pour ne pas freiner son développement, le nombre d'associés peut être porté à cent. Les parts sociales ne sont pas librement cessibles à des tiers : il faut l'agrément des autres associés. La SARL ne peut pas faire appel public à l'épargne mais peut émettre des obligations non cotées. **Deux associés** suffisent pour constituer une SARL. Une SARL peut être constituée avec **un seul associé** : elle devient une **EURL** (entreprise unipersonnelle à responsabilité limitée). La SARL est constituée facilement et son fonctionnement est simple. Un seul gérant suffit pour diriger la SARL. Le gérant peut avoir le statut fiscal et social de **salarié** (gérant minoritaire) ou de **travailleur indépendant** (gérant majoritaire). **Aucun capital minimum** n'est exigé. En effet, le montant du capital social est librement fixé par les associés. Le capital doit être libéré du cinquième au moins lors de la constitution. Le capital peut être variable.

.../...

.../...

Les **apports en industrie** sont possibles : des parts inaliénables sont remises en contrepartie du travail et du savoir-faire de l'associé. Elles donnent droit au partage du bénéfice et de participer aux décisions collectives. Elles ne contribuent pas à la formation du capital. La SARL est soumise à **l'impôt sur les sociétés**. Une **SARL de famille** peut opter pour **l'impôt sur le revenu (IR)**. Les **jeunes SARL** peuvent opter pour **l'impôt sur le revenu** pour une période de 5 ans. Les dividendes distribués par une SARL soumise à l'impôt sur les sociétés sont taxés au niveau des associés soumis à l'impôt sur le revenu après un abattement de 40 %. Les associés doivent respecter des règles de fonctionnement imposées par la loi. **Le commissaire aux comptes n'est pas obligatoire**, sauf dans les SARL importantes. Les apports en industrie sont autorisés dans les SARL de famille. Les associés n'ont pas la qualité de commerçant. Les cessions de parts sociales sont imposées au taux de 5 %.

2. Pourquoi choisir la SARL ?

2.1. Avantages et inconvénients de la SARL

Le choix de la SARL comme structure juridique peut intervenir à tout moment de la vie de l'entreprise : à la création, lors de son développement, ou lorsque le chef d'entreprise envisage de quitter ses responsabilités.

Le chef d'entreprise a deux possibilités pour exercer son activité :

- il peut opter pour l'**entreprise individuelle**[1]. Dans ce cas, son patrimoine professionnel se confond avec son patrimoine privé, et selon la nature de l'activité exercée, il aura le statut de commerçant, d'artisan ou de professionnel libéral ;
- il peut créer une **société**. Il y a alors distinction entre le patrimoine professionnel, qui est celui de la société, et son patrimoine privé.

1. Voir le *Guide pratique de l'entreprise individuelle à responsabilité limitée (EIRL)* aux Éditions d'Organisation.

S'il choisit la société, il doit alors choisir entre deux grands types de sociétés commerciales :

- les **sociétés de personnes**, comme la société en nom collectif, qui présentent peu de différences par rapport à l'entreprise individuelle.
  La responsabilité des associés est illimitée car ils ont le statut de commerçant ; ils sont responsables solidairement et indéfiniment des dettes de l'entreprise. L'associé engage non seulement sa mise de fonds, mais également l'intégralité de son patrimoine.
  La cessation de paiements de la société entraîne le règlement judiciaire ou la liquidation des biens de chaque associé.
  « *L'intuitu personae* » est très fort, c'est-à-dire que la personnalité de chaque associé compte avant tout. L'apport de moyens et d'argent n'est pas prédominant.
- Les **sociétés de capitaux**, comme la société anonyme ou la SAS[1] : les associés, appelés actionnaires, n'ont pas la qualité de commerçant, et ne sont responsables qu'à hauteur de leur apport de fonds.

Le chef d'entreprise peut également créer une société avec un seul associé : une entreprise unipersonnelle à responsabilité limitée (EURL – voir page 273), une société par actions simplifiée unipersonnelle (SASU)[1], une société d'exercice libéral unipersonnelle (SELU) s'il exerce une profession libérale ou une entreprise agricole à responsabilité limitée unipersonnelle (EARL) pour l'exercice d'une activité agricole.

La SARL est une société de capitaux qui possède certaines caractéristiques des sociétés de personnes. La SARL est une formule simple et souple qui concilie les principaux avantages de la société en nom collectif et de la société anonyme.

De nombreux chefs d'entreprise optent pour la SARL car elle échappe à la plupart des inconvénients présentés par l'entreprise individuelle et parce que sa constitution et son mode de fonctionnement sont plus simples et moins onéreux que ceux de la société anonyme.

La SARL est la forme de société la plus répandue en France essentiellement pour deux de ses avantages : elle permet de limiter la responsabilité des associés, et elle donne le statut de salarié au gérant minoritaire.

1. Voir le *Guide pratique de la SAS et de la SASU* aux Éditions d'Organisation.

Les développements qui suivent ont pour objectif de permettre au chef d'entreprise de décider si la SARL est la meilleure structure juridique pour son entreprise. L'étude dans le détail de ces différents éléments de réflexion sera présentée dans les autres parties du guide.

2.1.1. Avantages de la société à responsabilité limitée

1. *La responsabilité des associés est limitée au montant de leurs apports*, de leur mise initiale : si les associés constituent une SARL en apportant 5 000 € de capital, leur risque maximum est de perdre ces 5 000 € si la SARL ne peut pas payer ses dettes. Par opposition, le dirigeant d'une entreprise individuelle est indéfiniment responsable des dettes professionnelles sur son patrimoine privé. Il en est de même pour les associés de sociétés de personnes qui ont la qualité de commerçant, et sont responsables indéfiniment et solidairement des dettes sociales. Cependant, dans une EIRL (entreprise individuelle à responsabilité limitée), la responsabilité de l'entrepreneur peut être limitée au patrimoine qu'il affecte à l'entreprise.
2. Le gérant minoritaire ou égalitaire est assimilé à un salarié :
   - Au regard de la Sécurité sociale, il cotise au régime général de la Sécurité sociale et au régime des cadres, et il bénéficie de la même couverture de risques qu'un salarié, à l'exception du régime d'assurance chômage (le bénéfice du régime d'assurance chômage peut dans certains cas être accordé).
   - Au regard de la législation fiscale, son salaire bénéficie, comme pour un salarié, de la réduction forfaitaire de 10 % pour frais professionnels.
   - Le salaire de son conjoint est déductible. Dans l'entreprise individuelle, le salaire du conjoint n'est déductible que dans certaines limites.
3. *Pour financer son développement, la SARL peut avoir recours aux apports en capital* : une personne étrangère à l'entreprise peut lui apporter de l'argent qui augmentera son capital social, et elle deviendra ainsi associée de l'entreprise. Ce mode de financement connaît un développement constant car il permet de drainer les fonds des sociétés de capital-risque de proximité, des fonds d'investissement créés par les collectivités locales… C'est un avantage

décisif pour la société par rapport à l'entreprise individuelle qui ne peut recourir, en dehors des apports du chef d'entreprise, qu'aux emprunts bancaires ou familiaux. Alors que l'emprunt donne lieu, obligatoirement, à paiement d'intérêts et à remboursement du principal, l'apport en capital est rémunéré par un paiement de dividendes si la trésorerie de l'entreprise le permet ; le remboursement de l'apport initial intervient uniquement quand l'associé se retire.
De plus, un associé peut renforcer son soutien financier à la SARL sous forme de compte courant rémunéré. La SARL peut émettre des obligations afin de financer son développement.

4. *Si l'entreprise est fortement bénéficiaire, la SARL permet un gain net de cotisations sociales.* En effet, dans une SARL, les cotisations sociales sont calculées uniquement sur la rémunération versée au gérant, qu'il soit minoritaire ou majoritaire (le bénéfice de la SARL versé au gérant, s'il est associé, sous forme de dividendes, n'est pas soumis à cotisations sociales). En revanche, dans une entreprise individuelle les cotisations sociales sont calculées à partir de la totalité du bénéfice de l'entreprise individuelle, même si ce bénéfice n'est pas prélevé par l'exploitant. Cependant, quand l'EIRL opte pour l'impôt sur les sociétés, les charges sociales sont calculées sur la rémunération de l'entrepreneur.

5. La SARL permet également un gain d'impôt si l'entreprise est fortement bénéficiaire.

   Les résultats de la SARL sont obligatoirement soumis à l'impôt sur les sociétés au taux de 15 %[1] (sauf pour les SARL de famille et les jeunes SARL). En revanche, les résultats d'une entreprise individuelle, d'une EURL, ou d'une société de personnes (si l'associé est une personne physique) sont imposés à l'impôt sur le revenu dans la catégorie des BIC (bénéfices industriels et commerciaux) pour une activité industrielle, commerciale ou artisanale (BNC pour les professions libérales). Le taux de l'impôt sur le revenu est progressif, et peut atteindre 40 % pour la partie des résultats qui dépasse certains montants (application du barème progressif). L'EIRL peut cependant opter pour l'impôt sur les sociétés.

   Si l'entreprise est fortement bénéficiaire, la constitution d'une SARL permet de réaliser un gain fiscal immédiat : le bénéfice est

1. Pour les « petites » SARL, voir page 234.

imposé au taux de 15 % au lieu d'un taux proche de 40 %. Cette économie d'impôt peut être consacrée à l'autofinancement de l'entreprise. Le résultat de la SARL taxé à l'IS au taux de 15 % pourra être distribué aux associés sous forme de dividendes[1].
Le dividende distribué sera alors soumis à l'impôt sur le revenu dans la catégorie des revenus de capitaux mobiliers.

6. *La SARL permet une économie de droits d'enregistrement au moment de la cession de l'entreprise* ; ce qui permet de négocier un prix de vente plus important, dans la mesure où l'acheteur paie des droits d'enregistrement plus faibles.

En effet, dans la SARL, la cession de l'entreprise se fait par la vente des parts sociales dont le montant est imposé au taux de 5 %. Alors que la cession d'une entreprise individuelle est assujettie à un droit d'enregistrement qui est également de 5 %, mais qui s'applique à la valeur brute des biens vendus (c'est la valeur du fonds de commerce qui est retenue sans la minorer du montant des dettes de l'entreprise).

7. La SARL permet d'organiser la transmission de l'entreprise :

Dans une entreprise individuelle, en cas de décès du chef d'entreprise, ses enfants, et éventuellement son conjoint s'il est marié sous le régime de la communauté, deviendront propriétaires indivis de l'entreprise. Or, l'indivision, surtout si elle n'est pas organisée, est la pire structure juridique pour assurer la pérennité de l'entreprise. En effet, l'entreprise devra être vendue si les héritiers qui veulent poursuivre l'activité n'ont pas les moyens de racheter la part des cohéritiers qui voudraient immédiatement encaisser leur héritage (le Code civil permet à tout indivisaire de demander le partage à tout moment, en s'adressant à la justice, le cas échéant). De plus, l'indivision est régie par le principe de l'unanimité qui oblige les indivisaires à un consensus permanent sur la façon de conduire l'activité ; ce qui est incompatible avec une gestion rapide et souple de l'entreprise.
La SARL permet d'éviter ces inconvénients. Il est facile d'attribuer à chaque héritier le nombre exact de parts sociales lui revenant sans remettre en cause la pérennité de l'entreprise. Par ailleurs, pour gérer la SARL, il suffit que les héritiers qui poursui-

1. Voir page 243.

vent l'exploitation soient majoritaires afin de ne pas être gênés par l'opposition éventuelle des autres héritiers car le principe de gestion de la SARL est la majorité.

8. *L'associé d'une SARL n'a pas la qualité de commerçant,* alors que dans une société en nom collectif l'associé a obligatoirement la qualité de commerçant. La SARL est donc une forme juridique intéressante pour des personnes :
   - qui n'ont pas la capacité juridique pour être commerçant – si un associé d'une SARL décède, et que ses héritiers sont des mineurs, la SARL pourra continuer sans transformation ;
   - qui exercent des fonctions incompatibles avec la qualité de commerçant : la SARL autorise l'exercice d'une profession libérale dont la déontologie est incompatible avec le statut de commerçant – un fonctionnaire peut devenir associé d'une SARL...

9. *Il faut seulement deux associés pour constituer une SARL* (le chef d'entreprise et son conjoint, par exemple) alors qu'il faut sept associés pour constituer une société anonyme.

10. *L'apport minimal pour constituer une SARL est plus faible* que celui nécessaire pour constituer une SA puisqu'aucun capital minimum n'est exigé. De même, aucun capital minimum n'est exigé pour la SAS.

11. *Le commissaire aux comptes n'est pas obligatoire* pour une petite SARL, alors qu'il est obligatoire pour une société anonyme quelle que soit sa taille et son chiffre d'affaires. De même, le commissaire aux comptes n'est pas obligatoire dans une petite SAS.

12. *Les formalités de constitution sont relativement simples* et beaucoup moins complexes que celles exigées pour une société anonyme.

13. *Le fonctionnement de la SARL est plus simple que celui de la SA :* le gérant a l'essentiel des pouvoirs (dans une SA, il y a au moins trois administrateurs), et la consultation des associés peut être effectuée par écrit (sauf pour l'approbation annuelle des comptes).

14. *La SARL permet d'organiser les pouvoirs* avec deux cogérants. Par contre, dans une entreprise individuelle, le chef d'entreprise est le seul patron, et il ne lui est pas possible de partager le pouvoir à moins de le déléguer (au « conjoint collaborateur »), ou de créer une société de fait.

Zoom n° 1

SARL ou SAS au capital d'1 € : est-ce bien raisonnable ?

Le montant du capital social d'une SARL ou d'une SAS est librement fixé par les associés. La société peut donc être constituée avec seulement **1 €**. En revanche, le capital minimum de la SA est de 37 000 € et doit être libéré de la moitié au moins lors de la constitution : une SA ne peut donc être constituée qu'avec au minimum 18 500 €. Cependant, le montant du capital doit être suffisant pour réaliser l'objet social. S'il est dérisoire par rapport aux besoins de l'exploitation, **les associés peuvent être condamnés au paiement des pertes de la SARL** car ces pertes sont la conséquence directe de la faiblesse du capital lors de la création, même s'il est supérieur au minimum légal.

2.1.2. Inconvénients de la société à responsabilité limitée

1. La responsabilité des associés est souvent engagée au-delà de leurs apports car :
   - les banques demandent aux dirigeants de se porter caution pour la SARL afin de garantir les crédits dont elle a besoin pour son activité. La qualité de caution permet à la banque de poursuivre le dirigeant sur ses biens personnels pour obtenir le remboursement des prêts si la SARL est défaillante ;
   - en cas de redressement judiciaire ou de liquidation des biens, le tribunal de commerce peut estimer qu'il y a eu faute de gestion et que les dettes sociales, en totalité ou en partie, seront supportées par le gérant, de droit ou de fait.

2. Le gérant majoritaire est assimilé à un entrepreneur individuel :
   - Au regard de la Sécurité sociale, il cotise au régime des employeurs et travailleurs indépendants, et ne bénéficie donc pas de tous les avantages sociaux du gérant minoritaire salarié. Cependant, le régime des travailleurs indépendants, par rapport au régime des salariés dont relève le gérant minoritaire, est avantageux au niveau trésorerie car les cotisations sont moins importantes que les charges sociales sur salaires. La trésorerie ainsi dégagée peut être consacrée au développement de l'entreprise, ou à des régimes complémentaires, des investissements personnels pour compléter les prestations sociales, préparer un complément de retraite.

– Au regard de la législation fiscale, le gérant majoritaire ne perçoit pas un salaire mais une rémunération imposée fiscalement selon l'article 62 du CGI « rémunération des dirigeants ». Cependant la rémunération du gérant majoritaire bénéficie de l'abattement de 10 % comme pour un salarié. Sa position est donc proche de celle du gérant minoritaire.
– La déduction fiscale du salaire du conjoint est soumise aux mêmes limites que dans l'entreprise individuelle.

3. *Des droits d'enregistrement sont exigibles sur les biens apportés* pour la constitution de la SARL. Dans l'entreprise individuelle, aucun droit n'est exigible puisqu'il y a confusion entre le patrimoine professionnel et le patrimoine personnel. Cependant, l'apport d'une entreprise individuelle à une SARL est exonéré de droits d'enregistrement si l'associé prend l'engagement de conserver les titres reçus en rémunération de son apport pendant au moins cinq ans.

4. *Un associé de SARL ne peut pas céder librement ses parts sociales à des tiers* comme c'est le cas dans une société anonyme. Cependant, un associé peut quitter la société s'il a trouvé un acheteur : si les associés refusent d'agréer l'acheteur, ils doivent alors acheter ou faire acheter les parts sociales du cédant. Par ailleurs, il est fréquent dans la SA que des clauses limitent la libre cessibilité des actions.

5. La SARL entraîne, par rapport à l'entreprise individuelle, des *frais de constitution* plus élevés (les honoraires pour la rédaction des statuts, les droits d'enregistrement, les frais de publicité légale et les frais de greffe), et des *frais de fonctionnement juridique* car il faut tenir des assemblées d'associés (temps passé, honoraires d'un avocat pour « faire le juridique »). Cependant, pour une entreprise de moyenne importance (c'est le cas, en principe, d'une SARL), ces frais ne sont pas significatifs.

6. Dans une SARL, le chef d'entreprise devient *un associé qui ne doit pas confondre le patrimoine de la société et son patrimoine personnel* (pour éviter d'être poursuivi pour abus de biens sociaux), même s'il possède la quasi-totalité des parts sociales.

7. Si la SARL est déficitaire, le déficit se reporte sur les bénéfices à venir sans limitation de durée. Le déficit reste captif au sein de la SARL. En revanche, dans une entreprise individuelle, le déficit viendra en diminution des autres revenus éventuels, et permettra ainsi un gain d'impôt sur le revenu.

8. Une partie des bénéfices de la SARL doit être mise en réserve, et ne peut donc pas être distribuée.
9. Le redressement fiscal portant sur une insuffisance de recette déclarée aura une incidence plus lourde que pour une entreprise individuelle car, d'une part, la société devra payer un complément d'impôt sur les sociétés et, d'autre part, le gérant devra payer un complément d'impôt sur le revenu au titre des « distributions occultes » (cascade d'impôts).
10. La SARL ne peut pas bénéficier, comme l'entreprise individuelle, du régime fiscal des micro-entreprises, et de la comptabilité « super-simplifiée ».

2.2. Pour quels projets utiliser la SARL ?

2.2.1. Développer un projet professionnel

La SARL est une bonne formule pour un créateur. Il pourra constituer rapidement et à peu de frais une SARL pour débuter son activité avec un capital qui n'est pas important. Si son entreprise se développe vite, il pourra envisager la transformation de la SARL en SA ou en SAS si besoin est.

La SARL est également une formule simple et souple pour un dirigeant qui souhaite **« mettre en société » une entreprise individuelle de moyenne importance ou développer un partenariat avec d'autres entreprises**.

La constitution de la SARL permettra au chef d'entreprise de limiter sa responsabilité au montant du capital qu'il apporte, d'éviter d'avoir le statut de commerçant, de réunir d'autres associés dans le cadre d'un partenariat, de préparer la transmission de son entreprise tout en assurant sa pérennité, de se faire épauler tout en restant le maître de l'affaire, de payer moins de charges sociales et fiscales sur les bénéfices laissés dans l'entreprise pour en assurer l'autofinancement, d'attirer des capitaux pour son développement, et de bénéficier du statut de salarié (gérant minoritaire).

Zoom n° 2

Entreprise individuelle ou SARL pour débuter votre activité ?

Vous pouvez **débuter votre activité sous la forme d'une entreprise individuelle** ou d'une **auto-entreprise**, et lorsque vous aurez atteint un certain niveau d'activité, **vous transformez votre entreprise individuelle en SARL**[1]. Vous n'aurez pas à payer de droits d'enregistrement sur l'apport du fonds de commerce à la SARL si vous prenez l'engagement de conserver les titres reçus en rémunération de cet apport pendant au moins cinq ans. Les plus-values bénéficieront d'un régime d'imposition de faveur.

En revanche, si vous voulez développer rapidement votre entreprise, attirer des capitaux afin de financer le lancement et le développement de l'entreprise et la vendre à terme, vous avez intérêt à **opter pour une structure sociétaire de type SARL ou SAS**[2] dès la création. Il en est de même si l'entreprise génère des bénéfices importants laissés pour partie dans l'entreprise pour son autofinancement.

Zoom n° 3

La SARL est-elle la structure adaptée à votre projet ?

Une synthèse des avantages et inconvénients de la SARL par rapport aux autres formes sociales est exposée sous forme de tableaux en annexe page 332 et suivantes.

Zoom n° 4

Créer une SARL uniquement pour améliorer sa protection sociale : une stratégie dépassée

Pour les régimes obligatoires d'assurance maladie-maternité, la protection sociale du travailleur indépendant est aujourd'hui quasi identique à celle d'un salarié. Pour les autres risques, la protection sociale des salariés est meilleure mais à coût plus élevé. L'entrepreneur individuel peut faire des arbitrages pour améliorer sa couverture sociale et décider de s'affilier ou non à tel ou tel régime facultatif.

1. Voir le *Guide pratique de l'entreprise individuelle à responsabilité limitée (EIRL)* aux Éditions d'Organisation.
2. Voir *Guide pratique de la SAS et de la SASU* aux Éditions d'Organisation.

Cas n° 1

Transformer son entreprise individuelle en SARL pour réaliser d'importantes économies de charges sociales et d'impôt sur le revenu

Vous exploitez un fonds de commerce ou une clientèle évalué à 1 000 000 € dans le cadre d'une entreprise individuelle qui n'a pas opté pour l'IS. Votre entreprise dégage un bénéfice annuel de 100 000 € avant rémunération et charges sociales. Vous avez besoin de 50 000 € par an pour vivre. Votre taux marginal d'imposition est de 35 %. Les charges sociales sont de 42 %.

Vous décidez de mettre en SARL votre entreprise individuelle. La SARL est imposée à l'IS. En tant que gérant, vous vous attribuez une rémunération de 50 000 €. Le bénéfice pourra être distribué sous forme de dividendes ou mis en réserve pour assurer l'autofinancement de l'entreprise.

La simple mise en SARL de votre entreprise individuelle va permettre **une importante économie d'impôt sur le revenu et de charges sociales** car vos prélèvements pour vivre sont inférieurs aux bénéfices dégagés par votre activité.

Les sources d'économie sont les suivantes :

- **Charges sociales**. La transformation en SARL **diminue la base de calcul des charges sociales**. Dans une entreprise individuelle, tout le bénéfice est soumis à cotisations alors que dans une SARL, seule la rémunération attribuée au gérant (qu'il soit majoritaire avec un statut de travailleur indépendant, ou minoritaire avec un statut de salarié) est soumise à cotisation.
- **Impôt sur le revenu sur la rémunération** (IR). Tout le bénéfice de l'entreprise individuelle est imposé à l'IR (dans la catégorie BIC ou BNC ou BA) alors que seule la rémunération du gérant est imposée à l'IR (dans la catégorie traitements et salaires ou art. 62 du CGI). Cependant le bénéfice de la SARL est imposé à l'IS mais à un taux de 15 % alors que l'IR peut atteindre 40 %. Une partie plus importante, car moins imposée, pourra être consacrée au développement de la SARL.
- **Impôt sur le revenu sur les distributions**. Dans une SARL, si vous décidez de distribuer le bénéfice sous forme de dividendes, ils seront soumis à l'impôt sur le revenu dans la catégorie des RCM (revenus de capitaux mobiliers). En revanche, dans une

entreprise individuelle, vous pouvez prélever sur la caisse sans formalisme (unicité du patrimoine ; le patrimoine privé et professionnel ne font qu'un) et sans imposition (confusion de patrimoine : le bénéfice a déjà été intégralement imposé).

	Autofinancement	**Distribution**
SARL		
Au niveau de la SARL		
Bénéfice	100 000 €	100 000 €
Rémunération du gérant	– 50 000 €	– 50 000 €
Charges sociales	– 21 000 €	– 21 000 €
Bénéfice imposable	29 000 €	29 000 €
IS à 15 %	– 4 350 €	– 4 350 €
Résultat net comptable de la SARL	24 650 €	24 650 €
Dividendes	0 €	– 24 650 €
Affectation aux réserves	24 650 €	0 €
Au niveau du gérant		
Rémunération après déduction de 10 % pour frais	50 000 €	50 000 €
Impôt sur le revenu calculé sur rémunération après déduction pour frais de 10 %	– 15 750 €	– 15 750 €
	34 250 €	34 250 €
Dividendes		24 650 €
Abattement de 40 %		– 9 860 €
Abattement pour un couple marié ou pacsé		– 3 050 €
Dividende imposable		11 740 €
Impôt sur le revenu après crédit d'impôt de 230 €		– 3 879 €
Prélèvements sociaux de 11 % sur le brut[1]		– 2 712 €
		18 060 €
Au niveau consolidé		
Imposition globale	**41 100 €**	**47 691 €**
Net disponible	**58 900 €**	**52 310 €**
	100 000 €	**100 000 €**

1. Le taux de prélèvements sociaux évolue. On retient 11 % par convention.

	Autofinancement	Distribution
Entreprise individuelle		
Au niveau du chef d'entreprise individuelle		
Bénéfice Charges sociales	100 000 € – 42 000 €	
Bénéfice imposable Impôt sur le revenu	58 000 € – 20 300 €	
Net disponible	37 700 €	
Imposition globale **Net disponible**	**62 300 €** **37 700 €**	
	100 000 €	
ÉCONOMIE GLOBALE **en €** **en %**	 **21 200 €** **21 %**	 **14 610 €** **15 %**

Cas n° 2

Vendre son entreprise individuelle à une SARL pour réaliser d'importantes économies de charges sociales et d'impôt sur le revenu et rebondir

Vous exploitez un fonds de commerce ou une clientèle évalué à 700 000 € dans le cadre d'une entreprise individuelle. Votre entreprise dégage un bénéfice annuel de 70 000 € avant amortissement. Vous êtes propriétaire des locaux commerciaux qui sont inscrits à l'actif de votre entreprise individuelle pour une valeur de 100 000 €. La durée d'amortissement est de 20 ans. Leur valeur de marché est de 300 000 €. Votre taux marginal d'imposition est de 35 %. Les charges sociales sont de 42 %.

Vous constituez une SARL d'exploitation de famille qui opte pour l'impôt sur le revenu et une SCI pour l'immobilier qui n'opte pas pour l'IS. Vous vendez le fonds de commerce à la SARL d'exploitation et les locaux commerciaux à la SCI. La SARL et la SCI achètent avec un prêt *in fine* au taux de 5 % (remboursement du capital en fin de période). La SCI loue les locaux pour un loyer annuel de 30000 €. Vous investissez le prix de vente dans une assurance-vie investie en produits euros avec un rendement raisonnable de 4 % net de frais de gestion.

La SARL est imposée à l'IR pour simplifier la comparaison. Le montage est optimisé si on prend en compte l'économie de charges sociales et d'impôt sur le revenu lié au passage de l'entreprise individuelle vers la SARL (cas n° 1).

Le montage proposé va permettre **une importante économie d'impôt sur le revenu et de charges sociales**. En effet, **les intérêts sur l'emprunt sont déductibles** au niveau de la SARL et de la SCI et permettent ainsi de faire une économie d'impôt sur le revenu (SARL et SCI) et de charges sociales (SARL uniquement). Alors que **les intérêts de l'assurance-vie ne sont pas imposables**. Seuls les prélèvements sociaux sont exigibles. On réalise ici une **économie globale** bien que le taux d'intérêt de l'emprunt soit supérieur (5 %) au taux de rendement de l'assurance-vie (4 %).

Au niveau de l'exploitation	**Avant**	**Après**
	Entreprise individuelle	**SARL d'exploitation**
Bénéfice avant amortissement	70 000 €	70 000 €
Amortissement • base amortissable • durée d'amortissement	100 000 € 20	
• amortissement	– 5 000 €	
Loyers		– 30 000 €
Intérêts d'emprunt • montant • taux		700 000 € 5 %
• intérêts		– 35 000 €
Bénéfice après charges sur immeuble Charges sociales	65 000 € – 27 300 €	5 000 € – 2 100 €
Bénéfice imposable	37 700 €	2 900 €
Impôt sur le revenu	– 13 195 €	– 1 015 €
Trésorerie disponible	**24 505 €**	**1 885 €**

Au niveau privé	Avant	Après
SCI de location		
Loyers		30 000 €
Intérêts d'emprunt		
• montant • taux		300 000 € 5 %
• intérêts		– 15 000 €
Revenus fonciers		15 000 €
Impôt sur le revenu		– 5 250 €
Trésorerie disponible		**9 750 €**
Assurance-vie		
Capital		1 000 000 €
Taux de rendement		4 %
Intérêts capitalisés		40 000 €
Impôt sur le revenu		0 €
Prélèvements sociaux (11 %)[1]		– 4 400 €
Trésorerie disponible		**35 600 €**
Trésorerie disponible	**Avant**	**Après**
• **Au final** • **Gain de trésorerie de** **qui s'explique par :**	**29 505 €**	**47 235 €** **17 730 €**
– une économie d'IR sur l'exploitation		*12 180 €*
– une charge d'IR sur la SCI		*– 5 250 €*
– une économie de charges sociales		*25 200 €*
– une perte entre le taux de l'emprunt et le taux de l'assurance-vie		*– 10 000 €*
– des prélèvement sociaux sur l'assurance-vie		*– 4 400 €*
		17 730 €

1. Le taux de prélèvements sociaux évolue. On retient 11 % par convention.

2.2.2. Se constituer et gérer un patrimoine immobilier

La SARL permet de développer une activité d'investisseur en immobilier locatif afin de se constituer un patrimoine immobilier. La SARL est la structure patrimoniale idéale pour développer une activité de **loueur en meublé professionnel**[1].

Zoom n° 5

La gestion d'un patrimoine immobilier : SARL, EURL ou SCI[2] ?

La responsabilité des associés de la SARL est limitée à leurs apports alors que les associés de la SCI sont tenus indéfiniment au passif. Le choix de la SARL permet de limiter la responsabilité des associés. De plus, dans une petite SARL comme dans une SCI, le commissaire aux comptes n'est pas obligatoire. La SCI a le choix de son mode d'imposition : l'impôt sur les sociétés ou l'impôt sur le revenu. La SARL de famille peut opter pour l'impôt sur le revenu[3] uniquement si elle exerce une activité commerciale (location meublée...). L'activité de la SCI doit être obligatoirement civile : si elle devient commerciale (location meublée), la SCI est automatiquement imposée à l'IS. En revanche, une SARL peut exercer une activité civile ou commerciale. Mais la SARL n'offre pas toute la souplesse d'une SCI.

2.2.3. Développer un projet d'utilité sociale

La **société coopérative d'intérêt collectif** (SCIC) constituée sous forme de SARL permet d'associer autour d'un projet d'utilité sociale différents acteurs : salariés, bénévoles, usagers, financeurs, entreprises, associations... (Voir page 321 et suivantes).

1. Voir *Gestion de patrimoine : optimisez votre investissement immobilier* de Pascal Dénos aux Éditions d'Organisation pour une étude complète du statut de loueur en meublé professionnel (LMP).
2. Voir le *Guide pratique de la SCI* aux Éditions d'Organisation.
3. Une SARL de famille est imposée à l'IS avec la possibilité d'opter pour l'IR. Une EURL comme une SCI est imposée à l'IR avec la possibilité d'opter pour l'IS.

2.2.4. Investir dans une centrale de production d'électricité photovoltaïque

L'investissement dans une centrale de production d'électricité photovoltaïque doit être isolée dans une **société commerciale (SARL, SAS...)** car la vente d'électricité est une activité commerciale imposée en BIC (bénéfices industriels et commerciaux).

Une centrale installée sur une exploitation agricole (dans le sud de la France, les vignes sont arrachées pour être remplacées par des panneaux photovoltaïques... la prime d'arrachage européenne peut alors servir à implanter la centrale !) pourrait être isolée au sein d'une **société civile agricole** (EARL, GAEC, GFA, SCEA). En effet, la vente d'électricité photovoltaïque, dans la limite de 100 000 € ou de 50 % des recettes agricoles, ne remet pas en cause l'imposition dans la catégorie des bénéfices agricoles (BA). Au final, la vente d'électricité est considérée comme accessoire à l'activité agricole et imposée en BA (et non en BIC). Mais, sur le plan juridique, le non respect de l'objet civil (activité agricole) de la société civile pourrait lui faire perdre sa personnalité morale : la responsabilité des associés indéfinie deviendrait aussi solidaire ; la validité des contrats d'achat de l'électricité avec EDF pourrait être remise en cause...

Isoler la centrale dans une **SCI transparente** (société civile immobilière imposée en revenus fonciers à l'impôt sur le revenu) risquerait de la faire basculer à l'IS (impôt sur les sociétés) car une société civile qui exerce une activité commerciale bascule à l'IS. En effet, une société civile ne peut exercer une activité commerciale sur le plan fiscal que dans la limite de 10 % de ses recettes hors taxes.

3. Comment constituer la SARL ?

Nous avons donné les éléments qui permettent de choisir la SARL comme structure juridique de l'entreprise. Les développements qui suivent donnent la marche à suivre pour constituer une SARL.

Dans un premier temps, il faut effectuer un certain nombre de démarches afin d'établir les documents constitutifs de la société. Puis, dans un deuxième temps, il faut accomplir les différentes formalités permettant d'immatriculer la société.

3.1. Chronologie des démarches et délais à respecter

Avant d'examiner dans le détail les différentes étapes de la constitution de la SARL, nous proposons une synthèse des démarches et des formalités à accomplir pour permettre l'immatriculation de la société.

Démarches et formalités	Délais à respecter
1. Définir les caractéristiques essentielles de la société afin d'élaborer les statuts • Quels sont les associés ? • Dans quel local sera établi le siège social ? • Quel est l'objet de la société ? • Quelle dénomination donner à la société ? • Quelle est la durée de la société ? • Quel est le montant du capital social et par quel type d'apports sera-t-il constitué (en nature, en numéraire) ?	Dès la conception du projet afin de mettre sur pied la future société.
• Désigner un commissaire aux apports en cas d'apports en nature. • Qui sera gérant ? • Les cessions et les transmissions de parts sociales sont-elles soumises à l'agrément des associés ? • Faut-il désigner un commissaire aux comptes ? • Prévoit-on la répartition des bénéfices annuels ? • Penser à la reprise des engagements des fondateurs. • Penser à la possibilité de prendre les décisions collectives par voie de consultation écrite. • Faut-il désigner un arbitre pour régler les futures contestations ?	
2. Avant la signature des statuts ***Pour les apports en espèces*** 1. Souscription au capital et libération intégrale. 2. Versement des fonds à l'un des fondateurs. 3. Dépôt des fonds pour le compte de la société dans un compte bloqué à la banque (chez le notaire, s'il a rédigé les statuts). 4. Remise d'un certificat du dépositaire, établi par le banquier (ou par le notaire) avec la liste des souscripteurs.	Dans les 8 jours de leur réception[1].

.../...

1. Délai légal.

Démarches et formalités	Délais à respecter
Pour les apports en nature 1. Désignation par les associés à l'unanimité d'un commissaire aux apports. 2. Rapport du commissaire aux apports déposé au siège de la société, et annexé aux statuts. ***Autres démarches*** 1. Trouver un siège social. 2. Choisir éventuellement un commissaire aux comptes. 3. Effectuer les recherches d'antériorité auprès de l'INPI pour le nom de la société et des marques. 4. Se procurer l'ensemble des pièces à déposer au centre des formalités des entreprises (CFE) après la signature des statuts.	30 jours au moins avant la signature des statuts.
3. Établissement et signature par tous les associés des statuts Sont annexés aux statuts, et signés par tous les associés : • le rapport du commissaire aux apports, en cas d'apports en nature ; • l'état des actes accomplis pour le compte de la société en formation.	
4. Formalités à accomplir après la signature des statuts pour permettre l'immatriculation 1. Publication d'un avis de constitution dans un journal d'annonces légales. 2. Dépôt des pièces au centre de formalités des entreprises (CFE). 3. Si le dossier est complet, le CFE se charge de : • l'immatriculation de la société au registre du commerce et des sociétés ; • l'inscription à l'URSSAF (Sécurité sociale pour le gérant et pour les salariés) ; • l'affiliation aux Assedic ; • la déclaration à l'inspection du travail ; • la déclaration à l'INSEE. 4. Enregistrement des statuts au centre des impôts. 5. Réaliser des formalités diverses selon la nature des biens apportés à la société pour que l'apport soit opposable aux tiers.	Le plus rapidement possible car l'immatriculation en dépend. Dans le mois de la signature des statuts[1].

.../...

1. Délai légal.

Démarches et formalités	Délais à respecter
5. Après l'immatriculation de la société 1. Retrait des fonds sur présentation de l'extrait d'immatriculation (extrait K bis). 2. Se procurer des registres cotés et paraphés pour enregistrer les procès-verbaux des assemblées générales, et pour les livres comptables. 3. Demander l'affiliation aux caisses de retraite et de prévoyance des cadres et non-cadres (elle n'est pas effectuée par le CFE). 4. Les gérants majoritaires doivent demander eux-mêmes l'affiliation aux caisses dont relève l'activité de l'entreprise (caisse d'allocations familiales, caisse d'allocation vieillesse des commerçants), et éventuellement souscrire des assurances complémentaires.	
5. Le greffier du tribunal de commerce effectue la publicité au Bulletin officiel des annonces civiles et commerciales (BODACC). 6. L'INSEE communique les numéros SIREN, SIRET et code APE.	Dans les 8 jours de l'immatriculation.
7. Faire ouvrir un compte en banque ou régulariser le compte ouvert au nom de la société en formation. 8. Créer un registre de paye pour le personnel. 9. Souscrire polices ou avenants auprès des compagnies d'assurances. 10. Démarches diverses : EDF, GDF, France Télécom…	Dans les 15 jours de l'immatriculation.

3.2. Les caractéristiques essentielles de la société

Pour mettre sur pied leur future société, les fondateurs doivent définir les caractéristiques essentielles de la société afin d'établir les statuts, et réunir les pièces nécessaires à l'accomplissement des formalités.

3.2.1. Les associés

La SARL comprend généralement un nombre restreint d'associés. Deux associés[1] suffisent pour constituer une SARL. Cependant, le nombre maximum d'associés est de cent. La SARL permet donc de

1. L'EURL est constituée avec un seul associé (voir page 273). La réunion de toutes les parts sociales en une seule main suite à une cession ou à une transmission entraîne la transformation immédiate de la SARL en EURL (voir page 298).

mobiliser un grand nombre d'associés pour assurer un meilleur financement sans être obligée de se transformer en société anonyme. Des sociétés civiles (SCI...) ou commerciales (SNC, SA, SAS, SARL...), un GIE ou un syndicat peuvent être associés d'une SARL.

Les associés d'une SARL n'ont pas la qualité de commerçant

L'associé n'a donc pas besoin d'avoir la capacité de faire du commerce sous son nom personnel pour être associé d'une SARL. Ainsi, la personne dont la profession est incompatible avec l'exercice d'un commerce peut souscrire des parts de SARL : personne exerçant une profession libérale[1] (cependant, les associés ou le gérant doivent avoir certaines qualifications professionnelles), fonctionnaire, étranger n'ayant pas la carte de commerçant étranger...

Constituer une SARL entre deux époux

Deux époux peuvent seuls constituer une SARL et participer ensemble ou séparément à la gestion[2]. Dans ce cas, il est préférable que les statuts soient établis sous forme d'acte notarié afin d'éviter que les apports soient considérés comme des donations déguisées.

La qualité d'associé est reconnue à l'époux qui acquiert les parts de la SARL (même si cette acquisition est faite avec des biens communs). Cependant, la qualité d'associé est reconnue à l'autre époux pour la moitié des parts, lorsqu'il a notifié à la société son intention d'être personnellement associé.

L'époux qui acquiert les parts d'une SARL doit être agréé par les autres associés. Cet agrément vaut pour le conjoint qui notifie son intention d'être personnellement associé. Cependant, si cette notification est postérieure à l'acquisition, les clauses statutaires relatives à l'agrément lui sont opposables (l'époux asssocié ne peut pas participer au vote, et ses parts ne sont pas prises en compte pour le calcul du quorum et de la majorité).

Notre conseil : les deux époux doivent tous les deux participer à la constitution de façon à ce que les parts soient partagées en deux.

1. Certaines professions libérales doivent être obligatoirement exercées sous la forme d'une société d'exercice libéral (voir page 301).
2. C'est une SARL de famille qui peut opter pour l'IR (voir page 23).

Zoom n° 6

Attention à la SARL constituée avec des prête-noms pour bénéficier du statut fiscal et social de gérant minoritaire tout en restant seul maître à bord !

Afin de s'attribuer le statut de gérant minoritaire pour bénéficier des avantages sociaux et fiscaux de ce statut, le créateur peut être tenté de créer une SARL « fictive » avec un associé de complaisance, un prête-nom auquel il remettra des parts, contre une cession en blanc (sur le bordereau de cession, ne figure aucune indication quant à la date de cession, aux modalités de paiement, et parfois même quant au prix de cession et au nom du cessionnaire).

Une telle pratique présente des risques :

- la SARL est une société fictive puisqu'elle n'a qu'un seul propriétaire. Les tiers qui en auraient connaissance pourraient invoquer devant les tribunaux la nullité de cette structure juridique ;
- si le prête-nom décède brutalement, le détenteur des cessions en blanc ne pourra pas les faire enregistrer avant la date du décès du prête-nom : les parts sociales seront réputées appartenir aux héritiers qui devront acquitter des droits de succession et ne se contenteront peut-être pas de jouer les figurants au sein de la société ;
- si le prête-nom est mis en redressement ou en liquidation judiciaire, le gérant, pour mettre à l'abri les cessions en blanc, devra les enregistrer avant la date de cessation de paiements de son associé de complaisance. Or, les tribunaux font généralement remonter la date de cessation des paiements bien avant la date du dépôt de bilan et l'enregistrement risque d'être effectué pendant la période critique : les parts pourraient être liquidées ;

  Le statut social de gérant majoritaire (statut de travailleur indépendant) qui est devenu plus attractif devrait dissuader la création de SARL avec des prête-noms.

Zoom n° 7

La SARL de famille[1]

La SARL de famille est composée d'associés qui sont **membres de la même famille** : parents en ligne directe, ascendants, descendants, frères et sœurs ainsi que les conjoints (les concubins sont exclus).

.../...

1. Voir également zoom n° 8.

(Suite zoom n° 7)

— .../...

Elle est imposée à l'IS (impôt sur les sociétés) mais **elle peut opter pour l'IR** (impôt sur les revenus) sans limitation de délai.

Le gérant a le statut social de travailleur indépendant. Cependant, l'option de la SARL de famille pour l'IR est sans incidence sur le régime de Sécurité sociale des associés qui exerçaient une activité salariée au sein de la SARL préalablement à l'option (le gérant minoritaire ou égalitaire demeure assimilé à un salarié).

La **responsabilité des associés est limitée au montant de leurs apports** comme dans la SARL de droit commun.

Si un associé sans lien de parenté entre dans le capital de la SARL de famille, elle redevient une SARL normale imposée à l'IS.

Zoom n° 8

La SARL de famille pour mettre en société une entreprise individuelle familiale

La SARL de famille peut être envisagée pour la transformation d'une entreprise individuelle familiale en société afin de préparer la succession du chef d'entreprise tout en limitant sa responsabilité. En revanche, la SARL de famille est à déconseiller aux entreprises qui veulent, à terme, faire entrer au capital un associé étranger à la famille pour faire face aux perspectives de développement car le changement de régime fiscal (IR → IS) a des conséquences fiscales lourdes (voir page 67).

Transmission et cession des parts sociales

La SARL est une société fermée car la cession de parts sociales à des personnes étrangères à la société est *obligatoirement* soumise à l'agrément des associés (majorité des associés représentant au moins les trois quarts du capital).

En revanche, la cession de parts à un autre associé, à un conjoint, à un ascendant, ou à un descendant est libre en principe. Cependant, les statuts peuvent imposer que ces cessions soient soumises à un agrément des associés.

En cas de décès d'un associé, les parts sont transmises librement aux héritiers. Toutefois, les statuts peuvent indiquer que la société continuera entre les seuls associés survivants, ou entre les associés survivants et les héritiers agréés ou toute autre personne désignée dans les statuts.

Peuvent-ils devenir associés d'une SARL ?	
Mineur émancipé	Oui car il a la même capacité qu'un majeur.
Mineur non émancipé sous tutelle	• Pour les apports en numéraire : le tuteur devra obtenir l'autorisation du conseil de famille. • Pour les apports en immeubles ou en fonds de commerce : le tuteur devra être autorisé par le conseil de famille au vu du rapport d'un expert désigné par le juge des tutelles.
Mineur non émancipé dont les biens sont sous l'administration légale des parents	• Pour les apports en numéraire : les parents peuvent souscrire ensemble ; à défaut d'accord entre eux, le juge des tutelles doit donner son autorisation. • Pour les apports en immeubles ou en fonds de commerce : les parents doivent obtenir l'autorisation du juge des tutelles.
Sociétés civiles ou commerciales, GIE, syndicats	Oui en tenant compte des règles sur les filiales et les participations.
Étranger	Oui même s'il n'a pas la carte de séjour temporaire autorisant l'exercice d'une activité non salariée. Cependant, il convient de tenir compte de la réglementation en matière d'investissements réalisés en France par des étrangers[1].
Chacun des époux[2]	• Pour les biens propres : un époux peut les apporter à une SARL sans l'autorisation de son conjoint. • Pour les biens communs : un époux ne peut les apporter sans l'autorisation de son conjoint[3]. À défaut, le conjoint peut demander l'annulation de l'apport dans les deux années où il en a eu connaissance. La qualité d'associé est reconnue au seul époux qui fait l'apport.

3.2.2. Le siège social

Le siège social constitue le domicile légal de la société et détermine :

- le lieu où doivent être effectuées les formalités de publicité au moment de la constitution, ou en cours de vie sociale ;

1. Se renseigner auprès de la Direction du trésor.
2. Des concubins et des partenaires pacsés peuvent être associés d'une SARL. La loi ne prévoit aucune disposition particulière.
3. Voir en annexe la formule d'avertissement à adresser au conjoint de l'associé.

- les tribunaux compétents pour toutes les actions judiciaires concernant la société (significations et assignations en justice ; redressement judiciaire en cas de cessation de paiements…) ;
- la nationalité de la société – les sociétés dont le siège social est situé en territoire français sont soumises à la loi française.

Si le siège réel de la société est situé dans un autre lieu (organes de direction) que le siège statutaire, les tiers peuvent se prévaloir du siège statutaire ou du siège réel de la société. C'est au tribunal d'apprécier le caractère réel ou fictif du siège social.

Le greffe du tribunal de commerce qui délivre le numéro d'immatriculation exige que la SARL ait un local commercial affecté à l'usage de siège social (la société doit être propriétaire ou locataire du local où est situé son siège). Cependant, afin de faciliter l'immatriculation de sociétés qui ne disposent pas d'un tel local, la loi autorise la domiciliation collective et la domiciliation temporaire.

La domiciliation collective

Le siège social de la SARL peut être établi en partageant un local avec d'autres sociétés à condition que soit établi un contrat écrit de domiciliation[1]. Cependant, les sociétés d'un même groupe qui établissent leur siège dans un même local dont l'une a la jouissance ne sont pas tenues de conclure entre elles un contrat de domiciliation.

Zoom n° 9

Une société de domiciliation ne doit pas servir uniquement de « boîte aux lettres »

Une société de domiciliation doit mettre à disposition de la SARL un local pour la tenue des assemblées et la consultation des documents sociaux. La SARL domiciliée doit s'engager à utiliser ces locaux comme siège social.

1. Les locaux peuvent être mis à disposition par une société de domiciliation.

La domiciliation temporaire[1]

Le siège social de la SARL peut être établi en utilisant le local d'habitation du gérant :

- pour une durée maximale de deux ans à compter de la création de l'entreprise[2] ;
- à condition que la domiciliation ne s'accompagne pas d'un changement de destination des lieux (le local ne doit pas devenir un bureau, un atelier, ou un entrepôt ; la clientèle ne doit pas s'y déplacer pour acquérir des marchandises mises en vente sur place) ;
- à condition que le futur gérant ait notifié préalablement par écrit (lettre recommandée avec accusé de réception) au bailleur, ou au syndic de la copropriété (selon sa qualité de locataire ou de propriétaire) son intention d'user de cette faculté de domiciliation temporaire (modèle de lettre au bailleur ou au syndic de copropriété en annexe).

3.2.3. L'objet social

L'objet social permet de définir les activités[3] qui seront exercées par la société. L'activité exercée peut être commerciale ou civile. Si l'activité est civile, la SARL reste commerciale par sa forme, et se trouve donc soumise aux règles du droit commercial[4] (seul le tribunal de commerce est compétent).

1. La domiciliation temporaire ne s'applique que lors de la constitution de la société. Elle n'est donc pas possible en cas de transformation d'une entreprise individuelle en société.
2. Au-delà, le transfert est obligatoire sous peine de radiation de la SARL.
3. Les activités professionnelles qui ne peuvent pas être exercées sous forme de SARL sont les suivantes : assurances, réassurances, crédit différé, société de capitalisation et d'épargne. Pour des activités réglementées, la SARL est possible si les associés ont les diplômes requis (agences de voyage…).
4. Cependant, pour la SELARL, SARL d'exercice libéral, seul le tribunal civil est compétent en cas de litige et seul le tribunal de grande instance est compétent en cas de procédure collective (voir page 297).

Attention à la rédaction de l'objet social !

- *Un objet trop vague* pourra être assimilé à une absence d'objet social.
- *Un objet trop précis* pourra obliger les associés à procéder ultérieurement à une modification statutaire de l'objet social s'il ne correspond plus à l'activité exercée du fait du développement de la SARL. Cette modification statutaire représente un coût et des formalités. De plus, le changement d'objet social équivaut, sur le plan fiscal, à une cessation d'entreprise avec des conséquences fiscales importantes.
- *Un objet trop large* peut engager la société. En effet, dans ses rapports avec les tiers, si le gérant accomplit un acte n'entrant pas dans l'objet social, la société pourra ne pas être engagée par cet acte en prouvant que le tiers savait que l'acte dépassait cet objet, ou qu'il ne pouvait l'ignorer compte tenu des circonstances.

Zoom n° 10

Incidence du changement d'objet social

Le changement de l'objet social ou de l'activité réelle de la SARL a des incidences fiscales très lourdes :

- Imposition immédiate à l'IS des bénéfices en cours au moment du changement mais les plus-values latentes et les provisions bénéficient d'un sursis d'imposition.
- Les déficits réalisés avant le changement sont perdus. Ils peuvent cependant être imputés sur les bénéfices et plus-values imposables au titre de l'exercice de changement.
- Le changement de l'objet social n'entraîne pas d'inscription modificative au RCS si l'activité principale de la SARL mentionnée au RCS n'est pas modifiée.

Zoom n° 11

SARL fictive

Une Société civile immobilière crée une filiale sous forme de SARL pour loger son activité commerciale afin de ne pas remettre en cause sa forme civile. La SCI sera condamnée à rembourser les dettes de la SARL car c'est une filiale fictive.

3.2.4. La dénomination sociale

Le nom de la société est librement choisi par les associés. Il peut être en rapport avec l'objet social, de pure fantaisie, ou incorporer le nom d'un ou plusieurs associés (il peut être déconseillé d'introduire dans la dénomination sociale le nom d'un associé, car cet associé peut se retirer un jour de la société).

La dénomination sociale doit être précédée ou suivie des mots « Société à responsabilité limitée » ou « SARL », ainsi que du capital social. Ces mentions, ainsi que le numéro d'immatriculation au registre du commerce et des sociétés, doivent figurer obligatoirement sur tous les actes et documents que la société destine aux tiers (factures, lettres...). Si la société est en création, il faut spécifier sur les documents « Société en formation ».

Zoom n° 12

Évitez d'utiliser une dénomination déjà existante

Le fondateur doit s'assurer que le nom choisi n'a pas été pris par une autre société au titre de sa dénomination sociale, ou des marques de ses produits.
Par prudence, il faut interroger les services de l'INPI (Institut national de la propriété industrielle)[1] qui détient la liste de toutes les marques et dénominations utilisées en France, et protégées. Cependant, cette recherche d'antériorité n'offre pas une garantie absolue car l'INPI ne garantit pas la période immédiate qui vient de s'écouler en raison des délais assez longs de centralisation des renseignements.

3.2.5. La durée de la société

La durée de la société est librement fixée par les associés, mais elle ne doit pas dépasser 99 ans.

1. La recherche d'antériorité peut être demandée à l'INPI par écrit en reprenant le modèle en annexe (INPI – 32, rue des Trois-Fontanot – 92016 Nanterre Cedex – Tél. : 01 46 92 58 00).

Zoom n° 13

Ne fixez pas une durée trop courte

En effet, si vous voulez, à l'expiration du terme normal, que la société continue, il faudra proroger la durée mentionnée dans les statuts par une délibération extraordinaire des associés ; ce qui entraîne des formalités et des frais. De plus, un associé minoritaire qui dispose d'une minorité de blocage, peut s'opposer à la prorogation lors de l'arrivée du terme, et provoquer ainsi la dissolution de la société.

3.2.6. *Le capital social et les apports*

Les associés font des apports à la SARL qui sont rémunérés par des parts sociales dont le montant est librement fixé. L'ensemble des apports constitue le capital social qui est librement fixé par les associés. La SARL ne peut pas faire appel public à l'épargne. Un capital trop faible par rapport aux besoins de l'exploitation peut entraîner la responsabilité des associés pour faute de gestion (voir zoom n° 1).

Les apports en numéraire doivent être libérés à la souscription du cinquième au moins de leur valeur nominale. Le solde doit être versé dans les cinq ans.

Le montant du capital social doit obligatoirement figurer dans les statuts ainsi que dans les documents émis par la société et destinés aux tiers (factures...).

Les apports des associés peuvent être des apports en numéraire (sommes d'argent), des apports en nature (fonds de commerce, immeuble...), ou, sous certaines conditions, des apports en industrie (l'apporteur met à la disposition de la société ses connaissances techniques ou professionnelles, son expérience, ses relations). Les apports seront développés page 153.

Le capital d'une SARL peut être **variable**. Une clause de variabilité du capital doit alors figurer dans les statuts lors de la constitution de la société ou en cours de vie sociale. Le capital peut ainsi librement varier entre un minimum (le « capital plancher ») et un maximum (le « capital plafond »).

SARL et capital variable[1]	
Avantages	**Inconvénients**
• Les réductions[2] ou augmentations[3] de capital comprises dans les limites du capital plancher et du capital plafond ne sont pas soumises à la décision collective des associés et aux formalités de publicité[4]. • Le capital d'une SARL à capital variable doit être libéré d'un montant minimum qui ne doit pas être inférieur au dixième du capital social. Comme la loi n'impose aucun délai de libération intégrale du capital, les associés pourraient ne jamais libérer le solde.	• La SARL aura du mal à obtenir un crédit bancaire[5] à cause de la responsabilité limitée des associés et de la faiblesse des actifs de la SARL. • En cas de redressement ou de liquidation judiciaire les associés peuvent être condamnés au paiement des pertes de la SARL car la faiblesse du capital constitue une *faute de gestion*, même s'il est supérieur au minimum légal. • La variabilité du capital ne peut pas être envisagée dans une SARL ayant un fort *intuitu personnae* car le fonctionnement risque d'être perturbé par des changements fréquents d'associés. • Les clauses statutaires de la SARL doivent être compatibles avec les règles relatives à la variabilité du capital.

3.2.7. Les engagements pris avant l'immatriculation

L'immatriculation au RCS donne naissance à la personnalité morale de la SARL. Avant cette immatriculation, la société ne peut donc pas contracter. Ce sont alors les fondateurs qui accomplissent les actes pour le compte de la société. Mais les actes accomplis par les fondateurs au nom de la société sont juridiquement souscrits pour leur propre

1. L'article 48 de la loi de 1867 dispose qu'une clause de variabilité du capital peut être stipulée dans les sociétés « qui n'ont pas la forme de société anonyme ». L'EURL peut avoir un capital variable (voir page 273).
2. La diminution du capital social peut s'effectuer par diminution du montant nominal des parts sociales de la SARL, par le retrait volontaire d'un associé ou par l'exclusion d'un associé. Le droit de retrait des associés qui est d'ordre public ne peut pas être supprimé par les statuts. L'exclusion d'un associé ne peut être décidée que par une décision collective des associés représentant la majorité en nombre et les trois quarts du capital social.
3. Le nouvel associé pourra faire l'objet d'une procédure d'agrément (voir page 88). Le nombre d'associés ne doit pas dépasser le plafond légal de 100.
4. Les opérations doivent être consignées dans un registre transactionnel pour établir vis-à-vis des tiers la qualité d'associé.
5. Le banquier exigera de solides garanties prises sur le patrimoine personnel des associés (hypothèques...).

compte. Les engagements qui résultent de ces actes entraînent une responsabilité indéfinie et solidaire des fondateurs. Ces engagements doivent être repris par la société. Cependant, cette décision de reprise ne produit ses effets qu'à partir de l'immatriculation de la société.

Les actes accomplis par les fondateurs avant l'immatriculation de la SARL doivent être repris par la société *La décision de reprise ne produit ses effets qu'à partir de l'immatriculation de la société.*	
Avant la signature des statuts	**Après la signature des statuts**
Établir un **état des actes accomplis** par les fondateurs pour le compte de la société en formation, avec l'indication pour chacun d'eux de l'engagement qui en résulterait pour la société. • Cet état des actes est tenu à la disposition des associés trois jours au moins avant la signature des statuts. • Cet état est annexé aux statuts dont la signature emportera reprise des engagements ainsi listés par la société.	• Les associés peuvent, dans les statuts ou par acte séparé, donner mandat à l'un ou plusieurs d'entre eux de prendre des engagements pour le compte de la société. • Si ces engagements sont déterminés et si leurs modalités sont précisées par le mandat, l'immatriculation de la société au RCS emportera reprise des engagements par la SARL.

Cas n° 3

SARL à capital variable

Deux associés décident de créer une SARL au capital de 10 000 €. Le montant du capital plancher doit être de 1 000 € (soit un dixième du capital souscrit, c'est-à-dire 10 000 €). Le montant du capital plafond est librement déterminé par les associés. La variation du capital social se fait librement entre 1 000 € et le montant du capital plafond.

3.3. La rédaction des statuts

3.3.1. Comment élaborer les statuts ?

Le chef d'entreprise peut élaborer lui-même les statuts en complétant des statuts types, si la société à créer ne présente pas de complexité juridique.

Cependant, le temps passé à la rédaction des statuts par le chef d'entreprise ne l'est pas au développement de ses affaires. De plus, des erreurs dans la rédaction peuvent s'avérer dommageables par la suite. Le dirigeant peut donc avoir intérêt à confier la rédaction des statuts à un avocat ou à un notaire spécialisé en droit des sociétés (les honoraires sont négociables et dépendent de la complexité du montage juridique envisagé). Ce professionnel devra prendre en compte les préoccupations des fondateurs pour que les statuts soient adaptés à la situation, afin d'éviter de sérieuses difficultés dans la vie de la société par la suite.

Les statuts sont obligatoirement rédigés par écrit, par acte sous seing privé ou par acte notarié (l'acte notarié est recommandé quand deux époux entrent simultanément dans la société).

Les futurs associés se trouvent engagés les uns envers les autres dès la signature des statuts (et non seulement à partir de l'immatriculation de la société).

Il convient de laisser une marge à gauche qui permet au receveur de l'enregistrement d'y apposer sa mention, et aux associés de faire des renvois lorsqu'une erreur a été commise. Chaque renvoi sera approuvé au moyen des paraphes des parties. Chaque page est numérotée et paraphée. Chaque original sera signé par chacun des associés.

Les pièces suivantes seront annexées aux statuts :

- le rapport du commissaire aux apports en cas d'apports en nature ;
- l'état des actes accomplis pour le compte de la société en formation, avec l'indication pour chacun d'eux de l'engagement qui en résulte pour la société.

Combien d'exemplaires des statuts ?	
Exemplaires originaux à signer par chacun des associés	**Copies certifiées conformes par le gérant**
• un à conserver au siège social ; • un pour le service de l'enregistrement ; • deux pour le greffe du tribunal de commerce ; • un par associé ; • un pour l'INPI en cas d'apport de brevet d'invention ; • un pour le propriétaire en cas d'apport de droit au bail, si le bail le prévoit.	• pour la banque ; • pour les administrations.

3.3.2. Promesse de société

Si la constitution de la SARL est subordonnée à la réalisation de certains événements (achat d'un fonds de commerce, d'un droit au bail pour les locaux du futur siège social...), les futurs associés, dans l'attente de la constitution définitive, peuvent s'engager en échangeant des lettres portant promesse de société.

Ces lettres précisent les modalités essentielles de la future société (nom des associés, apports, siège...) et indiquent les conditions auxquelles est subordonnée la constitution définitive de la société. La lettre peut préciser que si l'une des parties refuse de signer les statuts sans motif légitime, elle devra verser aux autres une somme déterminée à titre de dommages-intérêts.

3.3.3. Les pactes extra-statutaires

Les associés ont la possibilité de conclure des contrats qui organisent leurs rapports au sein de la société, mais qui sont distincts des statuts (d'où le nom « pacte extra-statutaire »).

Les pactes extra-statutaires sont utilisés :

- pour donner un *caractère confidentiel* à ces accords puisqu'ils ne sont pas, comme les statuts, déposés au greffe, et ne sont donc pas communiqués aux tiers ;
- pour limiter ces accords à certains associés uniquement. À ce titre, ils ne lient que les associés qui les ont signés, et pendant une durée limitée, inférieure à celle des statuts.

Ces pactes peuvent avoir de multiples objets :

- La *clause de préemption* permet d'organiser la cession des parts sociales entre les associés signataires : si un associé envisage de céder ses parts, il s'engage à les proposer à un associé signataire. Ainsi, les associés signataires de la clause peuvent contrôler la répartition du capital entre eux. Si cette clause de préemption est introduite dans les statuts, elle vaut pour l'ensemble des associés.
- La *convention de vote* permet d'organiser le vote des associés signataires aux assemblées d'associés : les associés signataires s'engagent à voter dans un sens déterminé afin de solidifier une majorité. Pour être valable, cette clause ne doit pas être signée par

un associé en contrepartie d'une rémunération (à défaut, il y aurait délit de trafic de voix) ; elle ne doit pas aller à l'encontre de l'intérêt de la société (à défaut, il y aurait abus de droit de vote) ; enfin, elle doit être limitée dans le temps (à défaut, l'associé perdrait la liberté de son vote qui constitue l'une de ses prérogatives fondamentales).

Zoom n° 14

Les pactes extra-statutaires ont une portée limitée

En cas d'inexécution par un signataire d'une clause d'un pacte extra-statutaire, il pourra tout au plus être condamné à titre de dommages et intérêts envers ses co-contractants. Il ne peut pas être contraint à exécuter son obligation.

3.3.4. *Statuts types commentés*

Les statuts doivent comporter les mentions imposées par la loi, mais aussi les modalités de fonctionnement pratique de la société (choix et pouvoirs des gérants, mode de consultation des associés, majorité requise pour certaines décisions…) de façon à disposer des renseignements nécessaires quand se pose une question (à défaut, il faudrait en permanence se référer aux dispositions légales ou réglementaires). À l'opposé, les statuts ne doivent pas reproduire toutes les dispositions légales car le texte serait volumineux sans être adapté aux besoins de la société. De plus, les statuts, pour être à jour, devraient être modifiés par une assemblée générale extraordinaire chaque fois que les textes légaux font l'objet d'une modification ; ce qui entraîne un coût et un formalisme importants. C'est pourquoi les statuts types proposés dans les suppléments Internet réalisent un compromis entre des statuts trop longs et des statuts trop courts.

3.4. Les formalités pour l'immatriculation de la société

Après la rédaction et la signature des statuts, et lorsque tous les renseignements nécessaires auront été obtenus, un certain nombre de formalités doivent être accomplies pour permettre l'immatriculation de la société au registre du commerce et des sociétés. C'est seulement après cette immatriculation que la société a la personnalité morale, et que le gérant peut retirer les fonds déposés sur présentation de l'extrait K bis remis par le greffe et qui atteste de l'immatriculation de la SARL au registre du commerce.

Cependant, afin de faciliter le retrait des apports lorsque la société n'a pas été définitivement constituée ou immatriculée en cas de carence du gérant, les associés peuvent mandater collectivement une personne pour faire retirer les fonds déposés par les associés.

3.4.1. L'enregistrement des statuts

L'enregistrement des statuts consiste à remettre un original signé des statuts au service des impôts qui procède à son enregistrement.

Les statuts doivent être enregistrés **dans le délai d'un mois** à compter de leur signature au service des impôts du siège social de la SARL, à la diligence du gérant (ou du notaire si les statuts sont rédigés par acte notarié). *Il est donc possible de procéder à l'immatriculation de la société avec des statuts non enregistrés.* S'il y a apport à la SARL d'un fonds de commerce, d'une clientèle, ou d'un immeuble, le service compétent est celui dans le ressort duquel se trouve le bien.

Le service des impôts détermine, après analyse des statuts, les droits d'apport à payer qui sont exigibles au plus tard à l'expiration d'un délai de trois mois qui court à partir de l'enregistrement des statuts. Ce délai permet à la société d'obtenir son immatriculation et le déblocage des fonds déposés qui lui permettront de payer ces droits d'enregistrement.

3.4.2. La publication d'un avis de constitution

L'avis de constitution est destiné à avertir les tiers de la naissance de la société et doit être publié dans un journal habilité par la préfecture à recevoir des annonces légales dans le département du siège social.

La justification de l'annonce, ou de la demande d'annonce, doit être jointe au dossier de constitution. La société peut donc être immatriculée avant que l'avis ne soit paru. L'apport, l'achat ou la location-gérance d'un fonds de commerce exploité par une SARL doit également faire l'objet d'une annonce distincte dont la justification doit être jointe au dossier de constitution.

3.4.3. Le dépôt du dossier au centre de formalités des entreprises du tribunal de commerce

Les pièces à déposer au centre de formalités des entreprises du tribunal de commerce[1] de la situation du siège social de la SARL *Principales pièces[2] à déposer au CFE :*
1. deux originaux des statuts[3] ; 2. deux originaux des actes accomplis pour le compte de la société avant son immatriculation[4] (voir page 31) ; 3. deux copies des actes de nomination du gérant de la SARL, et le cas échéant des commissaires aux comptes, si la nomination se fait hors statuts[5] ; 4. une demande d'immatriculation sur l'imprimé M 0 ; 5. deux exemplaires du certificat du dépositaire des fonds avec la liste des souscripteurs[6] ; 6. le rapport en double exemplaire du commissaire aux comptes sur l'évaluation des apports en nature ; 7. justificatif de l'insertion de l'avis de constitution de la SARL dans le journal d'annonces légales[7] ; 8. justificatif du siège social[8] ; 9. attestation sur l'honneur par le gérant relative à l'absence de condamnation à certaines sanctions pénales ; 10. extrait d'acte de naissance du gérant[9] ou déclaration sur l'honneur de filiation ; 11. un extrait K bis du registre du commerce, de moins de 3 mois, à fournir par les associés personnes morales (SA, SARL...) ; 12. un chèque libellé à l'ordre de « Monsieur le Régisseur d'Avances du tribunal de commerce ».

1. Le dossier de demande d'immatriculation de la SARL peut être présenté directement au greffe du tribunal de commerce à condition d'avoir saisi préalablement le CFE.
2. Voir dans les suppléments Internet pour les pièces complémentaires.
3. Ou deux expéditions s'ils sont établis par acte authentique ; l'acte sous seing privé indique, le cas échéant, le nom et la résidence du notaire au rang des minutes duquel il a été déposé.
4. *Idem* note précédente.
5. *NB* : Le président et les commissaires aux comptes sont désignés dans les statuts.
6. La liste des souscripteurs doit mentionner le nombre de parts sociales souscrites et les sommes versées par chacun d'eux.
7. Ou une copie de la demande de publication adressée à ce journal.
8. Si le siège social est situé dans des locaux occupés en commun par une ou plusieurs entreprises : copie du contrat de domiciliation.
9. D'autres pièces justificatives sont à produire selon le cas, notamment pour les étrangers et les professions réglementées.

Le dossier de demande d'immatriculation de la SARL est déposé au centre de formalités des entreprises du lieu du siège social de la société au moyen de l'imprimé M 0 qui se charge alors de transmettre la déclaration au registre du commerce et des sociétés, au service des impôts, à l'URSSAF, à l'ASSEDIC, à l'inspection du travail et à l'INSEE.

Le Centre de formalités des entreprises (CFE) doit délivrer un **récépissé de dépôt de création d'entreprise (RDCE)** aux entreprises qui déposent un dossier complet de demande d'immatriculation. Le RDCE comporte la mention « en attente d'immatriculation » et permet aux créateurs d'entreprises d'accomplir les démarches nécessaires au lancement de leur activité : ouverture d'un compte à EDF-GDF, insertion dans l'annuaire, déclaration à La Poste… Le créateur ou repreneur d'entreprise est responsable des actes qu'il accomplit dans le cadre de ce récépissé. Consultez sur le site www.apce.com la rubrique « **Choisir un statut juridique** ».

Les démarches administratives de création peuvent être effectuées par Internet. Le créateur pourra donc effectuer les formalités d'immatriculation de son entreprise chez lui par Internet (voir téléprocédure sur le site www.service-public.fr). Pour plus d'informations, consultez sur le site www.apce.com la rubrique « Les formalités de la création ».

3.4.4. *Les autres formalités suivant la nature des apports*

Certaines formalités sont nécessaires suivant la nature des biens apportés à la société pour que ces apports soient opposables aux tiers.

Bien apporté	Formalités
Immeuble	Les statuts doivent être rédigés par un notaire qui se charge des formalités auprès de la conservation des hypothèques.
Fonds de commerce	• Une insertion dans un journal d'annonces légales du lieu du fonds de commerce dans les 15 jours de la signature des statuts ; • Un avis publié au Bulletin officiel des annonces civiles et commerciales (BODACC) dans les 15 jours de l'insertion dans le journal d'annonces légales.
Marque de fabrique **Brevet d'invention**	Inscription sur un registre spécial tenu à l'Institut national de la propriété industrielle (INPI).

…/…

…/…

Dessins et modèles	Aucune formalité.
Apport d'une créance	L'apport d'une créance par un associé à la société doit être signifié au débiteur ou accepté par lui dans un acte authentique, pour être opposable aux tiers.
Droit au bail	L'apport du droit au bail doit être signifié au bailleur par huissier, sauf si le bailleur intervient à l'acte d'apport notarié, et sous réserve du respect de la clause limitant le droit de cession.

3.5. Le coût de la constitution

La constitution d'une SARL entraîne des frais qui sont à la charge de la société. Elle peut également entraîner une taxation supportée par l'associé sur l'apport qu'il fait à la société.

3.5.1. Les frais à la charge de la société

a) Les droits d'apport

Pour constituer une SARL, les associés doivent réaliser des apports en numéraire (de l'argent) ou des apports en nature (un immeuble…) :

- Ces apports sont en principe rémunérés par des parts sociales de la SARL : ce sont les **apports** « **à titre pur et simple** ».
- Cependant, un associé peut apporter un immeuble ou un fonds de commerce dont il a financé l'acquisition par un emprunt qui n'est pas encore remboursé au moment de l'apport. L'associé peut demander à la SARL la prise en charge du remboursement de cet emprunt. L'apport est alors rémunéré par des parts sociales de la SARL et par la prise en charge du passif. La partie de l'apport rémunéré par la prise en charge de l'emprunt est un **apport** « **à titre onéreux** ».

Cas n° 4

Constitution d'une SARL et répartition des apports

Deux associés Graccus et Enak constituent une SARL. Graccus apporte 10 000 €, ainsi que son savoir-faire estimé à 30 000 €. Enak apporte un fonds de commerce d'une valeur de 100 000 € et grevé d'un emprunt de 30 000 € qui sera pris en charge par la SARL. **Procéder à la répartition des apports**.

Répartition des apports (en euros)						
Associés	Nature de l'apport	Montant de l'apport	Apport à titre pur et simple	Apport à titre onéreux	Capital de la SARL	Répartition des parts sociales
Graccus	Numéraire	10 000	10 000		10 000	12,50 %
Enak	Fonds Emprunt	100 000 – 30 000	70 000	30 000	70 000	87,50 %
		80 000	**80 000**	**30 000**	**80 000**	**100 %**

Le savoir-faire est un apport en industrie qui ne contribue pas à la formation du capital. Cet apport n'est pas soumis aux droits d'enregistrement.

Bilan de départ de la SARL (en euros)			
Fonds de commerce Trésorerie	100 000 10 000	Capital Emprunt	80 000 30 000
	110 000		**110 000**

Les apports à titre onéreux (rémunérés par la prise en charge d'un passif) **sont imposés comme les ventes** au taux de 5 %.

La **taxation des apports à titre pur et simple** (rémunérés par des parts sociales) dépend de la nature du bien apporté et du régime d'imposition de l'apporteur.

- Les **apports en numéraire** sont exonérés de droits d'enregistrement.
- L'apport d'un **immeuble ou d'un fonds de commerce** par un associé personne physique[1] à une SARL est taxé au taux de 5 %.

1. L'apport d'un immeuble ou d'un fonds de commerce est exonéré de droits d'enregistrement dans les cas suivants : apport à une SARL par une société imposée à l'IS ; apport par une personne physique à une SARL de famille ayant opté pour l'IR ; apport par une personne physique à une EURL imposée à l'IR (n'ayant pas opté pour l'IS).
Pour un fonds de commerce : 0 % jusqu'à 23 K€ ; 3 % de 23 K€ à 107 K€ ; 5 % au-delà.

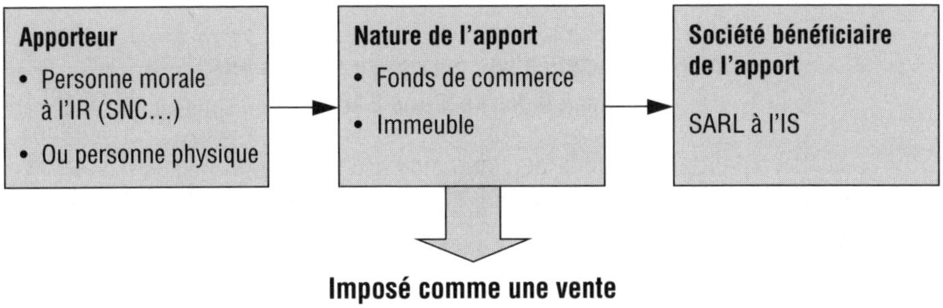

Pour certains apports, **la TVA immobilière** se substitue aux droits d'enregistrement, en particulier :

- les terrains à bâtir lorsque la SARL prend l'engagement de construire dans un délai de quatre ans ;
- les immeubles construits depuis moins de 5 ans et dont c'est la première mutation depuis l'achèvement.

La SARL pourra récupérer la TVA payée sur l'achat. En cas de vente de l'immeuble social plus de 5 ans après l'achèvement de l'immeuble, la cession est soumise aux droits d'enregistrement et la TVA initialement déduite devra être reversée pour partie à l'État.

Par ailleurs, **la mise en société d'une entreprise individuelle est exonérée de droits d'enregistrement** :

- si l'apporteur prend l'engagement de conserver pendant trois ans au moins les titres remis en contrepartie de l'apport ;
- et s'il apporte l'ensemble des éléments de l'actif immobilisé affectés à l'exercice de la profession. Cependant, le transfert dans le patrimoine privé de l'apporteur des immeubles affectés à l'exploitation ne remet pas en cause l'exonération pour les autres éléments si la société peut continuer d'utiliser les immeubles affectés à l'exploitation[1].

1. L'apport d'une seule branche d'activité lorsque l'activité en comporte plusieurs ne remet pas en cause l'exonération pour la branche transférée.

Cas n° 5

Mise en société d'une entreprise individuelle sous la forme d'une SARL

Un boulanger apporte son fonds de commerce à une SARL et décide d'isoler les « murs » au sein d'une SCI qui opte pour l'IS et qui loue les murs à la SARL. Quels sont les droits d'apport ?

L'apport du fonds à la SARL est exonéré si le boulanger prend l'engagement de conserver les parts sociales de la SARL pendant 3 ans au moins. En revanche, l'apport de l'immeuble à la SCI sera taxé au taux de 5 % (si l'apport est à titre pur et simple). Cet apport ne remet pas en cause l'exonération de droits d'enregistrement pour le fonds car la SCI loue les murs à la SARL.

Une SARL peut être constituée par **apport partiel d'actif** : une société apporte à une SARL une partie de ses éléments d'actif et reçoit, en échange, des parts sociales de la SARL. Si l'apport partiel d'actif porte sur une ou plusieurs branches complètes et autonomes d'activités, l'apport est exonéré de droits d'enregistrement.

Cas n° 6

Constitution d'une SARL et calcul des droits d'apport

Deux associés Graccus et Enak constituent une SARL. Graccus apporte 10 000 €. Enak apporte un fonds de commerce d'une valeur de 100 000 € et grevé d'un emprunt de 30 000 € qui sera pris en charge par la SARL.

Calculer les droits d'enregistrement payés par la SARL en retenant les deux hypothèses suivantes :

- **Hypothèse n° 1 : SARL classique soumise à l'IS.**
- **Hypothèse n° 2 : SARL de famille ou EURL soumise à l'IR.**

Hypothèse n° 1 : SARL classique soumise à l'impôt sur les sociétés

À partir de la répartition des apports effectuée précédemment (cas n° 4), les droits d'enregistrement payés par la SARL sont les suivants :

1. **Apport en numéraire de 10 000 €** : apport à titre pur et simple ⇒ pas d'imposition.

2. **Apport d'un fonds de commerce** d'une valeur de 100 000 € et grevé d'un emprunt de 30 000 € qui sera pris en charge par la SARL :
   - apport à titre pur et simple pour 70 000 € ⇒ imposition à un taux qui peut atteindre 5 %[1] ⇒ (70 000 € – 23 000 €) × 3 % = 1 410 € ;
   - apport à titre onéreux pour 30 000 € ⇒ imposé comme une vente ⇒ 30 000 € × 3 % = 900 €.

Au final, la SARL paiera 2 310 € de droits d'enregistrement.

Cependant, si les associés s'engagent à conserver les actions reçues en contrepartie des apports pendant au moins 3 ans, **aucun droit d'enregistrement n'est dû**. Si cet engagement n'est pas respecté, les droits de 2 310 € deviennent rétroactivement exigibles.

Hypothèse n° 2 : SARL de famille ou EURL soumise à l'impôt sur le revenu

Les droits d'apports sont identiques sauf pour l'apport à titre pur et simple pour 70 000 € qui est exonéré de droits d'enregistrement.

Au final, la SARL de famille ou l'EURL paiera 900 € de droits d'enregistrement

Droits d'enregistrement sur les apports à titre pur et simple à une SARL

Les droits d'enregistrement sur les apports à titre pur et simple à une SARL (rémunérés par des parts sociales) dépendent de la nature du bien apporté et du régime d'imposition de l'apporteur.

Type d'apport	Apporteur	Droits d'enregistrement
Numéraire[2]	Personne physique[3]	Pas de droits d'enregistrement
	Société imposée à l'IS	

…/…

1. Pour un fonds de commerce : 0 % jusqu'à 23 K€ ; 3 % de 23 K€ à 107 K€ ; 5 % au-delà.
2. Ainsi que les meubles corporels, les créances, les valeurs mobilières…
3. Ou personne morale soumise à l'impôt sur le revenu (SNC…).

Type d'apport	Apporteur	Droits d'enregistrement
Immeuble[1] ou fonds de commerce	Personne physique[2]	5 % que l'apport soit à titre pur et simple ou à titre onéreux[3]
	Société imposée à l'IS	Pas de droits d'enregistrement

- Pour les apports à titre onéreux, lorsque l'apport porte sur un bien unique (un fonds de commerce comme dans le cas n° 4), l'imputation du passif ne pose aucun problème. En revanche, **lorsque l'apport porte sur une masse de biens de nature différente, les associés peuvent librement choisir** (le choix doit être indiqué dans l'acte de société) **les éléments d'actif qui seront considérés comme apportés à titre onéreux**. Ils effectueront ce choix de façon à **payer le moins possible de droits**. Pour cela, le passif sera imputé par priorité sur les biens d'actif dont la montée ne supporterait pas de droits (espèces, créances...) ou encore sur des biens relevant de la TVA (terrains à bâtir, immeubles dont l'achèvement remonte à moins de cinq ans). Lorsque cette imputation est épuisée, il faut se résigner à imputer le solde du passif sur les immeubles, ce qui entraîne l'exigibilité des droits de mutation.

Cas n° 7

Calcul des droits en cas de constitution d'une SARL – Cas de synthèse

Jacques Héraklion souhaite transformer son entreprise individuelle en SARL. Il sera associé de la SARL avec ses fils afin de leur transmettre la direction de son affaire, tout en assurant le contrôle. L'entreprise individuelle apportera à la SARL les éléments suivants :

- un fonds de commerce évalué à 440 000 €, et grevé d'un passif de 230 000 € qui sera pris en charge par la SARL ;

.../...

1. Immeuble à usage professionnel ou à usage d'habitation.
2. Ou personne morale soumise à l'impôt sur le revenu (SNC...).
3. Pas de droits d'enregistrement si la SARL est une SARL de famille ou une EURL soumise à l'impôt sur le revenu.

(Suite cas n° 7)

— .../...

- un terrain à bâtir évalué à 40 000 €, sur lequel la SARL prend l'engagement de construire un ensemble immobilier à usage professionnel dans les quatre ans ;
- un apport en numéraire de 50 000 € destiné à financer en partie la construction à édifier sur le terrain à bâtir.

Les deux enfants de Jacques Héraklion apporteront chacun 1 500 € en numéraire.

Calculer les droits exigibles.

Bilan de départ de la SARL (en euros)			
Fonds de commerce Terrain à bâtir Trésorerie	440 000 40 000 53 000	Capital Emprunt	303 000 230 000
	533 000		**533 000**

Calcul des droits exigibles (en euros)						
Associés	**Apports**				**Droits exigibles sur apports**	
	Nature	**Montant**	**À titre pur et simple**	**À titre onéreux**	**À titre pur et simple**	**À titre onéreux**
Héraklion père	Fonds de commerce	440 000	300 000	140 000	**Droits de mutation de 19 170 €**	
	Passif	– 230 000				
	Terrain à bâtir	40 000		40 000		*TVA immobilière* = **7 840**
	Numéraire	50 000		50 000		0
	Total	**300 000**	**300 000**	**230 000**		
Héraklion fils	Numéraire	3 000	3 000		0	
	Total	**3 000**	**3 000**			

Jacques Héraklion apporte des éléments dont la valeur brute est de 530 000 €. Ses apports sont à titre onéreux à concurrence du passif pris en charge par la société, soit 230 000 € ; ils sont à titre pur et simple pour le surplus, soit 300 000 €. Dans les statuts, il faut prévoir l'imputation du passif d'abord sur le numéraire apporté par Jacques

Héraklion (50 000 €), ensuite sur le terrain à bâtir (40 000 €), le solde (140 000 €) étant imputé sur le fonds de commerce. L'imputation sur le numéraire n'entraîne l'exigibilité d'aucuns droits de mutation. Pour les autres imputations, les droits à payer seront les suivants :

- TVA sur le terrain à bâtir : 40 000 × 19,60 % = 7 840 € qui est récupérable par la SARL.
- Droits de mutation sur l'apport du fonds de commerce qu'il soit à titre pur et simple ou à titre onéreux : 5 % × (440 K€ – 107 K€) + 3 % × (107 K€ – 23K€) = 19 170 €. L'apport à titre pur et simple à une EURL ou à une SARL de famille soumise à l'impôt sur le revenu aurait été exonéré de droits d'enregistrement.

À savoir

- Il est interdit d'imputer le passif propre à un apporteur sur des éléments apportés par un autre associé (dans le cas n° 5, le passif n'a pas été imputé sur les 3 000 € de numéraire apportés par les deux enfants).
- Si les associés n'avaient rien prévu dans les statuts, l'Administration aurait imputé le passif sur les différents éléments apportés par Jacques Héraklion, proportionnellement à leur valeur (le coût aurait été plus élevé).
- Si les associés s'engagent à conserver les actions reçues en contrepartie des apports pendant au moins 3 ans, **aucun droit d'enregistrement n'est dû**. Si cet engagement n'est pas respecté, les droits deviennent rétroactivement exigibles.

b) Les honoraires de constitution de la SARL et les autres frais

Nature des frais	Tarif
Les honoraires de l'avocat ou du notaire[1] : • pour la rédaction des statuts ; • pour l'accomplissement des diverses formalités de constitution.	Pas de barème légal des honoraires : prévoir environ 3 000 €.
Les frais de publication d'un **avis de constitution dans un journal d'annonces légales**.	Tarif fixé par arrêté préfectoral : prévoir environ 230 € pour un texte succint.
Le **centre de formalités des entreprises** (y compris les frais de dépôt d'acte).	Prévoir 85 €.

1. Le présent guide est suffisant pour une SARL simple.

NB : Les SARL bénéficient de l'exonération du droit de timbre accordé aux sociétés commerciales, car elles participent à l'économie nationale.

3.5.2. Les frais à la charge des associés

a) L'imposition des plus-values d'apport

L'apport à une SARL est imposé comme une vente (la valeur d'apport constitue le prix de vente) et déclenche ainsi l'imposition des plus-values réalisées par l'associé sur l'apport qu'il fait à la SARL.
Cette plus-value est imposée selon le régime :

- des ***plus-values des particuliers*** si le bien fait partie du patrimoine privé de l'apporteur ;
- des ***plus-values professionnelles*** si le bien est apporté par une entreprise.

Imposition des plus-values d'apport

	L'apport est fait par...		
	une société imposée à l'IS	**une entreprise imposée à l'IR**[1]	**une personne physique**
Exonération de la plus-value	Pas d'exonération.	Exonération possible pour les petites entreprises[2].	La plus-value est exonérée de toute imposition à compter de la 15e année de détention du bien[3].
Détermination de la plus-value	La plus-value est égale à la différence entre le prix de cession et la valeur en comptabilité du bien (coût d'achat diminué des amortissements) : • pour les biens détenus depuis moins de deux ans, la plus-value est à court terme ;		La plus-value est égale à la différence entre le prix de cession et le coût d'achat majoré des frais d'acquisition. Les frais d'acquisition à titre onéreux sont évalués à 7,50 % du prix d'acquisition.

.../...

1. Une entreprise individuelle ou une entreprise imposée à l'IR.
2. La plus-value est exonérée de toute imposition si, l'année de la cession, le chiffre d'affaires n'excède pas le double des limites de la micro-entreprise et si l'activité est exercée depuis au moins 5 ans.
3. Diverses exonérations sont prévues.

.../...

	• pour les biens détenus depuis plus de deux ans, la plus-value est à court terme à hauteur des amortissements, et à long terme au-delà[1]. Pour une société imposée à l'IS, la plus-value est entièrement à court terme.		La cession est exonérée si elle ne dépasse pas 15 000 € par an. La plus-value ainsi obtenue est diminuée d'un certain nombre d'abattements[2].
Imposition de la plus-value	Les plus-values sont soumises à l'IS au taux de $33^{1/3}$ %. Seules les plus-values sur titres de participation détenues depuis plus de deux ans sont exonérées d'imposition.	• Les plus-values à court terme sont soumises à l'IR avec possibilité d'étalement sur trois ans. • Les plus-values à long terme sont imposées au taux de 28 %.	La plus-value est soumise à l'IR au taux de 16 % majoré des prélèvements sociaux au taux de 12,1 %. La CSG de 5,10 % n'est pas déductible.

b) L'apport d'une entreprise individuelle à une SARL

L'apport d'une entreprise individuelle à une SARL est assimilé à une cessation d'activité qui entraîne l'imposition immédiate des bénéfices en cours et des plus-values. Cependant, l'apporteur bénéficie d'un régime de faveur s'il s'engage à conserver les parts sociales de la SARL reçues en contrepartie de l'apport pendant au moins cinq ans et s'il apporte l'ensemble des éléments de l'actif immobilisé affectés à l'exercice de la profession.

Les plus-values d'apport de l'entreprise individuelle à la SARL bénéficient d'un régime de faveur

La plus-value sur les éléments non amortissables est exonérée d'imposition. Elle sera imposée au moment de la vente des parts sociales de la SARL reçues en rémunération de l'apport ou de la vente du bien apporté. La plus-value est alors calculée par rapport à la valeur que ces biens avaient dans la comptabilité de l'apporteur. La transmission à titre gratuit (donation, succession) des parts sociales de la SARL ne remet pas en cause l'exonération d'imposition.

.../...

1. Pour un brevet, la plus-value est à long terme en totalité.
2. Abattement de 10 % annuel à compter de la cinquième année de possession du bien. Abattement de 1 000 € par cession.

.../...

La plus-value sur les immobilisations amortissables n'est pas imposée au niveau de l'apporteur[1] mais au niveau de la SARL soumise à l'IS au taux de $33^{1/3}$ %. La plus-value peut être étalée sur cinq ans[2]. En contrepartie, la SARL calcule les amortissements et les plus-values[3] en cas de cession d'après les valeurs d'apport. **Les profits sur stocks** ne sont pas imposés si la SARL bénéficiaire de l'apport inscrit les stocks à l'actif de son bilan à la valeur comptable. **Les provisions** ne sont pas rapportées aux résultats si elles sont justifiées. L'étalement de l'imposition des **subventions d'équipement** peut également être maintenu.

Cas n° 8

Mise en société d'une entreprise individuelle sous la forme d'une SARL

Un boulanger apporte son fonds de commerce à une SARL et décide d'isoler les « murs » au sein d'une SCI qui opte pour l'IS et qui loue les murs à la SARL.
Comment sont imposées les plus-values d'apport ?

Le fonds de commerce est un élément non amortissable. La plus-value sur l'apport du fonds à la SARL est exonérée si le boulanger prend l'engagement de conserver les parts sociales de la SARL pendant 3 ans au moins. En revanche, la plus-value sur l'apport de l'immeuble à la SCI sera taxée selon le régime des plus-values des particuliers (voir tableau page 47). Cet apport ne remet pas en cause l'exonération de la plus-value pour le fonds car la SCI loue les murs à la SARL.

c) L'apport partiel d'actif

En cas d'apport partiel d'actif, l'apport bénéficie d'un régime de faveur pour l'imposition des plus-values d'apport si l'apport partiel d'actif porte sur une ou plusieurs branches complètes et autonomes

1. L'apporteur peut opter pour l'imposition à 28 % de la plus-value nette à long terme sur ses immobilisations amortissables afin, le cas échéant, de compenser les déficits ou les amortissements réputés différés restant à reporter.
2. Quinze ans pour les constructions et agencements de terrains.
3. Les biens étant réputés acquis depuis leur entrée dans le patrimoine de l'entreprise individuelle.

d'activités[1], et si la société apporteuse prend l'engagement de conserver les titres reçus en contrepartie de l'apport pendant trois ans.

Pour l'imposition des plus-values sur les éléments d'actif, le régime est le même que pour l'apport de l'entreprise individuelle à la SARL (voir page 48).

Les provisions inscrites au bilan de la société apporteuse qui deviennent sans objet du fait de l'apport sont imposées à l'IS au taux de $33^{1/3}$ % chez la société apporteuse. Les résultats de la branche d'activité apportée jusqu'à la date d'apport sont imposables chez la société apporteuse à la clôture de l'exercice d'apport.

Les déficits de la société apporteuse peuvent être imputés sur les résultats de la SARL bénéficiaire des apports à condition d'obtenir un agrément spécial[2]. Si la société apporteuse détient une créance sur le Trésor provenant du report en arrière de ses déficits, elle peut la transférer à la SARL si elle obtient un agrément préalable.

4. Comment modifier les statuts de la SARL ?

4.1. La décision de modification

Les modifications des statuts doivent, en principe, être décidées par ***les associés représentant au moins les trois quarts des parts sociales***. Toute clause statutaire exigeant une majorité plus élevée est réputée non écrite.

À l'issue de l'assemblée générale extraordinaire qui décide de la modification, un procès-verbal est dressé (voir modèles dans les suppléments Internet). Le gérant doit alors effectuer différentes formalités.

1. À défaut, l'apport partiel d'actif doit avoir été préalablement agréé par le ministre de l'Économie et des Finances.
2. À défaut, le report des déficits demeure possible sur les bénéfices de la société apporteuse sans limitation de durée.

4.2. Les formalités à accomplir

4.2.1. Enregistrement du procès-verbal de l'assemblée

Le procès-verbal de l'assemblée doit être soumis dans le délai d'un mois à la formalité de l'enregistrement *uniquement* si la modification des statuts concerne :

- la prorogation, la transformation ou la dissolution de la société ;
- l'augmentation, l'amortissement, ou la réduction du capital social.

Cette formalité donne lieu au paiement d'un droit d'enregistrement de 230 €, et d'un droit de timbre de 2,60 € par page.

4.2.2. Insertion dans un journal d'annonces légales

Dans la mesure où il y a modification des statuts, un avis signé par le gérant doit être publié dans le délai d'un mois qui suit l'assemblée dans un journal d'annonces légales du département du siège social (voir modèle dans les suppléments Internet).

4.2.3. Dépôt d'un dossier au centre de formalités des entreprises

Au centre de formalités des entreprises, le gérant dépose dans le délai d'un mois qui suit la modification un dossier destiné au greffe du tribunal de commerce ainsi qu'aux organismes fiscaux et sociaux. Le dépôt du dossier permet d'effectuer l'inscription modificative au registre du commerce et des sociétés qui sera publiée au BODACC (Bulletin officiel des annonces civiles et commerciales) par le greffier, afin de rendre la modification opposable aux tiers.

Le dossier comprend : une liasse modèle M2 ; deux exemplaires du procès-verbal de l'assemblée modifiant les statuts (après enregistrement si cette formalité est obligatoire) ; deux exemplaires certifiés conformes par le gérant des nouveaux statuts ; un exemplaire du journal ayant publié l'avis de modification ; un chèque à l'ordre du greffe.

4.3. Les principales modifications statutaires

Les développements qui suivent concernent uniquement les modifications statutaires qui ne sont pas exposées dans les autres parties du guide.

4.3.1. Modification de l'objet social

L'objet social de la SARL peut être modifié pour différentes raisons :

- acquisition d'une participation dans une société ayant un objet différent ;
- vente d'un fonds de commerce dont l'exploitation est expressément mentionnée dans l'objet social ;
- mise en gérance libre du fonds de commerce alors que l'exploitation indirecte n'est pas prévue dans l'objet social.

Sur le plan fiscal, le changement de l'objet social d'une SARL est assimilé à une *cessation d'entreprise qui entraîne l'imposition immédiate du bénéfice d'exploitation* réalisé jusqu'à la date de changement, *la suppression du droit au report des déficits* réalisés jusqu'à cette date et la réintégration des provisions réglementées (il n'y a cependant pas d'imposition immédiate des autres bénéfices en sursis d'imposition et des plus-values latentes).

4.3.2. Modification de la durée de la société

La décision de proroger la durée de la société doit intervenir avant l'arrivée du terme fixé par les statuts qui a pour effet d'entraîner, de plein droit, la dissolution de la société. Un an au moins avant la date d'expiration de la société, les associés doivent être consultés par le gérant afin de décider si la société doit être prorogée. (À défaut, tout associé peut demander au président du tribunal statuant sur requête la désignation d'un mandataire de justice chargé de provoquer cette consultation).

La prorogation de la durée n'a aucune incidence fiscale (pas de création d'une personne morale nouvelle). Elle doit être soumise à la formalité de l'enregistrement.

4.3.3. Changement de dénomination sociale – Transfert du siège social

Ces modifications n'ont pas d'incidence fiscale et ne sont pas soumises à la formalité de l'enregistrement. En ce qui concerne le transfert du siège social, il est fréquent que les statuts permettent au gérant de décider seul le transfert du siège dans la ville ou dans les limites du ressort du tribunal de commerce du lieu du siège social, sous réserve de la ratification de cette décision par la plus prochaine assemblée générale ordinaire.

5. Les structures de partenariat

Une société peut envisager une collaboration avec d'autres entreprises afin d'assurer ou de rationaliser son développement, ou de la rendre moins vulnérable face aux aléas du marché. Cette collaboration peut être réalisée dans le cadre d'un groupe de sociétés, d'un GIE (groupements d'intérêt économique), ou d'une société en participation. La société peut également conclure des accords de coopération ou de sous-traitance.

5.1. Les groupes de sociétés

5.1.1. Qu'est-ce qu'un groupe ?

Un groupe de sociétés comprend diverses sociétés qui conservent leur personnalité juridique, qui sont unies par des liens plus ou moins étroits. La société mère exerce le contrôle, définit une politique, impose ses décisions aux autres sociétés du groupe (ce rôle peut être exercé par un holding). En revanche, le groupe de sociétés n'a pas de réalité juridique : ce n'est pas une structure dotée d'une personnalité juridique propre et autonome.

Définition du groupe de sociétés *Le droit des sociétés ne donne pas de définition du groupe de sociétés, mais précise la qualification juridique de la situation selon l'importance de la fraction de capital détenue.*	
% détenu	**Qualification**
Plus de 50 % du capital	***Filiale*** • La société propriétaire des titres est appelée société mère. • Elle exerce une influence déterminante puisqu'elle peut nommer les organes de gestion de sa filiale.
Plus de 40 % des droits de vote	***Contrôle présumé***[1]
Entre 10 et 50 % du capital	***Participation*** La société propriétaire des titres exerce une certaine influence[2].
Moins de 10 % du capital	***Simple placement de capitaux*** La société propriétaire des titres ne peut avoir de réelle influence.
Franchissement de certains seuils	***Participations significatives*** Une participation devient significative lorsque sont franchis certains seuils représentatifs d'une fraction du capital social d'une société (1/20, 1/10, 1/5, 1/3, 1/2).

1. **Une société contrôle une autre société dans les cas suivants** :
   - elle détient directement ou indirectement une fraction du capital lui conférant la majorité des droits de vote dans les assemblées générales de la société ;
   - elle dispose seule de la majorité des droits de vote dans la société en vertu d'un accord conclu avec d'autres associés ou actionnaires et qui n'est pas contraire à l'intérêt de la société ;
   - elle détermine en fait, par les droits de vote dont elle dispose, les décisions prises dans les assemblées générales de la société.

   Une société est présumée contrôler une autre société si elle dispose, directement ou indirectement, de plus de 40 % des droits de vote et qu'aucun autre associé ne détient directement ou indirectement une fraction supérieure à la sienne.
2. Toute participation, même inférieure à 10 %, détenue par une société contrôlée est considérée comme détenue indirectement par la société qui exerce le contrôle.

5.1.2. Participations réciproques et auto-contrôle

1. Participations réciproques

La prise de participation dans des filiales est libre. Cependant, des règles particulières s'appliquent en cas de participations réciproques afin d'éviter que soit mis en place un auto-contrôle. Ainsi, lorsqu'une **société par actions** est associée d'une SARL, deux hypothèses doivent être envisagées :

1. Si la société par actions détient plus de 10 % du capital de la SARL, la SARL ne peut pas détenir des actions émises par la SA.
2. Si la société par actions détient une fraction du capital de la SARL égale ou inférieure à 10 %, la SARL peut détenir au maximum une fraction égale ou inférieure à 10 % des actions émises par la SA.

Si la SARL vient à posséder des actions en violation de ces dispositions, elle doit les aliéner dans le délai d'un an à compter de leur acquisition. De plus, elle ne peut exercer le droit de vote attaché à ces actions. Le gérant et le commissaire aux comptes, s'il en existe un, doivent informer les associés lors de l'assemblée suivante, de l'aliénation de ces actions.

2. Auto-contrôle

Une société peut assurer son propre contrôle par l'intermédiaire d'une ou plusieurs sociétés, qu'elle contrôle directement ou indirectement (cas d'une structure circulaire qui permet le verrouillage du pouvoir). Le droit de vote attaché aux actions d'auto-contrôle est alors supprimé et il n'est pas tenu compte de ces actions pour le calcul du quorum.

5.1.3. Information des associés

1. Le gérant doit informer les associés des prises de participation significatives

Dans son rapport de gestion présenté à l'assemblée générale annuelle, le gérant doit :

- faire état de toute prise de participation dans une société intervenue dans l'exercice et représentant plus de 1/20, du 1/10, du 1/5, du 1/3 ou de la 1/2 du capital de la société ou de toute prise de contrôle ;

- rendre compte de l'activité et des résultats de l'ensemble de la société, des filiales de la société et des sociétés qu'elle contrôle par branche d'activité ;
- annexer, au bilan de la société, un tableau faisant apparaître la situation des filiales et des participations. (Sanction pénale : le gérant risque une amende de 9 000 €.)

2. La SARL doit déclarer les participations significatives dans le capital de sociétés par actions dans les 15 jours à la société intéressée qui doit répercuter cette information à ses actionnaires. Si la SA est cotée, la SARL en informe également dans les 5 jours de bourse le Conseil des bourses de valeurs qui en informera le public. (Sanction pénale : le gérant risque une amende de 18 000 €.)

3. Lorsqu'une SARL est contrôlée par une ou plusieurs sociétés par actions, elle notifie à ces dernières, dans le mois suivant le jour où la prise de contrôle est connue, le montant des participations qu'elle détient directement ou indirectement dans le capital ainsi que les variations de ce montant. (Sanction pénale : le gérant risque une amende de 18 000 €.)

4. La SARL publiera des comptes consolidés si le groupe de sociétés dépasse pendant deux exercices deux des trois critères suivants : 1,5 M€ de total de bilan, 30 M€ de chiffre d'affaires HT, 500 salariés permanents.

5.1.4. Incidence de la constitution d'un groupe

1. Autonomie juridique

L'autonomie juridique des sociétés membres du groupe permet :

- d'individualiser la gestion de chaque entité (responsabilisation des cadres et dirigeants, meilleur suivi des résultats d'exploitation…) ;
- de séparer juridiquement les différentes activités afin que les difficultés de certaines sociétés du groupe ne se répercutent sur les autres. Cependant, un créancier d'une société du groupe peut

mettre en cause une autre société du groupe, en invoquant la théorie de l'apparence (dans les faits, il n'y a qu'une seule société).

2. Régime fiscal du groupe

En principe, chaque société du groupe conserve son autonomie fiscale. Elle doit donc déclarer son résultat imposable et payer ses impôts. Cependant, deux régimes spécifiques s'appliquent aux groupes de sociétés.

- ***Le régime des sociétés mère et fille***

  Les dividendes versés par la filiale à la société mère (pourcentage de participation supérieur à 5 %) ne sont pas imposables dans les résultats de la société mère bien que constituant pour la société mère un véritable revenu (voir page 246).

- ***L'intégration fiscale***

  Le régime de l'intégration fiscale permet à la société mère d'être la seule redevable de l'IS pour tout le groupe, sur la somme algébrique des résultats des sociétés membres. Ce régime permet ainsi de compenser la perte fiscale d'une filiale par le bénéfice d'une autre.

  Le régime de l'intégration fiscale ne peut s'appliquer qu'aux filiales détenues à 95 % par la société mère (voir page 238).

3. Incidences juridiques

La constitution d'un groupe se traduit par un accroissement de la complexité administrative.

- ***Conventions réglementées***

  Lorsque les sociétés du groupe possèdent des dirigeants communs, il est nécessaire de respecter les procédures de contrôle des conventions réglementées (voir page 195).

- ***Informations, suivi juridique et comptable***

  Pour chaque société du groupe, il faut tenir des assemblées, établir les comptes annuels, les déclarations fiscales…

  De plus, la constitution d'un groupe génère un accroissement des obligations d'information pesant sur la société mère (voir page 55).

5.2. Les autres structures de partenariat

5.2.1. Le groupement d'intérêt économique

Le groupement d'intérêt économique est destiné à la mise en commun par des entreprises existantes de certaines de leurs activités afin d'en faciliter le développement : services d'importation ou d'exportation, organismes de recherche, publicité et diffusion des produits…

Le GIE présente l'avantage d'une constitution très simple (rédaction d'un contrat constitutif et immatriculation au registre du commerce et des sociétés ; les apports ne sont pas obligatoires), et d'un fonctionnement très souple (les membres du GIE définissent, comme bon leur semble, les règles de gestion, la répartition du bénéfice…).

Comme pour une société de personnes, les membres du GIE sont solidairement et indéfiniment responsables des dettes sociales. Malgré cette lourde responsabilité et l'impossibilité d'acquérir un fonds de commerce, le GIE est une formule intéressante de coopération entre les entreprises.

5.2.2. La société en participation

Zoom n° 15

Utilisez la société en participation avec prudence

Dans une société en participation occulte, le gérant est très puissant puisque c'est le seul à pouvoir agir à l'égard des tiers. Lui seul agit au vu et au su des tiers. Au-delà de la relation de confiance entre les participants et le gérant, les relations internes doivent donc être parfaitement définies.

Dans une société en participation occulte, le gérant est indéfiniment responsable : il pourra être mis en redressement judiciaire. Cette responsabilité très lourde peut être étendue aux associés si leur identité est révélée.

Si la société en participation n'est pas occulte et si l'activité de la société est commerciale, les associés sont responsables solidairement des engagements pris par chacun d'entre eux.

La société en participation est une structure très souple, facile à mettre en place, pour un coût très réduit, et qui n'est pas immatriculée au registre du commerce (elle peut donc ne pas être portée à la connaissance de la concurrence). La société en participation est très utilisée dans le domaine des affaires, surtout sous sa forme occulte, pour des opérations de toute nature, et pour des durées très variables.

Comme dans le cadre d'une société de personnes, les associés disposent d'une grande liberté contractuelle pour organiser leurs rapports. Pour éviter tout problème, les participants rédigeront des statuts (les statuts ne sont pas obligatoires).

Organisation de la société en participation *Plus d'informations : www.apce.com chemin d'accès : « choisir un statut juridique, les sociétés, SEP ».*	
Les associés	• Au moins deux associés qui peuvent être des personnes physiques ou morales.
Le gérant	• La société en participation est gérée par un ou plusieurs gérants qui sont seuls habilités à agir au nom de la société.
Responsabilité	• **Le gérant** supportera sur son patrimoine la conséquence des actes accomplis au profit de la société. • **Les associés**, dans la mesure où ils n'agissent pas aux yeux des tiers en cette qualité (société qui reste occulte), ne sont pas responsables des dettes de la société vis-à-vis des co-contractants de la société.
Fonctionnement	• Les associés mettent à la disposition de la société des biens qui leur appartiennent ou qu'ils acquièrent en indivision (la société en participation n'étant pas immatriculée, elle ne peut pas être propriétaire de biens). • Les associés conviennent des modalités de partage des bénéfices, et des pertes. • Les associés sont imposés en fonction de la quote-part de bénéfice de la société en participation qui leur est attribuée par les statuts. • Pour déterminer ses résultats, la société en participation établit des comptes annuels (la société inscrit à son bilan des biens dont elle n'est pas propriétaire et un passif qui ne lui incombe pas).
Cession de parts	• Un associé peut céder la part qu'il détient dans la société, selon les modalités prévues aux statuts et moyennant le paiement d'un droit d'enregistrement de 4,80 %.

6. Transformer la SARL

6.1. Pourquoi transformer la SARL ?

La transformation de la SARL en une société d'une autre forme peut être imposée par la loi ou décidée par les associés. Dans la pratique *la transformation en société par actions simplifiée (SAS)*[1] *ou en société anonyme (SA) est la plus fréquente*, notamment parce que la transformation en une société d'une autre forme aggrave la responsabilité des associés à l'égard des dettes sociales.

1. Transformation imposée par la loi

Lorsqu'une SARL compte plus de 100 associés, elle doit, dans un délai de deux ans, ou prendre des dispositions en vue d'avoir 100 associés au plus, ou se transformer en société par actions simplifiée ou en société anonyme ; à défaut, elle est dissoute.

2. Transformation décidée par les associés

Pour *financer le développement de l'activité* : les associés peuvent transformer la SARL en société anonyme afin de pouvoir émettre des actions et des obligations dans le public.

Afin *d'améliorer son statut fiscal et social* : la transformation de la SARL en société par actions simplifiée ou société anonyme permet au gérant majoritaire de contrôler le capital de la société tout en bénéficiant du statut fiscal et social de salarié. À l'opposé, la transformation en société en nom collectif permet au gérant minoritaire d'adopter le statut fiscal et social de travailleur indépendant.

1. Voir le *Guide pratique de la SAS et de la SASU* aux Éditions d'Organisation.

6.2. Comment transformer la SARL en société par actions simplifiée[1] ou en société anonyme ?

6.2.1. Conditions et modalités de la transformation en SAS ou en SA

La transformation d'une SARL en SAS ou en SA est soumise aux conditions fixées pour la constitution de la SAS ou de la SA. La transformation entraîne une modification des statuts qui doit faire l'objet d'une publicité (voir annexe dans les suppléments Internet).

Conditions et modalités de la transformation de la SARL en SAS ou en SA	
Capital social minimal	Le capital de la SARL et de la SAS est librement fixé dans les statuts. La SARL pourra donc se transformer en SAS et **garder un montant de capital identique**. Le capital social doit être au moins égal à 37 000 € dans une SA. Il faut augmenter le capital social de la SARL pour le porter à ce minimum. Cette augmentation doit être définitivement réalisée au jour de la décision de transformation.
Nombre d'associés	Au minimum sept associés pour la transformation en SA. Un associé suffit pour la transformation en SAS[2].
Libération du capital social	Lors de la constitution de la SA ou de la SAS, le capital social doit être libéré de la moitié au moins. Lors de la transformation d'une SARL, il faudra libérer une partie du capital par anticipation car la SARL a l'obligation de ne libérer qu'un cinquième du capital lors de la constitution.
Rapport du commissaire aux comptes ou du commissaire à la transformation	La décision de transformation : • d'une **SARL en SAS** doit être précédée, à peine de nullité de la transformation, d'un rapport **sur la situation de la société** établi par un commissaire aux comptes inscrit ;

.../...

1. Voir le *Guide pratique de la SAS et de la SASU* aux Éditions d'Organisation.
2. Une EURL peut être transformée en SAS car la SAS peut ne comprendre qu'un seul associé. Il s'agit alors de la SAS unipersonnelle (SASU).

.../...

Rapport du commissaire aux comptes ou du commissaire à la transformation	• d'une **SARL en SA** doit être précédée d'un rapport d'un **commissaire à la transformation** sur la **situation de la société** attestant que **le montant des capitaux propres est au moins égal au montant du capital social** et devant apprécier sous sa responsabilité **la valeur des biens composant l'actif social et les avantages particuliers**[1]. Si le capital est entamé par les pertes, la transformation devra être précédée d'une réduction du capital (voir cas n° 9).
Décision de transformation[2]	La décision de transformation de la **SARL** doit être prise à l'**unanimité des associés** pour la transformation en **SAS** et à la **majorité des trois quarts des parts sociales** pour la transformation en **SA**.
Formalités	Dresser un procès-verbal des délibérations et le soumettre à l'enregistrement. Les autres formalités sont les mêmes que pour toute modification statutaire[3] (voir page 51).

1. Si la SARL a un commissaire aux comptes, il peut être nommé commissaire à la transformation à l'unanimité des associés. Si la SARL n'a pas de commissaire aux comptes, le commissaire à la transformation est désigné par le président du tribunal de commerce statuant sur requête du gérant. Le rapport est tenu au siège social à la disposition des associés au moins huit jours avant la date de l'assemblée qui décidera de la transformation, et déposé dans ce même délai au greffe du tribunal.
2. S'il existe dans la société qui se transforme des parts représentatives d'apports en industrie, les droits de l'apporteur en industrie doivent être liquidés préalablement à la transformation. Le non-respect des dispositions fixant les modalités de la transformation peut être sanctionné par la nullité de l'opération. Les associés doivent : approuver la transformation après avoir pris connaissance du rapport de la gérance et du rapport du commissaire aux comptes ou du commissaire à la transformation (les associés doivent approuver expressément l'évaluation des biens figurant dans le rapport), fixer sa date de prise d'effet (par exemple, le premier jour du prochain exercice), constater la répartition des actions entre les divers associés, établir de nouveaux statuts et nommer les organes de direction et les premiers commissaires aux comptes.
3. Cependant, l'immatriculation au registre du commerce et des sociétés devra comporter un certain nombre d'indications supplémentaires : noms des administrateurs, des commissaires aux comptes...

Zoom n° 16

Transformation d'une SARL en SA : évitez la requête au président du tribunal de commerce

Pour éviter la requête au président du tribunal de commerce en vue de la désignation d'un commissaire aux comptes pour établir un rapport sur la transformation, il faut nommer un commissaire aux comptes avant la transformation. C'est ce commissaire aux comptes que les associés désigneront pour établir le rapport sur la situation de la société.

Cas n° 9

Transformation d'une SARL en SAS et capitaux propres positifs mais inférieurs au capital social

Le bilan (en euros) d'une SARL pour la transformation en SAS est le suivant :

Capital social	75 000
Pertes	– 30 000
Réserves	– 15 000
Capitaux propres	30 000

Le capital d'une SARL est librement fixé par les statuts. Comme le capital de la SAS est également librement fixé dans les statuts, la SARL peut réduire son capital pour se transformer en SAS. Au final, on peut profiter de la transformation en SAS pour assainir la situation : la société, préalablement à la transformation, peut réduire son capital social de 45 000 € par imputation des pertes afin de les éponger. Nous obtenons la situation suivante :

	Avant	Réduction du capital	Augmentation du capital	Après
Capital social Pertes Réserves	75 000 – 30 000 – 15 000	– 45 000 30 000 15 000	0	30 000 0 0
Capitaux propres	**30 000**	**0**	**0**	**30 000**

Cas n° 10

Transformation d'une SARL en SAS et capitaux propres négatifs

Le bilan d'une SARL pour la transformation en SAS est le suivant :

Capital social	150 000 €
Pertes	– 250 000 €
Réserves	30 000 €
Capitaux propres	– 70 000 €

Comme les capitaux propres sont négatifs, la société doit procéder à un « coup d'accordéon ». Cette opération consiste à réduire à zéro le capital social pour éponger les pertes avant de procéder à une augmentation de capital pour permettre la constatation, après déduction des pertes restantes (seconde réduction de capital) d'un capital atteignant le capital de la SAS, librement fixé par les associés à 20 000 €, afin qu'elle ne soit pas sous-capitalisée pour faire face aux besoins de trésorerie de son activité. Nous obtenons alors la situation suivante :

	Avant	Réduction de capital	Augmentation de capital	Réduction de capital	Après
Capital social	150 000 €	– 150 000 €	90 000 €	– 70 000 €	20 000 €
Pertes	– 250 000 €	150 000 €		100 000 €	0 €
Réserves	30 000 €			– 30 000 €	0 €
Capitaux propres	**– 70 000 €**	**0 €**	**90 000 €**	**0 €**	**20 000 €**

6.2.2. *Effets de la transformation en SAS ou en SA*

La transformation de la SARL en SAS ou en SA prend effet à compter du jour où elle a été décidée. Elle ne peut pas avoir d'effet rétroactif. Cependant, elle ne devient opposable aux tiers qu'après l'achèvement des formalités de publicité (voir page 62).

Les effets de la transformation de la SARL en SAS ou en SA	
à l'égard de la société	• La transformation n'entraîne pas la création d'une personne morale nouvelle. La société conserve son numéro d'immatriculation au registre de commerce et des sociétés. La société n'a pas l'obligation d'arrêter ses comptes au jour de la transformation (voir cas n° 12).
à l'égard de la société	• En revanche, la transformation de la SARL en SA ou en SAS a une incidence significative sur les modalités de sa gestion et de sa direction[1]. • Le coût fiscal peut être lourd (voir page 68).
à l'égard du gérant	• La transformation met *fin aux fonctions* du gérant. Il ne peut pas bénéficier de dommages-intérêts car la transformation n'équivaut pas à une révocation sans juste motif[2]. • Si le gérant a *cautionné des dettes* de la société avant sa transformation, il a, le cas échéant, l'obligation de régler ces dettes après la transformation si l'acte de caution a été conçu en termes généraux et n'était pas limité à la durée des fonctions de gérant. • Les dirigeants de la SA ou de la SAS sont salariés.
à l'égard des commissaires aux comptes	• Si la société avait un commissaire aux comptes, sa transformation en SAS ne met pas fin aux fonctions du commissaire aux comptes. Ses fonctions expireront à la date initialement prévue en tenant compte du temps accompli dans la société avant sa transformation. • Si la société n'avait pas de commissaire aux comptes avant sa transformation en SAS, les associés doivent procéder à la nomination d'un commissaire aux comptes lors de l'assemblée décidant de la transformation en SAS.
à l'égard des créanciers et du bailleur	Les créanciers conservent leurs droits de poursuite à l'égard de la société et des associés pour les créances nées avant la transformation. Ils conservent notamment les sûretés et les cautionnements dont ils bénéficiaient avant la transformation (voir cas n° 11). Le bail commercial se poursuit à l'identique (voir cas n° 11).
à l'égard des salariés	Les contrats de travail en cours ne subissent aucun changement[3]. Les représentants des salariés doivent continuer à bénéficier d'une information suffisante sur la marche de la société[4].

1. Exemple : transformation d'une SARL avec un gérant en SA avec un conseil d'administration ou en SAS dotée d'un président sans organe collégial.
2. Si l'ancien gérant parvient à démontrer que la transformation a pour seul objet de porter atteinte à ses droits, il peut obtenir en justice des dommages-intérêts ou l'annulation de la transformation.
3. Les salariés continuent à bénéficier de la même ancienneté (primes, indemnités de licenciement) ainsi que des mêmes avantages attachés à leur appartenance à la société (comité d'entreprise).
4. Les statuts doivent préciser l'organe social auprès duquel les représentants des salariés peuvent obtenir cette information.

Cas n° 11

Les effets de la transformation d'une SARL en SAS ou en SA sur les contrats

Les contrats de prêt et de crédit-bail d'une SARL stipulent que la transformation de la société est une cause de résolution anticipée par déchéance du terme. Par ailleurs, la société bénéficie d'un bail commercial comprenant une clause qui impose que toute modification statutaire susceptible de diminuer ses garanties lui soit notifiée.

- Pour ses contrats de prêt et de crédit-bail, la société doit obtenir, préalablement à la transformation, un engagement écrit du cocontractant, qui renonce à se prévaloir de la clause de résolution anticipée. Ainsi, la société a l'assurance que la restitution du bien financé ou le remboursement anticipé des fonds prêtés ne lui seront pas demandés.
- Le bail commercial se poursuit à l'identique, dans les mêmes termes et conditions. La société bénéficie donc, à son terme contractuel, du droit au renouvellement, sauf versement d'une indemnité d'éviction. Cependant, il faut notifier la décision de transformation au propriétaire car ses garanties sont diminuées dans la mesure où les associés ne sont plus responsables indéfiniment.

Cas n° 12

Les effets de la transformation d'une SARL en SAS sur les comptes de la société et le rapport de gestion

Une SARL qui arrête ses comptes le 31 décembre est transformée en SAS le 30/06/N avec changement des dirigeants sociaux.

La société n'a pas l'obligation d'arrêter ses **comptes** le 30/06/N (date de la transformation en SAS), sauf décision contraire des associés. Le bilan et les comptes de l'exercice de l'année N (année de la transformation en SAS) sont arrêtés le 31/12/N. Les comptes au 31/12/N sont approuvés et les bénéfices au 31/12/N sont répartis conformément aux modalités prévues par les statuts de la SAS.

Le **rapport de gestion** est établi par les anciens dirigeants (le gérant de la SARL) et les nouveaux dirigeants (le président de la SAS). Ils peuvent établir deux rapports distincts ou, d'un commun accord, un seul rapport couvrant la totalité de l'exercice. Les anciens dirigeants qui refuseraient d'établir le rapport s'exposent à une action en responsabilité de la part de la société.

6.2.3. Coût de la transformation en SAS ou en SA

Comme la transformation d'une SARL en SA ou en SAS n'entraîne pas la création d'une personne morale nouvelle, la décision de transformation a un coût très faible (le droit fixe d'enregistrement est exigible).

En revanche, si la transformation entraîne un changement de régime fiscal (une SARL de famille ou une EURL transformée en SA ou en SAS change de régime fiscal car elle passe de l'IR à l'IS) et/ou s'accompagne d'un changement d'activité réelle, les incidences fiscales sont très lourdes.

Cependant, en cas de changement de régime fiscal, l'article 202 *ter* du CGI permet d'atténuer les incidences fiscales en matière d'imposition des bénéfices. En effet, seuls les bénéfices en cours au moment de la transformation sont imposés immédiatement. En revanche, les plus-values latentes et les provisions bénéficient d'un sursis d'imposition si la société ne modifie pas les valeurs comptables de son bilan (la transformation a un simple caractère intercalaire).

Coût de la transformation d'une SARL en SAS ou en SA *Le coût de la transformation dépend du changement de régime fiscal et/ou du changement d'activité réelle.*		
Imposition	**Transformation en SAS ou en SA d'une SARL imposée à ...**	
	l'IS (SARL classique)	**l'IR (SARL de famille ou EURL)**
Droits d'enregistrement	Uniquement le droit fixe de 375 €.	• Droits d'enregistrement exigibles au taux de 5 % sur les apports d'immeubles ou de fonds de commerce[1]. • Uniquement le droit fixe si les associés prennent l'engagement de conserver les actions de la SA ou de la SAS pendant au moins cinq ans.
Impôt sur les bénéfices	La transformation n'est pas assimilée à une cessation d'entreprise : • pas d'imposition des bénéfices en cours au moment de la transformation ; • les déficits réalisés avant la transformation sont reportables sur les bénéfices réalisés après.	La transformation est assimilée à une cessation d'entreprise : • imposition immédiate des bénéfices en cours au moment de la transformation ; • les plus-values latentes et les provisions bénéficient d'un sursis d'imposition ; • les déficits réalisés avant la transformation ont déjà été imputés sur l'ensemble des revenus des associés (transparence fiscale). Ils ne peuvent donc pas être imputés une deuxième fois sur les bénéfices réalisés après la transformation ; • les réserves ont déjà été imposées. Leur distribution après la transformation ne sera pas imposée.

1. Pour les fonds de commerce : 0 % jusqu'à 23 K€ ; 3 % de 23 K€ à 107 K€ ; 5 % au-delà. Les biens qui entraient dans le champ d'application de la TVA lors de l'apport ne sont pas soumis aux droits d'enregistrement.

Cas n° 13

Incidence fiscale de la transformation d'une SARL en SAS

Une société est transformée en SAS le 30/06/N. Elle clôture son exercice le 31/12/N.

- **Hypothèse 1 : La transformation ne s'accompagne pas d'un changement d'activité réelle.**
- **Hypothèse 2 : La transformation s'accompagne d'un changement d'activité réelle.**

Hypothèse 1. Comme la transformation n'entraîne pas un changement de régime fiscal (une SARL transformée en SAS reste imposée à l'IS) et ne s'accompagne pas d'un changement d'activité réelle, il n'y a pas d'imposition des bénéfices et les déficits sont reportables.

Hypothèse 2. Comme la transformation s'accompagne d'un changement d'activité réelle, la transformation est assimilée à une cessation d'entreprise :

- imposition immédiate des bénéfices en cours au moment de la transformation ;
- les déficits réalisés avant la transformation sont définitivement perdus : ils ne sont plus reportables ;
- cependant, les plus-values latentes et les provisions bénéficient d'un sursis d'imposition sauf pour les provisions réglementées (provisions pour hausse des prix...) qui sont immédiatement imposées.

6.3. La transformation de la SARL en une société autre que la SA ou la SAS

La transformation de la SARL en une société en nom collectif aggrave la responsabilité des associés à l'égard des dettes sociales puisque les associés deviennent solidairement et indéfiniment responsables du passif social, alors que dans la SARL, leur responsabilité est limitée au montant de leurs apports. Il en résulte que cette décision doit être prise à l'unanimité des associés.

Il résulte de la transformation que les associés peuvent éventuellement être condamnés à un paiement par solidarité des dettes sociales, même si elles sont nées avant la transformation.

7. Restructurer la SARL

7.1. Comment restructurer un groupe ?

Pour assurer son développement, l'entreprise peut être amenée à revoir sa structure juridique : croissance externe par absorption de concurrents, restructuration interne par regroupement d'activités dispersées, filialisation de certaines branches d'activité, cession d'une branche d'activité afin de se recentrer sur l'activité principale…

Comment restructurer un groupe ?		
Opération	**Objectifs**	**Modalités**
Fusion	• Absorption d'un concurrent. • Regroupement d'activités dispersées dans plusieurs filiales au sein d'une seule société.	Les sociétés fusionnées transmettent leur patrimoine : • à une société existante[1] ; • ou à une nouvelle société qu'elles constituent[2].
Scission	• Filialisation de branches d'activité disparates d'une société, et dissolution de cette société.	La société est divisée afin de transmettre son patrimoine à plusieurs sociétés existantes ou à plusieurs sociétés nouvelles. La société est dissoute.
Apport partiel d'actif	• Cession d'une branche d'activité afin de se recentrer sur l'activité principale.	La société apporte une partie de son actif à une autre société qui lui remet, en contrepartie, des parts ou des actions nouvelles créées par augmentation de capital. La société n'est pas dissoute[3].

1. En cas de fusion par voie d'apport à une société existante (société absorbante), la société reçoit, à titre d'apport, tout l'actif des autres sociétés fusionnées qui se trouvent dissoutes (sociétés absorbées).
2. En cas de fusion par voie de constitution d'une société nouvelle, la société nouvelle reçoit, à titre d'apport, tout l'actif des sociétés fusionnées qui se trouvent ainsi dissoutes. Voir également note suivante.
3. Les associés des sociétés dissoutes acquièrent la qualité d'associés de la société bénéficiaire des apports. Cependant, il n'est pas procédé à l'échange de parts ou d'actions de la société bénéficiaire contre des parts ou actions de la société qui disparaît lorsque ces parts ou actions sont détenues, soit par la société bénéficiaire, soit par la société qui disparaît (pour la fusion, on parle de fusion renonciation : la société mère renonce à recevoir ses propres titres en échange de sa participation dans la filiale).

7.2. Les fusions, scissions, et apports partiels d'actif

7.2.1. Les modalités pratiques

1. Conditions

Toutes les sociétés commerciales, quelle que soit leur forme, peuvent réaliser une fusion, une scission ou un apport partiel d'actif (exemple : une SARL peut fusionner avec une société anonyme et/ou avec une société en nom collectif). Les sociétés en liquidation peuvent faire l'objet d'une fusion ou d'une scission à condition que la répartition de leurs actifs entre les associés n'ait pas commencé.

Le montant de la soulte en espèces que peuvent recevoir les associés des sociétés qui transmettent leur patrimoine ne peut dépasser 10 % de la valeur nominale des parts ou actions attribuées.

2. Rapports du commissaire à la fusion ou à la scission

Lorsqu'elle concerne des sociétés par actions ou des SARL, un ou plusieurs commissaires à la fusion, désignés par le président du tribunal de commerce à la demande des dirigeants, établissent deux rapports sous leur responsabilité.

1. *Un rapport écrit sur les modalités de fusion*
   - Dans le cadre de leur mission, ils peuvent auprès de chaque société procéder à toutes les vérifications qu'ils jugent nécessaires.
   - Le rapport du commissaire à la fusion est mis à la disposition des associés.
   - Ils vérifient que les valeurs attribuées aux parts des sociétés participant à l'opération sont pertinentes et que le rapport d'échange est équitable.
2. *Un rapport écrit où ils donnent leur appréciation sur l'évaluation des apports en nature et les avantages particuliers.*

Les commissaires aux comptes des sociétés participant à l'opération ne peuvent pas être commissaires à la fusion.

3. Procédure simplifiée quand la société absorbante détient la totalité du capital de la société absorbée

Lorsque la société absorbante détient la totalité des droits sociaux d'une société absorbée (la fusion est alors réalisée sans augmentation de capital), la loi n'impose pas l'intervention d'un commissaire à la fusion et l'approbation de la fusion par l'AGE de la société absorbée. Cependant, la société absorbante doit statuer au vu du rapport d'un commissaire aux apports.

4. Constitution de sociétés nouvelles

Si l'opération comporte la création d'une société nouvelle, elle est constituée selon les règles propres à la forme de la société adoptée. Mais si la société nouvelle est une SARL, elle peut être constituée uniquement avec les apports des sociétés qui fusionnent.

La procédure à respecter	
Délais	**Étapes**
	Établissement d'un projet de fusion ou de scission Le projet de fusion ou de scission est établi par le gérant (ou le conseil d'administration) de chacune des sociétés participant à l'opération.
Au moins un mois avant l'AGE	***Dépôt au greffe du projet de fusion*** Le projet de fusion ou de scission doit être déposé au greffe du tribunal de commerce du lieu du siège social des sociétés. ***Avis du projet de fusion inséré dans un journal d'annonces légales*** Le projet de fusion doit faire l'objet d'un avis inséré dans un journal d'annonces légales du département du siège des sociétés (publicité au BALO si l'une des sociétés fait publiquement appel à l'épargne). ***Déclaration de conformité*** Une déclaration de conformité doit être déposée par l'intermédiaire d'un CFE au greffe du tribunal de commerce par les dirigeants des sociétés participant à l'opération de fusion ou de scission. Ils y relatent les actes effectués en vue de la fusion ou de la scission, et affirment que l'opération est conforme aux exigences légales. Le fait de ne pas déposer cette déclaration entraînerait la nullité de l'opération (NB : la déclaration de conformité a été supprimée par la loi « Madelin » uniquement pour la constitution de la société). ***Ouverture du délai d'opposition des créanciers*** Les créanciers peuvent former opposition au projet de fusion, par déclaration au greffe du tribunal de commerce de la société débitrice dans le délai de trente jours.

.../...

.../...

Dans les 15 jours qui précèdent l'AGE	***Rapport du commissaire à la fusion*** • Le rapport écrit des commissaires à la fusion est déposé au siège social, et tenu à la disposition des associés pendant le délai d'un mois qui précède la réunion de l'assemblée appelée à statuer sur le projet de fusion ou de scission. • En cas de consultation par écrit, ce rapport est, en outre, adressé aux associés avec le projet de résolution qui leur est soumis.
AGE	***Réunion d'une assemblée générale extraordinaire pour approuver le projet de fusion*** Les opérations de fusion ou de scission sont décidées par chacune des sociétés intéressées, dans les conditions requises pour la modification de ses statuts (approbation par l'AGE), au vu du projet de traité établi par les dirigeants des sociétés concernées, et du rapport des commissaires à la fusion. Cependant, la décision de fusion nécessite un vote unanime des associés lorsqu'elle entraîne une augmentation des engagements des associés (absorption d'une SARL par une société en nom collectif : la responsabilité limitée des associés dans la SARL devient indéfinie dans la SNC). ***Formalités de publicité*** Les formalités de publicité prévues pour la création d'une société (société absorbante), et les modifications statutaires (société absorbée qui est dissoute, société absorbante qui augmente son capital) doivent être respectées (dépôt au greffe des statuts, radiation au registre du commerce et des sociétés de la société qui disparaît, inscription au RCS de la société nouvelle, ou inscription modificative s'il s'agit d'une société existante).

Le projet de fusion ou de scission

Un projet de fusion ou de scission est établi par le gérant (ou le conseil d'administration) de chacune des sociétés participant à l'opération. Le projet de fusion ou de scission doit contenir les indications suivantes.

1. La forme, la dénomination et le siège social de toutes les sociétés participantes.
2. Les motifs, buts et conditions de la fusion ou de la scission.
3. La désignation et l'évaluation de l'actif et du passif dont la transmission aux sociétés absorbantes ou nouvelles est prévue.
4. Les modalités de remise des parts ou des actions et la date à partir de laquelle ces parts ou ces actions donnent droit aux bénéfices, ainsi que toute modalité particulière relative à ce droit, et la date à partir de laquelle les opérations de la société absorbée ou scindée seront, du point de vue comptable, considérées comme accomplies par la ou les sociétés bénéficiaires des apports.
5. Les dates auxquelles ont été arrêtés les comptes des sociétés intéressées utilisés pour établir les conditions de l'opération.

.../...

.../...

6. Le rapport d'échange des droits sociaux et, le cas échéant, le montant de la soulte.
7. Le montant prévu de la prime de fusion ou de scission.
8. Les droits accordés aux associés ayant des droits spéciaux et aux porteurs de titres autres que des actions ainsi que, le cas échéant, tous les avantages particuliers.

7.2.2. Les effets à l'égard des tiers

La fusion ou la scission prend effet à la date de la dernière assemblée générale ayant approuvé l'opération. Cependant, la fusion peut prendre effet rétroactivement au plus tôt à la date de clôture du dernier exercice clos de la société absorbée.

1. Effets à l'égard des créanciers

En cas de fusion, la société absorbante devient débitrice des créanciers de la société absorbée. Les créanciers peuvent faire opposition au projet de fusion. Le tribunal de commerce rejette l'opposition ou ordonne le remboursement des créances, ou la constitution de garanties si la société absorbante en offre et si elles sont jugées insuffisantes. À défaut de remboursement des créances ou de constitution des garanties ordonnées, la fusion est inopposable aux créanciers.

L'opposition formée par un créancier n'interdit pas la poursuite des opérations de fusion. Le créancier peut exiger le remboursement immédiat de sa créance si une convention prévoit le remboursement de la créance en cas de fusion.

En cas de scission, la société bénéficiaire des apports devient débitrice solidaire des créanciers de la société scindée. Cependant, il peut être stipulé que la société bénéficiaire de la scission ne sera responsable que du passif apporté dans le cadre de la scission.

2. Effets à l'égard des salariés

Tous les contrats de travail en cours au jour de la fusion ou de la scission subsistent entre le nouvel employeur (la société bénéficiaire de l'apport) et le personnel de l'entreprise. Ces dispositions sont d'ordre public (on ne peut pas y déroger). Cependant des licenciements sont possibles s'ils interviennent dans le cadre d'une fusion accompagnée d'une réorganisation de l'entreprise et dans le respect du droit du travail. Le comité d'entreprise doit être consulté préalablement aux opérations de fusion ou de scission.

3. Effets à l'égard des bailleurs des locaux

La société absorbante (fusion), ou la société bénéficiaire de l'apport (scission) bénéficie du bail de la société qui a fait l'apport. Le tribunal peut modifier les conditions de l'obligation de garantie.

Par ailleurs, le bailleur des locaux loués à la société absorbée ou scindée a le droit de former opposition à la fusion ou à la scission, dans les mêmes conditions que les créanciers.

8. Comment dissoudre la SARL

Les causes de dissolution de la SARL *La réunion de toutes les parts sociales en une seule main n'est pas une cause de dissolution car l'associé unique est immédiatement soumis au régime de l'EURL.*	
Arrivée du terme de la société	La SARL se trouve dissoute de plein droit par l'expiration de la durée pour laquelle elle a été constituée. Les associés peuvent décider de proroger la société par décision prise en assemblée extraordinaire.
Cessation de l'objet social	La SARL finit par la réalisation ou l'extinction de son objet. Cependant, une simple interruption de l'activité sociale ne suffit pas à entraîner la dissolution de la société (exemple : la vente du fonds de commerce exploité par la SARL est une cause de dissolution si l'objet social prévoit uniquement l'exploitation de ce fonds).
Capitaux propres inférieurs à la moitié du capital	Si, du fait de pertes constatées dans les documents comptables, les capitaux propres de la société deviennent inférieurs à la moitié du capital social, les associés décident s'il y a lieu de la dissolution anticipée de la société (voir page 172).

.../...

.../...

Décision des associés	Les associés peuvent, à toute époque, prononcer la dissolution anticipée de la société par une décision extraordinaire nommant, conformément aux statuts, un ou plusieurs liquidateurs auxquels sont conférés les pouvoirs nécessaires à l'accomplissement de leur mission.
Dissolution judiciaire	Tout associé peut demander au tribunal de commerce de prononcer la dissolution de la société pour justes motifs, notamment en cas de mésentente entre associés paralysant le fonctionnement de la société. La dissolution judiciaire peut aussi résulter de la responsabilité pénale de la SARL (voir page 106). Il peut également y avoir dissolution judiciaire en cas d'inexécution de ses obligations par un associé : la société ne peut pas fonctionner dans les conditions prévues à sa constitution car un associé, qui a promis un apport en numéraire à une certaine date, ne l'effectue pas...
Autres causes de dissolution	Jugement de liquidation judiciaire ou de cession totale des actifs de la société.

Zoom n° 17

L'accroissement du nombre des associés de la SARL peut résulter du décès d'un associé

En cas de décès d'un associé, tous les héritiers entrent dans la SARL sans agrément préalable. Chaque indivisaire doit être considéré comme un porteur de parts. La jurisprudence considère parfois que l'indivision compte pour un seul associé car c'est elle qui est propriétaire des parts.

Zoom n° 18

Dissolution de la SARL et associés minoritaires

Si la décision de dissolution de la SARL nuit aux associés minoritaires qui ne l'ont pas votée, des dommages-intérêt peuvent leur être alloués en réparation du préjudice subi du fait de la privation des bénéfices normalement espérés pour les exercices ultérieurs.

Zoom n° 19

Clause statutaire de dissolution

Dans un groupe, une clause statutaire peut prévoir la dissolution d'une filiale commune pour des raisons de concurrence ou de confidentialité (prise de contrôle par un tiers de la participation de l'un des associés...). La clause statutaire de dissolution est généralement assortie de l'obligation de rachat des parts de l'associé qui souhaite dissoudre.

8.1. Les modalités pratiques de dissolution

Le Code du commerce prévoit deux procédures de liquidation.

- **La procédure statutaire ou conventionnelle** : les règles de liquidation sont prévues par les statuts ou réglées par les associés à la majorité des trois quarts des parts sociales.
- **La procédure légale** qui s'applique à défaut de règles statutaires ou conventionnelles ou lorsque la liquidation est décidée par le tribunal de commerce, à la demande des créanciers, ou des associés représentant au moins le dixième du capital.

La liquidation aboutit à la cession des biens composant le patrimoine de la société, au paiement de ses créanciers, et à la répartition entre les associés des fonds restants. Nous examinerons les dispositions générales qui s'appliquent à toutes les liquidations.

1. Continuation de la personnalité morale

La personnalité morale de la société subsiste pour les besoins de la liquidation jusqu'à la clôture des opérations. Pour éviter toute confusion, la mention « Société en liquidation » ainsi que le nom du liquidateur doivent figurer sur tous actes et documents émanant de la société et destinés aux tiers (notamment, sur toutes les lettres, factures, annonces et publications diverses). Le défaut de cette mention peut engager la responsabilité du liquidateur à l'égard des tiers qui ont cru contracter avec une société normale (amende de 1 500 € par infraction).

Il en résulte les conséquences suivantes :

- la société continue à passer des actes juridiques, à agir en justice, dans la mesure où cela est nécessaire pour sa liquidation ;

- elle peut être mise en règlement judiciaire ou en liquidation des biens ;
- elle conserve son patrimoine qui ne peut être immédiatement cédé aux associés ;
- les baux des immeubles qu'elle utilise pour son activité sociale ne se trouvent pas résiliés de plein droit ;
- si, en cas de cession du bail, l'obligation de garantie ne peut plus être assurée, il peut y être substitué, par décision de justice, toute garantie offerte par le cessionnaire ou un tiers et jugée suffisante ;
- la société dissoute ne peut pas commencer une nouvelle activité ;
- elle peut participer à une opération de fusion ou scission à condition que la répartition de son actif entre les associés ne soit pas commencée.

2. Le liquidateur

➥ ***Nomination***

Dans le délai d'un mois, le liquidateur devra publier sa nomination dans un journal d'annonces légales du département du siège pour que les tiers soient avertis de la situation de la société.

Le liquidateur procède à une inscription modificative au registre du commerce et des sociétés, et au dépôt au greffe de l'acte de dissolution. La dissolution de la société ne produit ses effets à l'égard des tiers qu'à partir de la date à laquelle elle est publiée au registre du commerce et des sociétés. Jusqu'à cette date, c'est donc le gérant qui engage la société vis-à-vis des tiers.

➥ ***Cession de l'actif***

Le liquidateur ne peut pas, sauf consentement unanime des associés ou autorisation du tribunal de commerce, céder tout ou partie de l'actif de la société en liquidation à une personne ayant eu la qualité de gérant, ou de commissaire aux comptes, ou de contrôleur.

De même, la cession de tout ou partie de l'actif de la société au liquidateur ou à ses employés, ou à leurs conjoints, ascendants ou descendants, est interdite.

La cession globale de l'actif de la SARL ou l'apport de l'actif à une autre société, notamment par voie de fusion, nécessite l'autorisation des associés à la majorité exigée pour la modification des statuts.

➥ ***Responsabilité du liquidateur***

Le liquidateur peut engager sa responsabilité civile et pénale.

Le liquidateur est responsable à l'égard de la société et des tiers des conséquences dommageables des fautes qu'il a commises dans l'exercice de ses fonctions (exemple : le liquidateur a liquidé tout l'actif et a réglé toutes les dettes sans tenir compte d'une dette d'un tiers ou d'un salarié). L'action en responsabilité se prescrit par trois ans à compter du fait dommageable ou, s'il a été dissimulé, de sa révélation (dix ans si le fait est qualifié crime).

3. Clôture de la liquidation

Les associés doivent être convoqués en fin de liquidation pour statuer sur le compte définitif, sur le quitus de la gestion du liquidateur et la décharge de son mandat et pour constater la clôture de la liquidation. À défaut, tout associé peut demander la désignation par le président du tribunal de commerce d'un mandataire chargé de procéder à la convocation.

Si l'assemblée de clôture ne peut délibérer ou si elle refuse d'approuver les comptes du liquidateur, le liquidateur ou tout intéressé peut demander au tribunal de commerce de statuer à la place de l'assemblée des associés.

Le liquidateur signe et publie un avis de clôture de la liquidation dans le journal d'annonces légales qui a reçu la publicité de l'acte de nomination du liquidateur. De plus, dans le délai d'un mois, le liquidateur doit demander la radiation de l'immatriculation de la société au registre du commerce et des sociétés.

8.2. Conséquences fiscales de la dissolution

Droits d'enregistrement *La dissolution de la SARL doit être enregistrée dans le délai d'un mois*[1].	
Actif net partagé	Droit de partage de 1 % sur l'actif net partagé[2]. Actif net partagé = valeur vénale réelle des biens partagés – passif – soultes. Le passif comprend notamment les frais de liquidation[3] et les impôts exigibles[4].
Soultes	Lorsqu'un associé reçoit des biens dont la valeur excède la part d'actif qui lui revient normalement compte tenu de ses droits sociaux, il doit verser une soulte. La soulte est taxée comme une vente. Le droit de mutation est exigible au taux prévu pour les biens attribués à l'associé[5].
Biens attribués	L'attribution de biens à un associé autre que l'apporteur peut être taxée comme une vente si l'apport du bien a été soumis au droit fixe (voir page 40).

1. À compter de l'acte qui constate la dissolution ou, à défaut d'acte, par une déclaration dans le mois suivant la dissolution.
2. Quelles que soient l'origine des biens partagés (apports ou acquêts sociaux) ou la qualité du bénéficiaire du partage (apporteur ou autre associé).
3. Honoraires du liquidateur, frais de publicité relatifs à la clôture de la liquidation…
4. Droit de partage, précompte mobilier… en revanche, la retenue à la source exigible sur le boni de liquidation revenant à des actionnaires domiciliés à l'étranger n'est pas déductible.
5. Si les biens attribués sont de nature différente, la soulte est répartie proportionnellement à leur valeur respective.

Imposition du boni de liquidation *Le boni de liquidation est imposé en tant que distributions entre les mains des associés.* **Boni de liquidation = actif net partagé – montant des apports[1]** **Perte de liquidation[2] = montant des apports – actif net partagé**		
L'associé est...	**une entreprise (IR ou IS)**	**un particulier**
Boni de liquidation	Le boni de liquidation est réparti entre un revenu mobilier et une plus-value ou moins-value (voir cas n° 14 page 82) : • le revenu mobilier est imposé comme un dividende[3] ; • la plus-value ou moins-value est imposée selon le régime des plus-values professionnelles.	Le boni de liquidation majoré de l'avoir fiscal est imposé à l'IR dans la catégorie des revenus de capitaux mobiliers (RCM) comme un dividende[3]. Si le boni de liquidation est considéré comme un revenu exceptionnel[4], l'associé peut bénéficier du système du quotient[5] qui permet d'atténuer les effets de la progressivité de l'IR[6].
Perte de liquidation	L'entreprise constate une moins-value imposée selon le régime des plus-values professionnelles.	La perte ne peut pas être retranchée du revenu imposable de l'associé car elle constitue une perte en capital.

1. Boni de liquidation = Actif net partagé – prix d'achat des titres pour les associés qui ont acquis leurs titres à un prix supérieur au montant des apports.
2. Les associés ne sont pas remboursés de tout ou partie de leurs apports.
3. Voir page 245.
4. Le boni est considéré comme exceptionnel si son montant dépasse la moyenne des revenus nets des trois années précédentes.
5. Le mécanisme du quotient consiste à ajouter au revenu courant le quart du boni de liquidation et à multiplier par 4 la cotisation supplémentaire d'IR ainsi obtenue.
6. L'associé qui dispose habituellement de revenus moyens et qui perçoit au titre d'une année un boni de liquidation d'un montant élevé, subit de plein fouet les effets de la progressivité. Le mécanisme du quotient permet d'atténuer cette brusque élévation de la progressivité de l'IR.

Imposition des bénéfices	
La dissolution d'une SARL est assimilée à une cessation d'entreprise qui entraîne l'imposition immédiate des bénéfices et plus-values non encore taxés.	
Imposition des bénéfices	Imposition immédiate des : • **bénéfices d'exploitation** réalisés entre la fin du dernier exercice et la date de la dissolution[1] ; • **provisions devenues sans objet** du fait de la dissolution[2]… ; • **plus-values réalisées** sur les immobilisations lors de leur vente à des tiers ou lors de leur attribution en nature aux associés. Les bénéfices sont imposés à l'IS à $33^{1/3}$ %. Cependant, les plus-values à long terme sur titres de participation sont exonérées d'imposition.
Déclaration et paiement de l'IS	Les bénéfices doivent être déclarés dans un délai de 60 jours[3] à partir de la date à laquelle prend fin la liquidation de la société. La société doit verser spontanément au Trésor l'IS dont elle est redevable au plus tard le 15 du mois suivant celui de l'expiration du délai de 60 jours.

Cas n° 14

Répartition de boni de liquidation

Une SARL au capital de 40 000 € divisé en 4 000 parts sociales de 10 € a un actif net à sa dissolution de 60 000 €. Un des associés est une SAS. Les parts sociales de la SARL figurent à l'actif de la SAS pour leur prix d'achat qui est de : 8 € pour l'hypothèse n° 1, 18 € pour l'hypothèse n° 2 et 12 € pour l'hypothèse n° 3.

…/…

1. Les déficits reportables sont imputés sur le bénéfice imposable à l'IS à $33^{1/3}$ % (voir page 232).
2. D'une manière générale, il s'agit des bénéfices en sursis d'imposition.
3. Le délai pour la TVA est de 30 jours.

(Suite cas n° 14)

…/…

+ Actif net	60 000 €
– Montant des apports	– 40 000 €
= Boni de liquidation	**20 000 €**
Nombre de parts sociales	4 000
Boni de liquidation par part sociale	**5 €**
Actif par part sociale	
• Actif total	60 000 €
• Nombre de parts sociales	4 000
	15 €

Le boni de liquidation est réparti entre un revenu mobilier et une plus-value ou moins-value.

Hypothèses	1	2	3
+ Actif net	15 €	15 €	15 €
– Prix d'achat des titres	– 8 €	– 18 €	– 12 €
= Boni de liquidation	**– 7 €**	**– 3 €**	**3 €**
Répartition du boni de liquidation			
– Revenu mobilier	5 €		
– Plus-value ou moins-value	2 €	– 3 €	
	– 7 €	**– 3 €**	**3 €**

Cas n° 15

Dissolution d'une SARL

Deux associés ont développé une librairie sur un site Internet selon un concept original dans le cadre d'une SARL. Plus de 5 ans après la création de la SARL, les associés décident de vendre leur fonds commercial évalué à 800 000 € à une entreprise cherchant à s'implanter dans ce domaine.

Les autres actifs sont liquidés pour leur valeur comptable majorée de 30 000 €. Les associés décident de mettre fin par anticipation à la société. Les associés sont soumis à l'impôt sur le revenu au taux marginal de 40 %.

…/…

(Suite cas n° 15)

— …/…

Coût de la dissolution ?
Une solution plus avantageuse est-elle envisageable ?
Bilan avant la dissolution (en euros)

Actif		Passif	
Nom commercial Matériel et agencements Stocks Disponibilités	10 000 140 000 300 000 80 000	Capital Réserve Résultat avant IS Provisions déductibles Dettes	250 000 100 000 60 000 20 000 100 000
	530 000		**530 000**

Coût de la dissolution : solution A

Imposition des bénéfices	
Bénéfices d'exploitation	60 000 €
Provisions devenues sans objet	20 000 €
Plus-values réalisées	
• sur nom commercial	790 000 €
• sur les autres actifs	30 000 €
	900 000 €
Impôt sur les sociétés à $33^{1/3}$ %	**300 000 €**
Droit de partage de 1 %	
+ Valeur vénale réelle des biens	1 350 000 €
– Passif	– 420 000 €
– Soultes	
= Actif net avant droit de 1 %	**930 000 €**
– Droit de partage de 1 % *(actif net × 1/101)*	– 9 208 €
= Actif net après droit de 1 %	**920 792 €**
Imposition du boni de liquidation chez l'associé	
+ Actif net	920 792 €
– Montant des apports	– 250 000 €
	670 792 €

Boni pour un associé	**335 396 €**
IR et PS pour un associé au taux de 51 % *(IR à 40 % + PS à 11 %)*	**167 698 €**
IS payé par la société + IR des deux associés (A)	**635 396 €**
Vente des parts sociales : solution B	
Valeur réelle des parts sociales *(actif net avant IS)*	1 230 000 €
Coût d'acquisition des parts sociales	– 250 000 €
Plus-value mobilière	**980 000 €**
Plus-value pour un associé	490 000 €
IR et PS pour un associé au taux de 27 % *(IR à 16 % + PS à 11 %)*	**137 200 €**
Imposition pour deux associés (B)	**274 000 €**
Économie d'imposition globale (A-B)	**360 996 €**

9. Cession, transmission, nantissement et location des parts sociales

9.1. Cession et transmission des parts sociales

Une SARL est une société créée entre un nombre limité d'associés qui se connaissent bien, qui se font confiance. La cession de parts sociales à des tiers ou leur transmission à un héritier à la suite du décès d'un associé pourraient introduire dans la SARL un tiers dont les associés ne veulent pas nécessairement. Il est donc logique que les associés donnent leur avis sur l'agrément du cessionnaire. Une attention particulière doit être accordée au moment de la rédaction des statuts concernant les clauses relatives à la cession ou à la transmission de parts (voir partie sur la constitution).

9.1.1. Prendre les bonnes options au moment de la rédaction des statuts

Zoom n° 20

Le conjoint d'un associé peut devenir associé

Le conjoint d'un associé qui a libéré ses parts au moyen de biens communs peut se voir reconnaître la qualité d'associé. En effet, si vous n'imposez pas dans les statuts l'agrément du conjoint, il peut, à tout moment, devenir associé en notifiant à la société son intention d'être personnellement associé pour la moitié des parts ainsi souscrites ou acquises.
Au moment de la constitution de la SARL, veillez à bien rédiger les clauses relatives à la cession des parts sociales.

Au moment de la rédaction des statuts, il convient de rédiger avec le plus grand soin les clauses concernant les cessions ou les transmissions de parts selon que l'on souhaite que la SARL soit ouverte ou fermée.

1. Ce que vous devez savoir

- ***Le cessionnaire doit être agréé par les associés***
  Les parts sociales ne peuvent être cédées à des tiers étrangers à la société qu'avec le consentement de la majorité des associés représentant au moins les trois quarts des parts sociales. La SARL est donc bien une société fermée dans la mesure où les tiers ne peuvent y entrer librement.

- ***Cependant, dans certains cas, les parts peuvent être cédées librement***
  Les parts peuvent être cédées librement, sauf dispositions contraires des statuts, entre les associés, entre conjoints, et entre ascendants et descendants. Elles sont aussi librement transmissibles par voie de succession ou en cas de liquidation de communauté de biens entre époux.

  La dissolution de la communauté peut avoir pour cause non seulement le décès mais encore le divorce, la séparation de corps ou de biens, ou le changement de régime matrimonial en application de l'article 1397 du Code civil.

2. Quelles options faut-il prendre au moment de la rédaction des statuts ?

Cessionnaire	Les options à prendre
Cessions à des tiers	Aucune option ne peut être prise car toute clause contraire serait réputée non écrite.
Cessions entre associés, entre conjoints, entre ascendants et descendants	Vous pouvez limiter la liberté de cession de parts entre associés. Vous ne pouvez pas rendre les cessions de parts entre associés plus difficiles que celles consenties à des tiers.
Transmissions par décès	Vous pouvez limiter la libre transmissibilité des parts sociales en stipulant dans les statuts que la société continuera : • entre les seuls associés survivants. Les héritiers sont alors seulement créanciers de la société et n'ont droit qu'à la valeur des parts sociales de l'associé décédé (ils n'ont jamais la qualité d'associé) ; • entre les associés survivants et les héritiers qui auront été agréés par la société ; • entre les associés survivants et une personne désignée dans les statuts (le conjoint survivant, un ou plusieurs des héritiers…). Vous ne pouvez pas imposer des conditions plus difficiles que celles qui sont applicables aux cessions consenties à des tiers.

9.1.2. Comment céder les parts de SARL

Zoom n° 21

À savoir sur la cession des parts sociales

- La cession des parts constituant des biens communs exige le consentement du conjoint.
- Les parts d'industrie sont incessibles.

…/…

(Suite zoom n° 21)

— .../...

- Un associé peut, en cas de refus d'autorisation de céder ses parts à un tiers, exiger l'acquisition par les associés, ou à défaut réaliser la cession, dès lors qu'il détient ses parts depuis au moins deux ans.
- La cession consentie à un tiers sans l'agrément des associés est inopposable à la société et aux associés. Cette irrégularité peut cependant être couverte par la ratification postérieure des associés.

9.1.2.1. La marche à suivre

1. Établir un acte de cession

La cession des parts sociales doit être constatée par un écrit (acte sous seing privé ; un acte notarié n'est obligatoire qu'en cas de donation) soumis au droit de timbre.

Nombre d'exemplaires : autant d'exemplaires qu'il y a de parties + un exemplaire pour l'enregistrement + deux exemplaires pour le dépôt en annexe au registre du commerce et des sociétés + un exemplaire pour le dépôt au siège social de la SARL (ou la signification, selon le cas).

2. Obtenir l'agrément du cessionnaire

L'agrément est nécessaire lorsque les parts sociales sont cédées à des tiers étrangers à la société. Il faut alors le consentement de la majorité des associés représentant au moins la moitié des parts sociales. Les statuts peuvent relever ce dernier seuil. Dans les autres cas (entre associés, entre conjoints, entre ascendants et descendants) les parts sont librement cessibles, sauf si les statuts prévoient une procédure d'agrément.

Zoom n° 22

Pour les époux mariés sous le régime de la communauté

La cession de parts dépendant de la communauté, par l'un des époux, ne peut se faire sans le consentement de l'autre.

Déroulement de la procédure d'agrément	
J	***Notification du projet de cession*** Le projet de cession doit être notifié à la SARL, ainsi qu'à chacun des associés, par lettre recommandée avec demande d'avis de réception (par acte extrajudiciaire éventuellement).
J + 8 jours	***Décision des associés*** Dans le délai de huit jours à compter de la notification, le gérant doit : • convoquer l'assemblée des associés pour qu'elle délibère sur le projet de cession de parts sociales ; • ou, si les statuts le permettent, consulter les associés par écrit sur le projet de cession. La décision de la société est notifiée au cédant par lettre recommandée avec demande d'avis de réception.
Refus d'agrément	
Dans les 3 mois du refus	En cas de refus d'agrément, dans un délai de trois mois à compter de ce refus : • les associés sont tenus d'acquérir ou de faire acquérir les parts à un prix déterminé[1] ; • les associés peuvent aussi décider, avec le consentement de l'associé cédant, de réduire le capital de la SARL du montant de la valeur nominale des parts de cet associé et de racheter ces parts au prix déterminé. Un délai de paiement qui ne saurait excéder deux ans peut, sur justification, être accordé à la société par décision de justice. Les sommes dues portent intérêt au taux légal.
3 mois après le refus	Si aucune solution (acquisition ou rachat des parts) n'est intervenue à l'expiration du délai de trois mois, l'associé peut réaliser la cession à condition qu'il détienne ses parts depuis au moins deux ans.
Absence de décision	
J + 3 mois	Si la société n'a pas fait connaître sa décision dans le délai de trois mois à compter de la dernière des notifications faites par le cédant à la société et aux associés, la société est réputée donner son accord.

1. En cas de contestation pour la détermination du prix, le prix est fixé par un expert désigné par les parties, ou à défaut d'accord entre elles, par ordonnance du président du tribunal statuant en la forme des référés et sans recours possible.

3. Informer la société de la cession

Pour être opposable à la société, la cession doit être constatée par le dépôt d'un original de l'acte de cession au siège social contre remise par le gérant d'une attestation de ce dépôt (l'acte peut être signifié par exploit d'huissier ou accepté dans un acte authentique).

4. Formalités de publicité

L'accomplissement des formalités suivantes rend la cession opposable aux tiers :

- enregistrement de l'acte dans le mois de sa date ;
- dépôt de deux originaux de l'acte de cession en annexe au registre du commerce et des sociétés si l'acte de cession est sous seing privé (deux expéditions de l'acte constatant la cession s'il a été établi dans la forme authentique).

5. En cas de changement de gérance à la suite de la cession

Si le cédant est en même temps le gérant de la SARL, et que la cession de parts entraîne sa démission, des formalités supplémentaires sont exigées en conséquence de cette démission et de la nomination du nouveau gérant :

- dépôt au registre du commerce et des sociétés de deux exemplaires sur papier libre des statuts mis à jour ;
- avis dans un journal d'annonces légales ;
- inscription modificative au registre du commerce et des sociétés.

Tableau des formalités en cas de cession de parts à un tiers	
J	• Projet de cession. • Notification du projet de cession à la société et à chacun des associés par acte extrajudiciaire ou par LR avec AR.
J + 8 jours	• Convocation de l'assemblée par le gérant.
J + 3 mois	• Réunion de l'assemblée et signature de l'acte de cession si l'assemblée approuve.
Dans le mois de l'assemblée	• Enregistrement de l'acte de cession. • Notification à la société (ou acceptation par elle dans un acte notarié ; ou dépôt d'un original de l'acte de cession au siège social contre remise par le gérant d'une attestation dudit dépôt).

.../...

…/…

	• Dépôt de deux exemplaires au registre du commerce et des sociétés. • Dépôt au greffe du tribunal de commerce en 2 exemplaires par l'intermédiaire d'un CFE d'une copie des statuts mis à jour. *Si la cession entraîne une modification dans la gérance :* • publication dans un journal d'annonces légales ; • dépôt au greffe de deux exemplaires du procès-verbal ; • inscription modificative au registre du commerce et des sociétés ; • notification aux banques où les pouvoirs des gérants sont déposés ; • éventuellement, notification aux organismes sociaux.

Une procédure d'agrément rapide : l'acte unique

La procédure est généralement la suivante : tous les associés participent à l'acte de cession ; l'agrément du cessionnaire est constaté dans l'acte qui procède à la modification des statuts.
Cette procédure est validée par la loi du 11 février 1994 qui stipule que les décisions collectives autres que celles concernant l'approbation annuelle des comptes peuvent valablement résulter d'un acte exprimant l'accord unanime des associés, à condition que ce soit prévu par les statuts (voir page 192).

9.1.2.2. Les conséquences de la cession

Zoom n° 23

Nos conseils pour la cession des parts sociales

Veillez à ce que le cédant prenne l'engagement de ne pas porter directement ou indirectement concurrence à la société pendant une durée et dans un espace déterminés.
Veillez à ce que le cédant prenne l'engagement de garantir le passif imprévu.
Afin d'éviter tout litige quant au partage des dividendes, il est recommandé aux parties de préciser de façon très claire le sort des dividendes. En général, l'acte de cession stipule que le cessionnaire aura seul droit à toute répartition de bénéfices qui pourrait être faite postérieurement à la cession.

1. À l'égard du cessionnaire

Le cessionnaire devient associé en lieu et place du cédant.

- Il devient associé dans l'état où se trouve la société au moment de son acquisition, et notamment avec ses créances et ses dettes.

- Il peut participer aux votes des associés et aux distributions de bénéfices sociaux.

Zoom n° 24

Le partage des dividendes non distribués au moment de la cession

En ce qui concerne le partage des dividendes non distribués lors de la cession et à défaut d'accord entre les parties :

- si l'assemblée n'a pas décidé au jour de la cession la distribution des dividendes, les dividendes sont acquis au cessionnaire ;
- si l'assemblée a décidé antérieurement ou concomitamment à la cession la distribution de dividendes, les dividendes sont acquis au cédant.

2. À l'égard du cédant

Le cédant cesse de faire partie de la société uniquement s'il cède la totalité de ses parts. Comme tout vendeur, **le cédant doit garantie au cessionnaire** : il ne doit pas dissimuler la situation financière de la société, de sorte que le nouvel associé aurait acquis des parts ayant une valeur bien moindre. Le cédant, sauf clause contraire, reste tenu des cautionnements accordés.

9.1.3. L'imposition de la cession des parts sociales

9.1.3.1. Droits d'enregistrement

Les cessions de parts sociales sont soumises à un droit d'enregistrement de 3 % calculé sur le prix de cession auquel on applique un abattement de 23 000 € si la cession porte sur la totalité des parts sociales[1].

1. L'abattement de 23 000 € est appliqué au prorata du pourcentage des parts sociales cédées. Les cessions de parts de sociétés à prépondérance immobilière sont exclues de cet abattement.

Cas n° 16

La mise en SARL de l'entreprise individuelle permet de faire une économie de droits d'enregistrement lors de la vente de l'entreprise

Un commerçant décide de vendre son fonds de commerce valorisé à 100 000 € et grevé d'un passif de 30 000 € (fournisseurs et emprunt bancaire).

Le fonds de commerce est exploité dans le cadre :

- **Hypothèse n° 1 : d'une entreprise individuelle.**
- **Hypothèse n° 2 : d'une SARL.**

Hypothèse n° 1 : Le fonds de commerce est exploité dans le cadre d'une entreprise individuelle

Même si l'acheteur prend à sa charge le passif (il achète pour 70 000 €), les droits d'enregistrement au taux de 3 % sont calculés sur la valeur brute du fonds de commerce[1] :

3 % × (100 000 – 23 000) = **2 310 €**

Hypothèse n° 2 : Le fonds de commerce est exploité dans le cadre d'une SARL

La vente porte sur des parts sociales qui ont une valeur de 70 000 € (100 000 – 30 000). Les droits d'enregistrement au taux de 3 % sont calculés sur le prix de cession :

(70 000 – 23 000) × 3 % = **1 410 €**

La constitution d'une SARL a donc permis de faire une **économie de 900 €**.

Cas n° 17

Respectez votre engagement de conserver les parts sociales pendant trois ans pour éviter les mauvaises surprises

Un commerçant met en SARL son entreprise individuelle en juin N. Il apporte un fonds de commerce d'une valeur de 400 000 €. Il prend l'engagement de conserver les parts sociales reçues en échange pendant un délai de trois ans.

.../...

1. 0 % jusqu'à 23 K€ ; 3 % de 23 K€ à 107 K€ ; 5 % au-delà.

(Suite cas n° 17)

— .../...

Les parts sociales sont vendues pour 700 000 €.
- **Hypothèse n° 1 : en juin N + 8.**
- **Hypothèse n° 2 : en juin N + 2.**

Hypothèse n° 1 : Les parts sociales sont vendues pour 700 000 € en juin N + 8

L'engagement de conserver les parts sociales pendant trois ans est respecté. Les droits d'enregistrement au taux de 3 % sont calculés sur le prix de cession :

(700 000 – 23 000) × 3 % = **2 310 €**

Hypothèse n° 2 : Les parts sociales sont vendues pour 700 000 € en juin N + 2

L'engagement de conserver les parts sociales pendant trois ans n'est pas respecté. L'apport du fonds de commerce aurait dû être taxé à 3 % au lieu d'être exonéré. Il faut donc payer le complément de droits d'enregistrement :

5 % × (400 000 – 107 000) + 3 % × (107 000 – 23 000) = **17 170 €**

... auxquels s'ajoutent les droits d'enregistrement sur la cession des parts sociales **20 310 €.**

9.1.3.2. Plus-values de cession

L'associé qui cède ses parts sociales est imposé sur les plus-values de cession de ses parts sociales. Le régime d'imposition de la plus-value dépend de la qualité de l'associé.

- Si l'associé est un particulier, la plus-value est imposée selon le régime des plus-values mobilières des particuliers (fiscalité des ménages).
- Si l'associé est une entreprise, la plus-value est imposée selon le régime des plus-values professionnelles (fiscalité des entreprises).

1. L'associé qui cède ses parts sociales est un particulier

Si les parts sociales sont détenues par un particulier, la cession des parts sociales est imposée selon le régime **des plus-values mobilières des particuliers**.

La plus-value est imposée au taux de 30,1 %[1]. L'imposition n'est déclenchée que si le montant des cessions de titres réalisées au cours de l'année dépasse le seuil de 25 730 €.

Les moins-values se compensent avec les plus-values réalisées au cours de l'année. La moins-value nette est reportable sur les plus-values mobilières des 10 années suivantes.

Zoom n° 25

SARL à prépondérance immobilière et cession de parts sociales

Une SARL est à prépondérance immobilière si plus de 50 % de son actif est composé d'immeubles.

- Si la **SARL** est **imposée à l'IR**, la cession des parts sociales est imposée selon le régime des **plus-values immobilières** et non des plus-values mobilières : la plus-value est égale à la différence entre le prix de cession et le prix d'acquisition des parts majoré des frais d'acquisition à titre onéreux évalués à 7,50 % du prix d'acquisition. La plus-value ainsi obtenue est minorée d'un abattement de 10 % par année de détention au-delà de la cinquième. Sur la plus-value calculée, un abattement de 1 000 € par cession s'applique. La plus-value est assujettie à l'impôt sur le revenu au taux de 16 % majoré des prélèvements sociaux au taux de 12,1 %. La CSG de 5,10 % n'est pas déductible.
- En revanche, si la **SARL** est **imposée à l'IS**, la plus-value est imposée selon le **régime des plus-values mobilières**.

---

2. L'associé qui cède ses parts sociales est une entreprise

Si les parts sociales de la SARL sont inscrites à l'actif d'une entreprise individuelle ou d'une société, la cession des parts sociales est imposée selon le régime **des plus-values professionnelles**.

1. 18 % d'IR + 12,1 % de PS = 30,1 % d'imposition globale.

Le régime des plus-values professionnelles		
L'entreprise qui possède les parts sociales est une...	**Les parts sociales de la SARL sont inscrites à l'actif de l'entreprise depuis...**	
	moins de 2 ans : la plus-value est à court terme	**plus de 2 ans : la plus-value est à long terme**
entreprise individuelle ou société soumise à l'IR (SNC...)	La plus-value est un simple produit ajouté au résultat de l'entreprise qui est soumis à l'impôt sur le revenu au niveau de l'entrepreneur individuel ou de l'associé (pour la quote-part qui lui revient). **Le taux de l'IR est progressif**.	La plus-value est imposée au taux de **28,1 %**.
société soumise à l'IS (SA, SARL...) ET titres comptabilisés en titres de participation	La plus-value est un simple produit ajouté au résultat de l'entreprise qui est soumis à l'impôt sur les sociétés au niveau de la société. **Le taux de l'IS est de $33^{1/3}$ %.**	La plus-value est exonérée d'imposition. Cependant une quote-part de 5 %, correspondant aux frais de gestion de la participation, reste imposable.
société soumise à l'IS ET titres non comptabilisés en titres de participation	La plus-value est un simple produit ajouté au résultat de l'entreprise qui est soumis à l'impôt sur les sociétés au niveau de la société. **Le taux de l'IS est de $33^{1/3}$ %.**	

Cas n° 18

Imposition de la cession des parts sociales d'une SARL

Un associé vend le 30/06/N des parts sociales d'une SARL pour un prix de vente de 20 000 €. Il avait acheté ses parts sociales pour 2 000 € le 30/06/N-3.

1. Calculer les droits d'enregistrement.

2. Calculer l'imposition de la plus-value :

- **Hypothèse 1 : l'associé est un simple particulier.**
- **Hypothèse 2 : l'associé est une SNC.**
- **Hypothèse 3 : l'associé est une SA. La SARL est une filiale commune d'exploitation d'un nouveau projet.**
- **Hypothèse 4 : l'associé est une SA. L'investissement dans la SARL a été réalisé en vue de réaliser une plus-value à moyen terme.**

Les droits d'enregistrement à payer s'élèvent à : 20 000 € × 3 % = 600 €.

Imposition de la plus-value :

- **Hypothèse 1**. Pour un simple particulier, la plus-value est imposée au taux de 30,1 %.
- **Hypothèse 2**. Pour la SNC, la plus-value est à long terme. Elle est imposée au taux de 28,1 % au niveau des associés.
- **Hypothèse 3**. Pour la SA, les parts sociales de la SARL constituent des titres de participation car ils sont utiles à l'activité de l'entreprise. La plus-value est à long terme. Elle est exonérée d'imposition à hauteur de 95 %.
- **Hypothèse 4**. Pour la SA, les parts sociales de la SARL constituent des titres de placement. La plus-value est imposée à l'IS au taux de $33^{1/3}$ % au niveau de la société.

Associés	Plus-value	Taux d'imposition	Impôt
Simple particulier	18 000 €	30,1 %	**5 418 €**
SNC	18 000 €	28,1 %	**5 058 €**
SA et titres de participation	18 000 €	0 %	**300 €**
SA et titres de placement	18 000 €	$33^{1/3}$ %	**6 000 €**

9.1.4. Comment préparer la transmission des parts dans le cadre d'un décès ou d'une liquidation de la communauté

Zoom n° 26

Quelques conseils pour la transmission de parts sociales

- Le gérant doit veiller à la convocation du représentant de l'indivision pour éviter toute contestation ultérieure quand le partage sera fait.
- Pensez à l'attribution préférentielle pour assurer la pérennité d'une entreprise familiale.
- Les parts représentatives d'apport en industrie ne sont pas transmissibles et doivent être annulées.
- La SARL peut continuer avec certains héritiers seulement, ou avec les seuls associés survivants.

La SARL n'est pas dissoute par le décès d'un associé, sauf stipulation contraire des statuts. Les parts sociales sont librement transmissibles par voie de succession, ainsi qu'en cas de liquidation de communauté de biens entre époux, sauf agrément prévu dans les statuts.

Par conséquent, si les statuts ne contiennent aucune clause restrictive :

- en cas de décès de l'un des associés, ses héritiers seront associés, suivant le partage de la succession qui aura pu être fait entre eux ;
- en cas de liquidation de la communauté (décès, séparation de corps ou séparation de biens), l'époux auquel sont attribuées les parts de la SARL, du fait de la liquidation de la communauté, devient de plein droit associé de la société (les parts de la SARL appartenaient à la communauté).

Les associés sont libres de continuer ou non la société avec le successeur de l'associé décédé. Les statuts peuvent également prévoir d'agréer le successeur. La procédure décrite page 88 s'applique alors. Si l'héritier n'est pas admis en tant qu'associé, la société doit lui verser la valeur des droits sociaux entrés en succession (article L. 223-13 du Code de commerce).

9.1.4.1. Quelles sont les conséquences du partage des parts dépendant de la succession ou de la communauté ?

Tant qu'il n'a pas été procédé au partage des parts dépendant de la succession ou de la communauté, ces **parts** sont **indivises** entre les héritiers et le conjoint survivant.

- Ils devront se faire représenter auprès de la société par l'un d'eux, considéré par elle comme seul propriétaire. S'ils ne peuvent s'entendre, un mandataire sera désigné par le président du tribunal de commerce.
- Lorsque le partage aura été réalisé, chacun des attributaires de parts sociales sera considéré comme le propriétaire des parts mises dans son lot *à compter du jour du décès*, mais il ne pourra remettre en question les décisions prises dans l'intervalle par les autres associés, dès lors que le représentant de l'indivision, dont la nomination aura été régulièrement notifiée à la société, aura été convoqué aux réunions.

Les parts sociales appartenant à un associé décédé doivent être comprises dans la déclaration de succession pour leur valeur vénale au jour du décès afin de calculer les droits de mutation par décès. Cette valeur doit être appréciée en tenant compte de tous les éléments dont l'ensemble permet d'obtenir un chiffre aussi voisin que possible de celui qu'aurait entraîné le jeu normal de l'offre et de la demande.

9.1.4.2. Pensez à l'attribution préférentielle

Le conjoint survivant ou tout héritier copropriétaire peut demander l'attribution préférentielle par voie de partage, à charge de soulte s'il y a lieu, d'une entreprise commerciale, industrielle ou artisanale, **à caractère familial**. À défaut d'accord amiable, la demande d'attribution préférentielle est portée devant le tribunal, qui se prononce en fonction des intérêts en présence.

Pour plus d'informations, reportez-vous page 87.

9.1.5. L'évaluation des parts

Sauf dans le cas où un expert doit être désigné, la valeur des parts est librement déterminée par l'acquéreur et le vendeur. Il existe de nombreuses méthodes pour parvenir à cette évaluation. Le but de l'évaluation des parts de la SARL est de déterminer la valeur qu'accepterait de payer un acquéreur prudent, guidé principalement par la recherche d'un profit.

Les méthodes les plus généralement pratiquées par les experts professionnels indépendants sont la valeur patrimoniale, la valeur de rendement, la méthode du cash-flow, la méthode du PER ou la méthode du Goodwill. D'autres méthodes sont également pratiquées par les experts judiciaires et l'administration fiscale.

Les principales méthodes pour évaluer les parts sociales	
La valeur patrimoniale	La valeur patrimoniale s'obtient en remplaçant les valeurs comptables du bilan par les valeurs réelles.
La valeur de rendement	La valeur de rendement s'obtient en capitalisant à un taux donné (taux de capitalisation) le dividende net moyen mis en distribution par la SARL au cours des deux ou trois dernières années.

.../...

…/…

La méthode du PER (Price Earning Ratio)	C'est une méthode d'évaluation par capitalisation du bénéfice net. Cette méthode est souvent retenue pour les sociétés cotées en Bourse mais peut servir de référence pour la détermination de la valeur de petites entreprises. La valeur de l'action est égale au dividende par action multiplié par le PER du secteur.
La méthode du GOODWILL	D'origine anglo-saxonne, le terme GOODWILL correspond à la valeur immatérielle d'une entreprise, représentée par sa réputation, fondée sur l'habilité de son management (la direction et l'encadrement), son noyau d'ouvriers spécialisés, sa situation géographique favorable, sa réputation auprès de la clientèle… C'est donc le fonds de commerce et d'industrie, le savoir-faire (know-how). Le GOODWILL se détermine par capitalisation du superbénéfice, c'est-à-dire, la partie des bénéfices qui excède la rémunération normale des capitaux engagés.
Méthode des experts	Les experts et les tribunaux (notamment dans la région parisienne) utilisent un barème d'évaluation des fonds de commerce qui n'a aucun caractère officiel.
Méthode utilisée par l'administration fiscale	L'administration fiscale procède à des évaluations pour contrôler la cohérence des valeurs déclarées par les contribuables pour le calcul des droits d'enregistrement, de l'ISF… Pour l'Administration, la valeur du droit au bail constitue une valeur plancher du fonds de commerce.

9.2. Le nantissement et la saisie des parts sociales

9.2.1. Le nantissement des parts sociales

Zoom n° 27

Le créancier doit obtenir le consentement des associés au nantissement

En effet, si l'associé débiteur ne respecte pas ses engagements, le créancier qui bénéficie du nantissement peut faire vendre les parts. Cependant, les associés ne sont pas obligés d'agréer l'acquéreur des parts si c'est un tiers (les règles d'agrément en cas de cession volontaire s'appliquent également en cas de vente forcée). Dans ce cas, les parts nanties perdent une bonne partie de leur valeur puisque le créancier ne peut pas les vendre à un acquéreur qui n'est pas agréé ; d'où l'intérêt d'obtenir le consentement des associés.

Un associé de SARL peut nantir tout ou partie de ses parts sociales au profit de l'un de ses créanciers. Le créancier, en cas de non-paiement à l'échéance, pourra faire vendre les parts aux enchères afin d'être payé.

Le créancier peut également demander un nantissement judiciaire des parts sociales de son débiteur s'il peut justifier de circonstances susceptibles de menacer le recouvrement de sa créance.

Cette sûreté donne au créancier un droit de préférence en cas de vente (le prix de vente sert en priorité à payer sa créance) et un droit de suite en cas de cession des parts.

➥ *Procédure à respecter*

1. Le nantissement doit être effectué par acte sous seing privé (ou par acte notarié), enregistré, et avec l'accord du conjoint lorsque les parts dépendent de la communauté.
2. Le nantissement doit être signifié à la société par acte extrajudiciaire (ou accepté par la société dans un acte authentique).
3. Pour obtenir le consentement des associés au nantissement, la procédure à respecter est la même que pour une cession à un tiers (voir page 88 – notification du projet de nantissement à la société et à chacun des associés ; consentement donné par la majorité des associés représentant les trois quarts des parts sociales ; consentement tacite si la société n'a pas fait connaître sa décision dans les trois mois de la dernière des notifications).
   - Si les associés donnent leur consentement au projet de nantissement, ce consentement emportera agrément du cessionnaire en cas de réalisation forcée des parts nanties. Cependant, les associés peuvent, après la cession et avec le consentement du cessionnaire, racheter immédiatement les parts en vue de réduire le capital de la société.
   - Si les associés ne donnent pas leur consentement, ou si le consentement n'est pas demandé, l'acquéreur des parts devra être agréé, comme en matière de cession volontaire, par l'assemblée des associés. En cas de refus d'agrément, la société devra racheter elle-même les parts (réduction de capital), ou les faire racheter par un autre associé ou par un tiers qu'elle agrée.

9.2.2. La saisie des parts sociales

Le créancier d'un associé peut faire saisir ses parts afin de les vendre par adjudication (la société pourrait également saisir les parts d'un associé dont elle est créancière).

➡ ***Procédure à suivre***

1. La saisie doit être signifiée à la société par acte d'huissier.
2. La saisie doit être portée à la connaissance du débiteur dans les 8 jours de sa réalisation.
3. L'acquéreur des parts doit être agréé par les associés. En cas de refus d'agrément, les associés doivent acheter ou faire acheter les parts vendues par adjudication.

9.3. La location et le crédit-bail des parts sociales

Les parts sociales d'une SARL assujettie à l'impôt sur les sociétés peuvent faire l'objet d'un contrat de location ou de crédit-bail au profit d'une personne physique (C. com., art. L. 239-1 à L. 239-5 et C. mon. Fin., art. L. 313-7).

9.3.1. Objectif et recommandations

L'associé d'une SARL loue les parts sociales à un futur repreneur. L'objectif du contrat de location est **de favoriser la transmission de la SARL** en permettant au candidat repreneur de prendre connaissance de la société pendant la période de location avant d'acquérir les parts sociales. Le bailleur pourra **limiter la garantie de passif** puisque le repreneur a une bonne connaissance de la société.

Alors que la location-gérance porte sur le fonds de commerce de la société, la location des parts sociales porte sur la société. Alors que le locataire-gérant est personnellement responsable de sa gestion, **le locataire** de parts est placé dans la position d'un **simple associé**.

Le **contrat de location** de parts sociales est **très souple**. Sa rédaction dépend essentiellement de la volonté des parties et des statuts de la société.

Les parties doivent donc être vigilantes lors de la rédaction du contrat de location des parts sociales.

- Le locataire doit prévoir une **option d'achat des parts** à l'issue de la période de location pour éviter le refus du bailleur de lui céder les parts sociales.
- Le bailleur doit prévoir une **clause de confidentialité et un engagement de non-concurrence** de la part du locataire en cas de refus d'acquérir les parts sociales, puisque le locataire aura eu accès à l'ensemble des informations (documents comptables, sociaux…) de la société.
- Le contrat doit également prévoir la valeur de rachat des parts ou l'éventuelle indemnisation du bailleur en cas de dépréciation des parts sociales.

Comme le **locataire dispose du droit de vote aux assemblées ordinaires**, le bailleur ne doit pas donner en location un nombre de parts représentant une majorité suffisante pour permettre au locataire de prendre seul des décisions aussi importantes que le changement de gérant ou l'affectation des résultats de la société.

9.3.2. Les conditions à respecter

Les statuts doivent prévoir que les parts sociales de la SARL « *peuvent être données à bail, au sens des dispositions de l'article 1 709 du Code civil* ». La SARL doit être soumises à l'impôt sur les sociétés.

Le contrat de location doit être écrit et comporter les mentions obligatoires suivantes (art. R. 239-1) :

- la nature, le nombre et l'identification des parts sociales louées ;
- la durée du contrat et du préavis de résiliation ;
- le montant, la périodicité et, le cas échéant, les modalités de révision du loyer ;
- si les parts sociales louées sont cessibles par le bailleur en cours de contrat, les modalités de cette cession ;
- les conditions de répartition du boni de liquidation, dans le respect des règles légales applicables à l'usufruit.

Ces mentions sont obligatoires sous peine de nullité du contrat. Cependant, en l'absence de mentions relatives à la révision du loyer et à la cession des titres en cours de bail, le contrat n'est pas nul, le loyer est réputé fixe et les titres incessibles pendant la durée du contrat.

Les parts louées font l'objet d'une évaluation en début et en fin de contrat, ainsi qu'à la fin de chaque exercice comptable lorsque le bailleur est une personne morale. Cette évaluation doit être certifiée par un commissaire aux comptes.

La location n'est possible qu'au profit d'une personne physique, ce qui exclut le recours à un holding de reprise. La procédure d'agrément prévue par la loi ou les statuts en cas de cession de parts est applicable à la location.

Le **locataire** est considéré comme un **usufruitier** des parts. Il a donc droit à l'ensemble des informations sociales devant être fournies aux associés et dispose du droit de vote aux assemblées ordinaires. Le **bailleur**, considéré comme le **nu-propriétaire**, reste en revanche seul habilité à voter pour les décisions relevant des assemblées extraordinaires.

Le contrat de bail est constaté par acte authentique, ou sous seing privé, soumis à la procédure de l'enregistrement. Certains droits sociaux sont exclus (art. L 239-1, al. 3).

Sous peine de nullité, les parts louées ne peuvent pas faire l'objet d'une sous-location ou d'un prêt de titre. Dans les sociétés d'exercice libéral, les parts sociales ne font l'objet d'un contrat de bail qu'au profit de professionnels libéraux.

Lorsque la société subit une procédure de redressement judiciaire, la location de ses parts sociales ne peut intervenir que dans les conditions fixées par le tribunal ayant ouvert la procédure.

Le contrat de location est rendu opposable à la société dans les formes prévues à l'article 1690 du Code civil (signification par huissier ou acceptation par la société).

Les dispositions légales ou statutaires prévoyant l'agrément du cessionnaire de parts ou d'actions sont applicables dans les mêmes conditions au locataire.

Le bail est renouvelé dans les mêmes conditions que la conclusion du bail initial. En cas de non-renouvellement du contrat de bail ou de résiliation, la partie la plus diligente fait procéder à la radiation de la mention portée dans les statuts de la SARL.

Les opérations de location de parts sociales peuvent être assorties d'une promesse unilatérale de vente moyennant un prix convenu tenant compte, au moins pour partie, des versements effectués à titre de loyers (art. L. 313-7 du Code monétaire et financier).

La délivrance des parts est réalisée à la date à laquelle est inscrite dans les statuts de la SARL, à côté du nom de l'associé, la mention du bail et du nom du locataire. À compter de cette date, la société doit adresser au locataire les informations dues aux associés et prévoir sa participation et son vote aux assemblées. Dans les SARL, le gérant peut inscrire lui-même dans les statuts la mention du bail et du nom du locataire à côté du nom de l'associé concerné, sous réserve de la ratification de cette décision par les associés. Il peut, dans les mêmes conditions, supprimer cette mention en cas de non-renouvellement ou de résiliation du bail (art. L. 223-18, al. 9 du Code du commerce).

Tout intéressé peut demander au président du tribunal statuant en référé d'enjoindre sous astreinte au représentant légal de la SARL, en cas de signification ou d'arrivée à terme d'un contrat de bail portant sur des parts sociales de la société, de modifier les statuts et de convoquer l'assemblée des associés à cette fin.

9.3.3. Le régime fiscal

L'associé d'une SARL (le bailleur) loue les parts sociales à un futur repreneur (le locataire) qui a la qualité d'associé.

Le bailleur perçoit des loyers qui sont imposables dans la catégorie des bénéfices industriels et commerciaux (BIC).

Le locataire est associé. Il perçoit donc des dividendes de la SARL qui sont imposés dans la catégorie des revenus de capitaux mobiliers. Les loyers décaissés sont imputés sur les dividendes encaissés. L'abattement de 40 % s'applique sur le net. L'éventuel déficit n'est pas imputable sur le revenu global, mais seulement reportable sur les dividendes des six années suivantes.

10. La responsabilité pénale de la SARL

Depuis le 1er mars 1994, la responsabilité pénale d'une personne morale peut être engagée pour les infractions limitativement définies par le Code pénal. La responsabilité de la personne morale ne peut donc exister *que dans les cas où la loi le prévoit expressément* ; à défaut, l'infraction demeure à la charge du gérant.

La responsabilité de la société ne peut être engagée que dans la mesure où l'infraction a été commise pour le compte de la société.

Ainsi, la société n'est pas responsable des infractions commises :

- par l'un de ses employés dans l'exercice ou à l'occasion de l'exercice de ses fonctions si celui-ci a agi de sa propre initiative et même si la société a pu bénéficier de l'infraction ;
- par le gérant si celui-ci a agi pour son propre compte et dans son seul intérêt personnel (même parfois au préjudice de la personne morale).

La responsabilité pénale de la société peut être engagée en l'absence de volonté délibérée du gérant : infractions de négligence ou d'imprudence notamment en cas d'homicide ou de blessure involontaires.

La responsabilité du gérant peut être retenue concurremment à celle de la société si le gérant est auteur ou complice des mêmes infractions.

Les personnes qui peuvent accéder au casier judiciaire des personnes morales sont restreintes : collectivités locales dans le cadre des marchés publics, président des tribunaux de commerce dans les cas de redressement ou de liquidation judiciaire, et l'AMF en cas d'appel au marché public.

La société peut encourir des peines contraventionnelles, criminelles ou correctionnelles en fonction de la gravité des infractions	
Nature de l'infraction	**Sanction**
Crimes ou délits	
• les graves manquements à la sécurité lorsqu'ils sont délibérés ; • les accidents du travail ;	• amende dont le taux maximum est le quintuple de celui prévu pour les personnes physiques.

.../...

Crimes ou délits	
• les installations ou les produits défectueux ; • les atteintes aux systèmes informatiques ; • les vols, les escroqueries, ou les abus de confiance ; • usage de faux, corruption active ; • infractions en matière de droit de l'environnement, ou de droit de la consommation.	*Et dans les cas prévus par la loi* : • interdiction pour une durée de cinq ans d'émettre des chèques ou d'exercer une activité professionnelle ; • la société peut être dissoute pour les infractions les plus graves.
Contraventions	
• Toutes les contraventions.	• amende dont le taux maximum peut être le quintuple de celui prévu pour les personnes physiques.
• Les contraventions de la cinquième classe.	• amende dont le taux peut aussi être le quintuple ; • OU confiscation de la chose qui a servi ou était destinée à commettre l'infraction ; • OU interdiction, pour une durée maximale d'un an, d'émettre des chèques.
• Les contraventions de la cinquième classe les plus graves.	• amende dont le taux peut aussi être le quintuple ; • ET confiscation de la chose qui a servi ou était destinée à commettre l'infraction ; • ET interdiction, pour une durée maximale de trois ans, d'émettre des chèques.

La responsabilité pénale de la SARL

La **SARL**, comme toute personne morale, peut être **pénalement responsable** des infractions commises pour son compte par son gérant. Cette responsabilité ne peut être mise en cause que dans les cas où la loi ou le décret le prévoient expressément. À défaut, l'infraction demeure à la charge du gérant. Cette responsabilité n'exclut pas la responsabilité pénale du gérant. La SARL peut également être condamnée en tant que complice. Il existe un casier judiciaire pour les personnes morales. Les peines applicables vont de l'amende à la dissolution.

Cas n° 19

Responsabilité pénale d'une société

Une société chargée d'organiser un chantier n'a pas mis en place un dispositif de protection adapté. Cela a entraîné la chute mortelle d'un salarié.
La société a été déclarée coupable d'homicide involontaire par inobservation de la réglementation en matière d'hygiène et de sécurité du travail.

2

LE STATUT DU GÉRANT DE LA SARL

1. Nomination, révocation et démission du gérant

1.1. Comment sont nommés les gérants ?

1.1.1. Les conditions de nomination

Zoom n° 28

Conseils pour nommer le gérant

- Assurez-vous que la personne que vous envisagez pour être gérant peut occuper cette fonction (interdiction de gérer, incompatibilité…).
- Insérez dans les statuts les conditions pour la nomination du gérant (limite d'âge au-delà de laquelle il cesse ses fonctions, le gérant doit être associé…).

La SARL est administrée par **un ou plusieurs gérants** : le nombre des gérants est donc fixé librement dans les statuts.

- S'il est prévu plusieurs gérants, indiquez dans les statuts leurs pouvoirs respectifs. Attention ! La pluralité de gérants risque d'entraîner des conflits.

Le gérant de la SARL peut être **un associé ou un tiers étranger à la société**. C'est obligatoirement une **personne physique**.

- Une société, même si elle est associée majoritaire de la SARL, ne peut donc pas être gérante. Cependant, le représentant légal de cette société peut être gérant à titre personnel.
- Le mari et la femme peuvent tous deux être gérants même s'ils sont les seuls associés.
- L'autorisation du conjoint n'est pas nécessaire, quel que soit le régime matrimonial.
- Les statuts peuvent stipuler que le gérant sera obligatoirement choisi parmi les associés remplissant certaines conditions.

Le gérant n'a pas la qualité de commerçant.

- La SARL permet donc à une personne de faire du commerce sans devenir personnellement commerçante.
- Attention ! Si le gérant est de nationalité étrangère, il faut cependant qu'il soit titulaire de la carte de séjour temporaire autorisant l'exercice d'une activité non salariée (carte à demander à la préfecture du lieu du siège social), sauf s'il est ressortissant de l'un des États membres de la Communauté européenne, ou titulaire d'une carte de résident (le défaut de carte de commerçant étranger est sanctionné par un emprisonnement de six mois et par une amende de 3 000 €).
- Un mineur émancipé peut exercer les fonctions de gérant car il suffit au gérant d'avoir la capacité juridique requise pour être mandataire.

Le gérant de SARL ne doit pas être frappé d'une **interdiction de gérer** à la suite d'une condamnation pénale (loi du 30 août 1947 relative à l'assainissement des professions commerciales et industrielles), ou de la faillite personnelle prononcée par le tribunal de commerce.

- Le centre de formalités des entreprises exige, lors de la constitution d'une SARL et lors d'un changement de gérant, une déclaration de non-condamnation datée et signée par le gérant (voir modèle dans les suppléments Internet).

Certaines professions ou **fonctions sont incompatibles avec les fonctions de gérant** : notaires, avocats, fonctionnaires, parlementaires, membres du gouvernement (les sanctions des incompatibilités sont essentiellement disciplinaires). En outre, le commissaire aux comptes d'une SARL ne peut en devenir gérant pendant les cinq ans qui suivent la cessation de ses fonctions.

Si la SARL exerce une **profession réglementée**, le gérant doit personnellement remplir certaines conditions : le gérant d'une SARL qui exploite une officine de pharmacie doit être associé et titulaire du diplôme de pharmacien. Il en est de même pour les SARL qui exploitent un cabinet d'expert-comptable ou d'architecte, un établissement de préparation ou de vente en gros de produits pharmaceutiques. Dans une agence de voyages ou un laboratoire d'analyses médicales, le gérant doit justifier de son aptitude professionnelle.

1.1.2. La procédure de nomination

Zoom n° 29

Veillez à bien respecter la procédure de nomination

Les tiers pourraient se prévaloir d'une irrégularité dans la nomination pour se soustraire à leurs engagements.

Le gérant est désigné dans les statuts, ou nommé ultérieurement par un ou plusieurs associés représentant *plus de la moitié des parts sociales*. Lors d'une deuxième consultation, les associés peuvent décider à la **majorité des votes émis** de nommer le gérant. La nomination du gérant s'effectue donc dans les mêmes conditions de majorité que celles exigées pour les décisions collectives ordinaires (voir page 182).

- Un associé majoritaire peut donc à lui seul se désigner valablement comme gérant.
- *Attention* ! Si vous prévoyez dans les statuts une majorité plus forte, vous renforcez la position des associés qui disposent de la minorité de blocage. Notez qu'une majorité plus faible est interdite.
- N'oubliez pas que la nomination du gérant doit être publiée dans le délai d'un mois à compter du jour de la constitution de la société.

- Que le gérant soit nommé dans les statuts ou postérieurement, les conditions de révocation sont identiques.
- L'acceptation des fonctions de gérant peut être tacite.

La *durée des fonctions* du gérant est fixée par les statuts ou par la décision de nomination des associés.

- Si vous n'avez précisé aucune durée, le gérant est nommé pour toute la durée de la société, jusqu'à sa démission, sa révocation, ou son décès.
- Si vous précisez une durée, le mandat du gérant expirera au terme prévu sans qu'il soit besoin de signifier un congé ou de respecter un préavis. Si vous décidez de renouveler ses pouvoirs, vous êtes dispensé des formalités de publicité.

Veillez à *bien respecter la procédure de nomination* car les tiers pourraient se prévaloir d'une irrégularité dans la nomination pour se soustraire à leurs engagements :

- Vous ne pouvez pas opposer aux tiers (clients, fournisseurs...) la nomination ou la cessation de fonction d'un gérant tant qu'elle n'a pas été régulièrement publiée, à moins que vous puissiez établir que les tiers avaient connaissance des changements intervenus au moment où ils ont traité avec la société.
- Si un tiers prouve avoir été dans l'impossibilité d'avoir connaissance de la nomination ou de la cessation de fonction d'un gérant, ces changements ne lui sont pas opposables SAUF si cette preuve est apportée à partir du 16e jour qui suit celui de la publication au BODACC.

Tableau des formalités pour la nomination du gérant à la constitution de la société	
J	Signature des statuts ou procès-verbal de nomination.
J + 1 mois	• Publication dans un journal d'annonces légales du département du siège social. • Dépôt, par l'intermédiaire du CFE, au registre du commerce et des sociétés d'une expédition des statuts et, le cas échéant, de deux copies de l'acte de nomination. • Immatriculation au registre du commerce et des sociétés. • Insertion au Bulletin officiel des annonces civiles et commerciales à la diligence du greffier du tribunal de commerce.

Tableau des formalités en cas de nomination d'un nouveau gérant	
J	Procès-verbal de nomination.
J + 1 mois	• Publication dans un journal d'annonces légales du département du siège social. • Dépôt, par l'intermédiaire du CFE, au registre du commerce et des sociétés de deux exemplaires du procès-verbal de nomination et de deux copies sur papier libre des statuts remis à jour s'il y a eu modification des statuts. • Inscription modificative au registre du commerce et des sociétés (demande en trois exemplaires sur formule délivrée par le greffe). • Insertion au Bulletin officiel des annonces civiles et commerciales à la diligence du greffier du tribunal de commerce.

Liste des pièces à fournir par le gérant

(rubrique 1 A de l'annexe AI de l'arrêté du 9 février 1988)

- Extrait d'acte de naissance.
- Ou copie de la carte d'identité ou du passeport accompagnée d'une déclaration de l'intéressé faisant connaître sa filiation si celle-ci ne figure pas sur les documents fournis.
- Ou document équivalent pour les étrangers.
- S'il y a lieu tout document justifiant la nationalité.
- Attestation sur l'honneur relative à l'absence de condamnations ou de sanctions.
- Le bulletin n° 2 du casier judiciaire du gérant est demandé par le juge commis à la surveillance du registre.

De plus pour les étrangers :

- Copie de la carte de séjour temporaire autorisant l'exercice d'une activité non salariée.
- Ou copie du titre de séjour pour les ressortissants des États membres de l'Union Européenne et des États avec lesquels ont été conclus des accords particuliers.
- Ou copie de la carte de résident.

1.2. Comment prennent fin les fonctions du gérant ?

Zoom n° 30

Démission en blanc

Vous pouvez faire signer au gérant une lettre de démission non datée (démission en blanc) afin de rester maître de l'affaire : cette pratique est dangereuse et peut vous obliger à verser des dommages-intérêts au gérant.

Zoom n° 31

Veillez à bien respecter les formalités de publicité de la cessation des fonctions du gérant pour qu'elle soit opposable aux tiers

Si la révocation d'un gérant régulièrement décidée par l'assemblée des associés n'est pas publiée, le gérant peut continuer à engager la société pour les contrats passés avec les tiers.

1.2.1. Expiration du mandat du gérant

Si les statuts prévoient une durée déterminée, le mandat du gérant expirera au terme prévu, sans qu'il soit besoin de signifier un congé ou de respecter un préavis.

1.2.2. Décès ou incapacité du gérant

Certains événements mettent fin immédiatement aux fonctions de gérant : le décès, la faillite, l'interdiction de gérer une société, et l'exercice d'une fonction incompatible avec celle de gérant de SARL.

- La cessation des fonctions d'un gérant n'entraîne pas la dissolution de la société.
- S'il s'agit d'un gérant unique, les associés doivent procéder à la nomination d'un autre gérant. En cas de difficulté, ils peuvent saisir par voie de requête le président du tribunal de commerce afin de faire désigner un mandataire chargé de convoquer l'assemblée. En cas de décès du gérant unique, les statuts peuvent prévoir un droit de convocation de l'assemblée générale par un associé en vue de procéder à son remplacement.
- En cas de pluralité de gérants, il n'est pas nécessaire de désigner un autre gérant.

1.2.3. Démission du gérant

Le gérant de SARL peut démissionner à tout moment sans avoir à justifier d'un motif quelconque. Cependant, la société peut obtenir des *dommages et intérêts* si la démission lui cause un préjudice (départ imprévu…).

- Les statuts peuvent prévoir un délai de préavis : le non-respect de ce préavis contribuera à prouver que le gérant a démissionné brutalement.
- Attention à la démission en blanc ! Les associés, pour rester maîtres de l'affaire, peuvent faire signer au gérant, lors de sa nomination, une lettre de démission non datée. Cette démission en blanc peut être considérée comme une révocation sans juste motif et donner lieu à des dommages-intérêts.
- Le gérant doit notifier sa démission par lettre recommandée aux associés (ou aux autres gérants, s'il y a pluralité de gérants). La démission n'a pas besoin d'être acceptée par l'assemblée pour produire ses effets.
- Le gérant démissionnaire doit convoquer rapidement les associés afin de leur permettre de désigner un nouveau gérant (modèles de remplacement d'un gérant en annexe dans les suppléments Internet).

1.2.4. Révocation du gérant

Le gérant peut être révoqué par les *associés représentant plus de la moitié des parts sociales*. Lors d'une deuxième consultation, les associés peuvent décider à la **majorité des votes émis** de révoquer le gérant. La révocation du gérant s'effectue donc dans les mêmes conditions de majorité que celles exigées pour les décisions collectives ordinaires (voir page 182). *Le gérant, s'il est associé, participe au vote.*

- Toute clause contraire est réputée non écrite.
- Un gérant égalitaire ou majoritaire dispose d'un nombre de voix suffisant pour s'opposer à sa révocation puisqu'il prend part au vote. Cependant, il n'est pas inamovible car il est révocable par le tribunal de commerce pour une cause légitime à la demande de tout associé, même si le demandeur est très minoritaire. Pour éviter tout blocage pour la nomination du nouveau gérant, il est conseillé de prévoir une simple majorité de moitié pour la nomination des gérants.

Les associés peuvent révoquer *à tout moment* le gérant. *Ils ne sont pas obligés de motiver cette révocation.*

Constituent de justes motifs de révocation	Ne constituent pas de justes motifs de révocation
• Abandon injustifié des fonctions. • Mésentente grave entre cogérants. • Défaut de convocation de l'assemblée annuelle. • Faute de gestion : pertes élevées… • Perte de confiance des associés, des banquiers et des administrations. • Découvert bancaire de la société très supérieur au découvert autorisé. • Commande au nom de la société mais pour l'usage personnel du gérant d'un appareil électroménager. • Emploi de salariés non déclarés.	• Changement de majorité intervenu et désir de nouveaux associés de nommer un gérant de leur choix alors qu'aucune faute de gestion n'est reprochée au gérant en exercice. • Simples considérations d'opportunité, de politique intérieure de la société ou du groupe dont elle fait partie. • Fautes personnelles commises par le gérant, dès lors qu'elles n'engagent pas sa responsabilité en tant que gérant. • Désaccords d'ordre secondaire qui auraient pu être surmontés par une démarche amiable.

- Si la révocation est décidée sans juste motif, elle peut donner lieu à *dommages-intérêts*. Le gérant doit pouvoir justifier d'un préjudice (perte de rémunération + préjudice moral).
- En cas de révocation judiciaire, le tribunal doit justifier sa décision par une cause légitime.
- La révocation du gérant doit en principe figurer à l'ordre du jour de l'assemblée (la rubrique « gestion du gérant » à l'ordre du jour est suffisante).
- Si le gérant refuse de convoquer l'assemblée, tout associé peut demander au président du tribunal de commerce statuant en référé la désignation d'un mandataire qui sera chargé de convoquer cette assemblée et de fixer son ordre du jour.
- Les statuts peuvent prévoir une indemnité.

1.2.5. Formalités à respecter et conséquences de la cessation des fonctions

Les actes accomplis par le gérant après la cessation de ses fonctions sont nuls à condition que les formalités soient régulièrement effectuées.

Afin d'assurer la continuité de la gérance, les associés peuvent, sur décision prise à la majorité ordinaire, supprimer dans les statuts la mention relative au nom du gérant.

L'ancien gérant doit veiller à ce que ces formalités soient effectuées. À défaut, la cessation de ses fonctions serait inopposable aux tiers, et il pourrait, par exemple, être condamné à payer une partie du passif au cas où la société viendrait à cesser ses paiements.

En cas d'inaction du nouveau gérant, le gérant démissionnaire (ou tout intéressé) peut requérir une inscription modificative au registre du commerce et des sociétés : il le met en demeure et, un mois après, demande en référé la nomination d'un mandataire chargé de l'accomplissement des formalités.

Après la cessation de ses fonctions, l'ancien gérant :

- peut exercer la même activité à condition qu'une clause statutaire de non-concurrence ne le lui interdise pas. Pour être valable, cette clause de non-concurrence doit être limitée dans le temps et dans l'espace et ne pas s'opposer en fait à la reprise d'une activité par l'ancien gérant ;
- doit s'abstenir de tout acte de concurrence déloyale (démarchage d'anciens clients…) ;
- doit rendre compte de l'exécution de ses fonctions jusqu'à la cessation de celles-ci dans le rapport de gestion soumis à l'assemblée générale.

Tableau des formalités en cas de cessation des fonctions du gérant *La cessation des fonctions doit être publiée pour être opposable aux tiers. Par simplification, effectuez les formalités de nomination du nouveau gérant en même temps.*	
J	Procès-verbal constatant la cessation des fonctions du gérant.
J + 1 mois	• Insertion dans un journal d'annonces légales du lieu du siège social. • Dépôt au greffe par l'intermédiaire d'un CFE d'une copie de la décision ou de la délibération, certifiée conforme. • Inscription modificative au registre du commerce et des sociétés. • Insertion au Bulletin officiel des annonces civiles et commerciales à la diligence du greffier du tribunal de commerce.

2. Cumul des fonctions de gérant et de salarié

2.1. Les conditions du cumul

Le gérant peut cumuler ses fonctions de gérant (mandat social) avec une fonction de salarié sous réserve que le contrat de travail corresponde à un emploi effectif et qu'il n'ait pas été conclu pour empêcher les règles de révocation des gérants.

Le contrat de travail correspond à un emploi effectif si trois critères sont réunis.

1. Il doit exister une distinction entre le mandat social et le contrat de travail : dans le cadre du mandat social, le gérant assure la direction générale de la société ; dans le cadre du contrat de travail, il doit assurer une **fonction technique distincte**.
   - Le contrat de travail doit être écrit et définir précisément la fonction technique.
   - Si un gérant décide de conclure un contrat de travail, le procès-verbal de l'assemblée des associés doit mentionner qu'une fonction technique spéciale vient s'ajouter à ses attributions de mandataire.
   - La fonction technique ne doit pas être une fonction de direction car il n'y a pas de distinction suffisante avec la fonction de gérant.
   - La fonction technique ne doit pas entrer directement dans l'objet social de la SARL : « responsable des ventes » n'est pas une fonction distincte pour une société dont l'objet est la distribution de produits ; en revanche, cette fonction est distincte si la société a pour objet l'installation et la maintenance d'ascenseurs.
   - Dans une entreprise de dimension modeste, la séparation entre la direction générale qui incombe au gérant et la direction technique est difficile à établir.
2. La fonction technique doit faire l'objet d'une **rémunération distincte**.
   - Par simplification, le mandat social peut être exercé gratuitement. Une rémunération unique est versée en contrepartie du travail salarié.

- La rémunération doit correspondre au salaire normal de l'emploi technique qu'occupe le gérant (elle ne doit être ni excessive, ni trop faible).
- Au titre de son contrat de travail, le gérant doit bénéficier de tous les avantages d'un salarié (indemnités journalières de maladie...).

3. Comme tout salarié de l'entreprise, le gérant doit exercer sa fonction technique dans un **état de subordination** à l'égard de l'entreprise, c'est-à-dire sous l'autorité et le contrôle de l'entreprise.
   - Le gérant doit être minoritaire ou égalitaire (il doit détenir au maximum 50 % des parts sociales).
   - Le gérant ne peut pas être majoritaire car il disposerait alors dans la société de pouvoirs très importants qui excluent l'existence d'un lien de subordination.
   - Le gérant ne doit pas conduire la société comme une entreprise personnelle (absence d'assemblées pour consulter les associés...), car il ne serait plus alors dans un état de subordination puisqu'il se comporte comme le seul maître à bord.
   - Prévoyez dans les procès-verbaux d'assemblée, la définition des missions qui sont confiées au gérant afin d'établir le lien de subordination.
   - Le gérant d'une SARL dont la majorité des parts sociales est détenue par son père et qui détient le monopole des connaissances techniques n'est pas dans un état de subordination.

2.2. Intérêt pratique et conséquence du cumul

Le cumul d'un mandat social et d'un contrat de travail permet au gérant de bénéficier des avantages d'un salarié :

- la protection sociale et le régime fiscal des salariés, la garantie d'un salaire ;
- la protection en cas de licenciement : les indemnités de licenciement, les allocations de l'assurance chômage, la garantie de paiement des indemnités par l'AGS et le super-privilège des salariés en cas de liquidation judiciaire. Cependant, les cas d'indemnisation par les ASSEDIC et l'AGS deviennent de plus en plus rares (voir « La protection sociale du gérant » page 127).

La révocation du gérant par les associés n'entraîne pas, en principe, la résiliation du contrat de travail. Cependant, la perte de confiance qui en résulte constitue généralement une cause réelle et sérieuse de licenciement.

Les autres conséquences du cumul	
Convention collective	Le gérant bénéficie des dispositions des conventions collectives applicables dans l'entreprise.
Rémunération	Le salaire qui est versé au gérant en contrepartie du contrat de travail doit être au moins égal : • au salaire minimum de croissance ; • ou aux minima prévus par la convention collective applicable dans l'entreprise.
Congés payés	Le gérant bénéficie : • de la législation sur les congés payés ; • de l'indemnité de congés payés qui doit être calculée sur la base des salaires qu'il perçoit au titre de son contrat de travail (l'éventuelle rémunération en tant que gérant n'est pas prise en compte).
Représentant du personnel	Le gérant ne peut pas être élu délégué du personnel ou membre du comité d'entreprise malgré son statut de salarié car il exerce le rôle de l'employeur. Le gérant ne fait pas partie de l'effectif pour l'appréciation des seuils retenus pour l'application de la législation sur les représentants du personnel.
Intéressement aux bénéfices de l'entreprise	Le gérant a droit de bénéficier de la participation au bénéfice, de l'intéressement, du plan d'épargne entreprise, et des exonérations fiscales et sociales qui leur sont attachées.
Élections prud'homales	Le gérant a la qualité d'électeur au collège des employeurs à condition que la SARL emploie un ou plusieurs salariés.
Seuils d'effectif	Le gérant entre en compte dans le calcul des seuils d'effectifs car il fait partie du personnel salarié de l'entreprise.

2.3. Les formalités à respecter

Zoom n° 32

Respectez bien la procédure de contrôle par les associés pour les avantages accordés au salarié

Soumettez à l'approbation des associés l'octroi d'un complément de retraite ou de primes d'ancienneté, une augmentation de salaire même si elle résulte d'une augmentation générale applicable à tous les salariés. À défaut, la société pourrait réclamer au gérant la restitution des sommes perçues en application de ces conventions non approuvées par les associés.

Les associés de la SARL doivent approuver les conventions intervenues entre la société et l'un de ses gérants ou associés, sauf si la convention porte sur des opérations courantes et conclues à des conditions normales (la procédure d'approbation est exposée dans le détail page 194).

Les associés doivent donc approuver la conclusion d'un contrat de travail avec un gérant en fonction, ainsi que les modifications ultérieures, et notamment les modifications portant sur le salaire.

En revanche, si un salarié devient gérant, son contrat de travail qui est antérieur à sa nomination en tant que gérant n'a pas à être approuvé par les associés. Cependant, si ce contrat de travail fait l'objet d'un renouvellement ou d'une modification après la nomination en tant que gérant, l'approbation des associés est alors nécessaire.

3. La protection sociale du gérant

Nos conseils

Le gérant doit bien réfléchir au choix de son statut social : statut de salarié (gérant minoritaire ou égalitaire), ou statut de travailleur indépendant (gérant majoritaire). Différents critères doivent être pris en compte : âge, état de santé, composition de la famille… Le statut de salarié ne doit plus être considéré comme le plus avantageux. En effet, le régime des non-salariés offre des prestations de plus en plus proches de celles du régime des salariés (indemnités journalières de maladie pour les artisans, indemnité journalière de maternité) pour un coût souvent moindre.

Le régime social auquel est affilié le gérant dépend de son statut :

- Le **gérant minoritaire ou égalitaire** qui perçoit une rémunération est assimilé à un **salarié** : il est affilié obligatoirement au **régime général de la Sécurité sociale**.
- Le **gérant majoritaire**, même non rémunéré, est assimilé à un **travailleur indépendant** (artisan, commerçant, profession libérale) : il est affilié obligatoirement au **régime général de Sécurité sociale des travailleurs non salariés**.

3.1. Quand un gérant est-il assimilé à un salarié ?

Le gérant est assimilé à un salarié s'il est minoritaire ou égalitaire, c'est-à-dire *s'il ne possède pas plus de la moitié du capital social.*

- En cas de gérance collégiale, les gérants ne doivent pas posséder ensemble plus de la moitié du capital social.
- Les gérants de fait ne sont pas pris en considération.
- Les parts appartenant en toute propriété ou en usufruit au conjoint et aux enfants mineurs non émancipés d'un gérant sont considérées comme lui appartenant (cependant, les parts détenues en nue-propriété ou en indivision ne sont pas prises en compte).
- Les parts du conjoint associé de la SARL en rémunération d'un apport en industrie ne sont pas prises en compte.
- Les parts du concubin ne sont pas prises en compte.

Zoom n° 33

Le gérant ne doit pas exercer un contrôle majoritaire sur la SARL

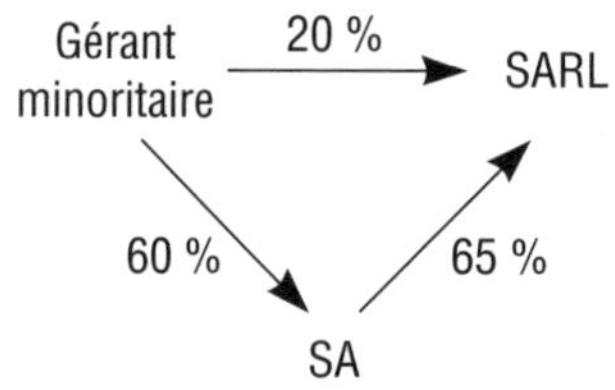

Ce gérant exerce un contrôle majoritaire et ne peut donc être assimilé à un salarié (il contrôle 85 % de la SARL : 20 % directement et 65 % indirectement).

Le gérant minoritaire ou égalitaire non rémunéré ne bénéficie d'aucune couverture sociale puisqu'il ne relève ni du régime des non-salariés, ni du régime général des salariés.

- Il peut pallier l'absence de couverture sociale en exerçant une autre activité qui lui ouvre droit aux prestations sociales (salarié, travailleur indépendant…).
- Il ne peut pas bénéficier de l'assurance maladie de son conjoint salarié.
- Il peut souscrire une assurance personnelle.

- À noter : le gérant majoritaire, même s'il n'est pas rémunéré, doit cotiser au régime des non-salariés tant que la société n'est pas dissoute.

Un gérant non associé est assimilé à un salarié sauf s'il appartient à un collège de gérants majoritaire ou si son conjoint ou ses enfants mineurs détiennent plus de la moitié du capital social.

Un gérant de fait, même s'il est minoritaire, est toujours assimilé à un travailleur indépendant (régime des non-salariés).

Enfin, l'option de la SARL de famille pour le régime fiscal des sociétés de personnes ne remet pas en cause le statut de salarié du gérant minoritaire ou égalitaire (les bénéfices de la SARL sont alors imposés à l'impôt sur le revenu comme ceux d'une entreprise individuelle).

3.2. Que doit choisir le gérant : le statut de salarié ou le statut de travailleur indépendant ?

Le gérant attache beaucoup d'importance à sa couverture sociale.

Le statut de gérant minoritaire ou égalitaire lui permet de bénéficier de la protection sociale du salarié, et notamment du régime de retraite obligatoire des cadres (le gérant minoritaire a le statut de cadre). Quant au gérant majoritaire, il est assimilé à un travailleur indépendant ; il bénéficie de prestations moins avantageuses (pas de couverture chômage, retraite beaucoup plus faible que celle d'un cadre salarié, garantie de ressources en cas d'interruption d'activité uniquement pour les artisans) mais les cotisations sont sensiblement plus faibles (à protection sociale forte correspond un coût élevé).

Le moindre coût des cotisations du régime des travailleurs indépendants présente l'avantage de ne pas affecter la capacité bénéficiaire de l'entreprise, de laisser plus de trésorerie disponible. Le gérant peut gérer comme bon lui semble l'économie réalisée en matière de cotisations sociales : consacrer la trésorerie dégagée au développement de l'entreprise, ou à la recherche d'une protection sociale plus complète, et donc plus sécurisante. À ce titre, la SARL peut adhérer à des régimes facultatifs d'assurance afin de faire bénéficier le gérant de prestations complémentaires ; elle peut également effectuer des placements dont la rentabilité peut s'avérer supérieure à celle dégagée par les cotisations aux régimes de retraite obligatoires des cadres salariés.

Afin d'aider le gérant dans son choix, nous présentons les cotisations et les prestations du régime des travailleurs indépendants au regard de celles du régime des salariés. Nous indiquons également les différentes possibilités pour améliorer la protection sociale du gérant.

3.2.1. L'assiette des cotisations

La base de calcul des cotisations dépend du statut du gérant et du régime fiscal de la SARL.

Base de calcul des cotisations		
Régime d'imposition de la SARL[1]	**Impôt sur les sociétés**	**Impôt sur le revenu[2]**
Gérant majoritaire	**Travailleur indépendant** Les cotisations sont calculées : • uniquement sur la rémunération que verse la SARL au gérant ; • les dividendes que reçoit le gérant en contrepartie de ses droits sociaux ne sont pas pris en compte.	**Travailleur indépendant** Les cotisations sont calculées : • sur la fraction des bénéfices, distribués ou non, qui revient au gérant au prorata de ses parts sociales ; • et sur la rémunération que perçoit le gérant.
Gérant minoritaire ou égalitaire rémunéré	**Salarié** Les cotisations sont calculées sur le salaire brut.	
Gérant minoritaire ou égalitaire non rémunéré	Il n'a pas l'obligation d'avoir une couverture sociale. Il ne cotise donc pas.	
Associés qui exercent une activité	Les associés qui exercent une activité dans la SARL sans être gérant ont le statut de salarié (sauf en l'absence de lien de subordination). Les cotisations sont calculées sur le salaire brut.	
Associés qui n'exercent pas d'activité	Les associés qui n'exercent pas d'activité dans la SARL ne cotisent pas car ils n'ont pas l'obligation d'avoir une couverture sociale.	

1. Voir l'imposition des résultats de la SARL, page 217, pour une meilleure compréhension.
2. SARL de famille ou EURL imposée à l'IR.

Dans la majorité des cas, les cotisations sont calculées sur la rémunération brute du gérant. Cependant, quand la SARL opte pour l'impôt sur le revenu (SARL de famille), toute la quote-part de bénéfice de la SARL qui revient au gérant majoritaire est soumise à cotisations, même si elle n'est pas prélevée par le gérant (sous forme de rémunération ou de dividendes). La situation est semblable à celle d'une entreprise individuelle.

Pour le gérant majoritaire d'une SARL soumise à l'impôt sur le revenu, les cotisations sont calculées sur la quote-part du bénéfice que le gérant déclare à l'impôt sur le revenu	
augmenté	• des déficits des années antérieures et des amortissements réputés différés ; • des abattements pour adhésion aux centres de gestion ; • des allègements fiscaux pour entreprises nouvelles ; • des cotisations facultatives aux contrats d'assurance groupe « loi Madelin », ou à des régimes facultatifs.
diminué	• des cotisations personnelles obligatoires d'assurance maladie, d'assurance vieillesse et d'allocations familiales.
sans tenir compte	• des plus ou moins-values professionnelles nettes à long terme provenant de la cession des éléments de l'actif immobilisé dans l'entreprise.

Pour le gérant d'une SARL soumise à l'impôt sur le revenu, les cotisations sont calculées sur *un revenu net de charges sociales* alors que le revenu pris en compte dans les autres cas est un *revenu brut.*

3.2.2. Les cotisations et les prestations sociales

Les cotisations et les protections sociales dépendent du statut du gérant de SARL : salarié (gérant minoritaire) ou travailleur indépendant (gérant minoritaire).

Le site du régime social des indépendants (RSI), http://www.le-rsi.fr, propose une approche comparative cotisation/prestation pour permettre au gérant de choisir en toute connaissance de cause son régime de protection sociale.

3.2.3. La déclaration des revenus du gérant majoritaire aux organismes sociaux

La déclaration commune de revenus des professions indépendantes non agricoles (DCR) permet d'établir la base de calcul de toutes les cotisations obligatoires dues pour leur activité indépendante aux caisses d'assurance maladie, d'assurance vieillesse et aux URSSAF (allocations familiales), ainsi que la base de calcul de la contribution sociale généralisée (CSG) et de la contribution au remboursement de la dette sociale (CRDS). Cette déclaration permet également de déterminer le régime d'assurance maladie habilité à rembourser les dépenses de soins (régime de l'activité principale) des personnes exerçant simultanément une activité indépendante et une activité salariée ou agricole. Le site **www.net-entreprises.fr** est le portail officiel proposé aux entreprises ou à leur mandataire par les organismes de protection sociale pour effectuer gratuitement des déclarations sociales en ligne.

3.2.4. Limite de déduction des assurances volontaires

Afin d'améliorer sa protection sociale, le gérant majoritaire peut adhérer à des régimes facultatifs. Les cotisations sociales sont en principe déductibles du bénéfice imposable de la SARL. Cependant, si les cotisations sont trop importantes, elles ont plus la nature d'un placement financier en franchise d'impôt que d'une juste protection sociale complémentaire. C'est la raison pour laquelle les cotisations sont déductibles dans certaines limites.

Les cotisations aux **régimes obligatoires** sont **intégralement déductibles** : assurance maladie-maternité, allocations familiales, invalidité-décès, assurance vieillesse obligatoire de base et complémentaire.

En revanche, les **cotisations à des régimes facultatifs complémentaires** de prévoyance (maladie, décès, invalidité), de retraite et de perte d'emploi subie sont **déductibles dans certaines limites**.

3.3. Comment se couvrir contre le chômage ?

Le régime d'assurance chômage est réservé aux salariés. Le gérant de SARL en est donc exclu puisqu'il a la qualité de mandataire social.

Cependant, le gérant minoritaire ou égalitaire peut être titulaire d'un contrat de travail et avoir ainsi le statut de salarié (voir « Cumul des fonctions de gérant et de salarié » page 118). Il peut alors bénéficier du régime d'assurance chômage, mais les cas sont très rares.

À défaut de pouvoir être assujetti au régime d'assurance chômage, le gérant de SARL peut adhérer à l'un des deux régimes d'assurance chômage volontaires mis en place par les syndicats patronaux : la garantie sociale des chefs et dirigeants d'entreprise (GSC), et l'association pour la protection des patrons indépendants (APPI).

3.3.1. *Gérant minoritaire ou égalitaire affilié aux ASSEDIC*

Zoom n° 34

Gérant minoritaire et ASSEDIC

Faites une demande de renseignements à l'ASSEDIC pour savoir si le gérant minoritaire ou égalitaire peut bénéficier des allocations chômage, et si la SARL doit cotiser au régime d'allocations chômage.

Si le gérant minoritaire ou égalitaire cumule son mandat social de gérant avec un contrat de travail, il peut être affilié aux ASSEDIC s'il **exerce réellement son emploi dans un état de subordination**. L'ASSEDIC peut toujours invoquer le caractère fictif du contrat pour refuser au gérant qui a cotisé le bénéfice des allocations chômage (c'est à l'ASSEDIC d'en apporter la preuve).

L'ASSEDIC refuse le bénéfice des allocations chômage à des gérants minoritaires ou égalitaires qui ont cotisé à tort dans les situations suivantes :

- dans *une petite entreprise*, il ne peut pas y avoir de réelle séparation entre la fonction de direction du gérant (mandat social), et sa fonction technique (contrat de travail). Il n'exerce donc pas son emploi dans un état de subordination ;

- quand la *fonction technique entre dans l'objet social* de la SARL, elle fait partie intégrante de la fonction de gérant. Le contrat de travail est alors fictif (exemple : responsable des ventes dans une société dont l'objet est la distribution de produits) ;
- un gérant minoritaire qui est le seul dans la société à détenir les connaissances techniques ne peut pas être dans un état de subordination, et ne peut donc pas avoir le statut de salarié.

Le gérant peut faire une *demande de renseignements à l'ASSEDIC* qui devra répondre au vu des éléments communiqués :

- *Si le gérant n'est pas considéré comme salarié pour le régime d'allocations chômage* :
  - la SARL ne doit pas cotiser ;
  - elle peut obtenir le remboursement des cotisations patronales et ouvrières indûment versées dans la limite des cinq dernières années et sur présentation de justificatifs.
- *Si le gérant est considéré comme salarié pour le régime d'allocations chômage* :
  - la SARL *doit cotiser* et le gérant bénéficiera des allocations chômage (l'ASSEDIC est engagée par sa réponse) ;
  - elle doit payer les cotisations patronales et ouvrières non versées durant les cinq dernières années.

3.3.2. Gérant affilié aux régimes spéciaux des chefs d'entreprises

Le gérant qui ne bénéficie pas du régime d'assurance chômage, peut s'affilier, sous certaines conditions, à l'un des deux régimes facultatifs créés spécialement par les syndicats patronaux (GSC ou APPI).

Le gérant majoritaire peut déduire les cotisations à ces régimes facultatifs de son revenu imposable. Les prestations qui lui seraient versées en contrepartie sont soumises à l'impôt sur le revenu.

Pour le gérant minoritaire ou égalitaire, si la cotisation est prise en charge par la SARL, elle est déductible des bénéfices imposables de la SARL, et elle constitue pour le gérant un supplément de rémunération imposable à l'impôt sur le revenu. Si le gérant la paie personnellement, elle n'est pas admise en déduction de son revenu imposable, mais les prestations qui lui seraient versées en contrepartie ne sont pas soumises à l'impôt sur le revenu.

4. Le statut du conjoint du gérant

Le conjoint du gérant qui exerce de manière régulière une activité professionnelle dans une SARL familiale doit opter pour le statut de **conjoint collaborateur**, de **conjoint salarié** ou de **conjoint associé** (C. com., art. L. 121-4).

Zoom n° 35

Le conjoint du gérant doit avoir un statut clair

Si les conditions pour être conjoint collaborateur ne sont pas remplies et que le conjoint n'est ni salarié ni associé, il assiste librement le gérant en dehors de tout statut. Ce statut est déconseillé car il présente des risques : le conjoint n'a qu'un pouvoir informel au sein de la société mais peut voir sa responsabilité engagée par les créanciers (les conjoints sont solidaires des dettes d'une société créée de fait entre conjoints).

4.1. Le conjoint collaborateur de la SARL

Pour plus d'informations sur ce statut, voir le site www.le-rsi.fr dans l'annexe 8 de la rubrique « Renseignements pratiques et annexes » de l'onglet « Objectif entreprise ».

4.1.1. Conditions et formalités à remplir

Pour bénéficier du statut de **conjoint collaborateur** de la SARL, le conjoint doit être **marié** au chef d'entreprise (le concubin et le partenaire d'un PACS sont donc exclus de ce statut). Le chef d'entreprise dans une SARL est l'associé unique de l'EURL, ou le gérant majoritaire de la

SARL ou de la SELARL dont l'effectif n'excède pas vingt salariés. Le conjoint doit participer effectivement et de manière régulière à l'activité de l'entreprise. Son travail n'est pas rémunéré (dans le cas contraire il serait considéré comme conjoint salarié). La SARL doit exercer une activité artisanale, industrielle, commerciale ou libérale.

Le choix du statut du conjoint collaborateur doit être mentionné auprès du CFE dont relève la SARL. Cette option doit être portée à la connaissance des autres associés lors de la première assemblée générale suivant la mention de ce statut auprès du CFE.

4.1.2. Les conséquences du statut de conjoint collaborateur

Le conjoint collaborateur bénéficie d'une protection sociale, d'une protection de ses biens propres dans ses rapports avec les tiers, participe à l'activité de l'entreprise et a droit à une rémunération différée prélevée sur l'actif de succession. Il bénéficie aussi de la formation professionnelle continue.

a) Protection sociale et retraite

Le conjoint collaborateur bénéficie gratuitement des prestations d'assurance maladie et maternité du régime social des indépendants (RSI), en qualité d'ayant droit du chef d'entreprise. Comme conjointe collaboratrice, l'épouse bénéficie, en cas de maternité ou d'adoption, d'une allocation forfaitaire de repos maternel et d'une indemnité journalière de remplacement si elle se fait remplacer dans son travail ou à la maison par du personnel salarié.

Le conjoint collaborateur peut se constituer une pension de retraite comme le gérant de la SARL. En contrepartie, le conjoint doit cotiser aux régimes de retraite de base, complémentaire et invalidité-décès des professions indépendantes sur un revenu forfaitaire ou sur un pourcentage du revenu professionnel du gérant.

b) Participation à la conduite de l'entreprise

Le conjoint collaborateur peut représenter le gérant dans la conduite de l'entreprise. Il est réputé avoir reçu du gérant le mandat d'accomplir en son nom les actes de gestion courante. Le conjoint collaborateur peut participer aux élections professionnelles, être électeur ou éligible.

c) Protection et droits renforcés

La **protection des biens propres du conjoint** est renforcée. En effet, dans ses rapports avec les tiers, les actes de gestion et d'administration accomplis par le conjoint collaborateur pour les besoins de l'entreprise sont réputés l'être pour le compte du chef d'entreprise et n'engagent donc pas sa responsabilité personnelle (en dehors de toute faute).

Le conjoint a **droit à la formation professionnelle continue** et peut **participer au plan épargne de l'entreprise**.

Au décès du chef d'une entreprise, le conjoint collaborateur bénéficie d'une rémunération différée prélevée sur l'actif de succession. Le conjoint survivant, s'il a participé sans être rémunéré à l'activité de l'entreprise pendant dix ans, pourra percevoir un capital. Ce dernier est prélevé sur l'actif de succession au moment de la liquidation de l'entreprise. D'un montant maximum équivalent à trois fois le SMIC annuel en vigueur au moment du décès, il ne peut pas excéder 25 % de la valeur des biens professionnels.

4.2. Le conjoint salarié de la SARL

Zoom n° 36

Conjoint salarié et exonération

La SARL ne peut pas bénéficier de l'exonération des cotisations de Sécurité sociale pour l'embauche du premier salarié s'il s'agit du conjoint.

4.2.1. Les conditions pour être salarié

Le conjoint peut être salarié de la SARL dont son époux est gérant. Compte tenu des liens particuliers existant entre le gérant de la SARL et son conjoint salarié, des conditions doivent être respectées pour que le contrat de travail soit réel.

1. Le salaire doit correspondre aux fonctions réellement exercées par le conjoint salarié

Une *majoration du salaire* peut être réintégrée par l'administration fiscale dans le bénéfice imposable de la société lors d'un contrôle.

Une *minoration du salaire* afin de réduire pour l'entreprise la charge salariale peut remettre en cause toute la protection sociale du conjoint.

Le salaire est au moins égal au SMIC ou aux minima prévus par la convention collective.

2. La rémunération doit être versée

Si, afin de ne pas détériorer sa trésorerie, l'entreprise ne paie pas le salaire du conjoint, il bénéficie cependant de la protection sociale des salariés. Le contrat de travail sera alors considéré comme fictif et pourra entraîner un redressement fiscal ou une remise de la protection sociale à l'occasion d'une vérification administrative.

3. Le conjoint doit fournir un travail effectif

Le conjoint doit *travailler de manière habituelle* et non simplement occasionnelle, en fonction de son bon vouloir. Il peut très bien travailler à temps partiel. Le conjoint doit travailler sous l'autorité du gérant, dans un *état de subordination*. Le défaut de subordination peut entraîner le refus des prestations sociales (allocations de chômage...).

4. Le conjoint salarié ne doit pas, sous le couvert du contrat de travail, se comporter en gérant de fait de la société

5. Le contrat de travail doit être écrit et précis sur les obligations du conjoint salarié

4.2.2. Les conséquences de ce statut

1. Le salaire du conjoint salarié est fiscalement déductible en totalité ou en partie selon le régime d'imposition de la SARL et le statut matrimonial du conjoint

		Les époux sont mariés sous un régime de	
		séparation de biens	**communauté**
La SARL est assujettie à	**l'impôt sur les sociétés**	• Le salaire et les charges sociales sont intégralement déductibles du résultat de la SARL. • Le salaire est soumis à l'impôt sur le revenu dans la déclaration d'impôt des époux.	
	l'impôt sur le revenu[1]	• Le salaire et les charges sociales sont intégralement déductibles du résultat de la SARL. • Le salaire est soumis à l'impôt sur le revenu.	• Les charges sociales sont déductibles. • Le salaire annuel est intégralement déductible si la SARL a adhéré à un centre de gestion agréé[2]. À défaut, le salaire est déductible dans la limite de 13 800 €. • Le salaire qui n'est pas déductible est imposé dans la catégorie des BIC ou des BNC selon l'activité exercée par la SARL.

2. Le conjoint bénéficie de la protection sociale des salariés et des garanties en cas de licenciement

Le conjoint est compris dans l'effectif de l'entreprise pour toutes les règles de représentation collective, de protection des salariés ou de sécurité et de conditions de travail. L'embauche du conjoint en tant que salarié peut donc faire franchir certains seuils d'effectif.

Cependant, l'entreprise ne peut pas bénéficier de l'exonération des cotisations de Sécurité sociale pour l'embauche du premier salarié s'il s'agit du conjoint. En revanche, si un salarié est embauché après le conjoint, l'entreprise peut bénéficier de cette exonération.

1. SARL de famille qui a opté pour l'impôt sur le revenu ou EURL (voir l'imposition des résultats, page 217).
2. Ou une association agréée pour une activité BNC (voir page 292).

4.3. Le conjoint associé de la SARL

Zoom n° 37

Conjoint et gérance majoritaire

L'association du conjoint peut modifier le régime fiscal ou social de la gérance.

4.3.1. Comment le conjoint peut-il devenir associé de la SARL ?

1. Le conjoint crée une SARL avec son époux

Les époux peuvent constituer une SARL quel que soit leur régime matrimonial. Par précaution, les statuts doivent être établis par acte notarié pour éviter qu'il soit reproché à l'un des époux d'avoir consenti une donation déguisée au profit de l'autre.

2. Le conjoint marié sous un régime de communauté revendique sa qualité d'associé

Les époux sont mariés sous un régime de communauté. Un des époux devient associé d'une SARL en utilisant les *biens de la communauté* (les biens de la communauté lui servent à acquérir des parts d'une SARL existante, ou à réaliser des apports au moment de la constitution d'une SARL). L'autre conjoint peut intervenir et *revendiquer la qualité d'associé* (article 1832-2 du Code civil). (Voir « Comment constituer la SARL » page 18).

Le conjoint qui notifie à la SARL son intention de devenir associé lors de l'apport ou de l'acquisition sera *associé pour la moitié des parts* souscrites ou acquises. Il se trouve alors dans la même situation que des époux mariés sous le régime de la communauté qui ont décidé, dès l'origine, de s'associer en utilisant des biens communs.

3. Le conjoint d'une entreprise artisanale apporte son savoir-faire

Lorsqu'une personne apporte à une SARL son fonds de commerce ou son entreprise artisanale, son conjoint peut apporter son industrie (son savoir-faire). Le conjoint peut devenir ainsi associé sous réserve que son activité principale soit consacrée à l'exploitation de l'entreprise. En contrepartie de son apport, il a droit à des parts en industrie (son apport n'est pas pris en compte dans la formation du capital car le capital constitue le gage des créanciers : le savoir-faire ne peut pas servir de gage en cas de mauvaises affaires).

Le conjoint associé en industrie :

- participe à la vie sociale de la SARL (assemblées d'associés...) et aux résultats de la société (dividendes ; boni de liquidation) en proportion de ses droits qui sont librement fixés par les statuts ;
- contribue aux pertes : sa quote-part dans la contribution aux pertes est déterminée dans les statuts sans qu'elle puisse être *supérieure à celle de l'associé qui a le moins apporté.*

4.3.2. Les conséquences de ce statut

1. L'association du conjoint peut modifier le régime fiscal ou social de la gérance

Un gérant peut bénéficier du statut fiscal et social de salarié s'il est minoritaire ou égalitaire. Comme les parts appartenant au conjoint sont retenues pour apprécier le caractère minoritaire de la gérance, l'association du conjoint peut modifier le régime fiscal ou social du gérant (le régime des travailleurs indépendants se substitue à celui des salariés s'il devient majoritaire). (Voir « La protection sociale du gérant » page 121).

2. Le conjoint associé peut également être salarié de la SARL

Si le conjoint associé devient salarié de la société, il bénéficie du régime général de la Sécurité sociale des salariés sans aucune restriction.

Cependant, s'il devient gérant ou cogérant de la SARL, son régime social dépendra du caractère majoritaire ou non de la gérance.

Le conjoint gérant ou cogérant majoritaire, rémunéré ou non, relève du régime des travailleurs indépendants (il doit, au minimum, payer les cotisations forfaitaires).

Le conjoint gérant ou cogérant minoritaire ou égalitaire relève du régime des salariés, s'il est rémunéré. S'il n'est pas rémunéré, il ne relève d'aucun régime même en tant qu'ayant droit de son époux gérant. Il doit donc, pour bénéficier d'une protection sociale, souscrire une assurance personnelle (il ne peut pas adhérer au régime des travailleurs indépendants).

3. Le conjoint associé d'un gérant majoritaire qui participe à l'activité de l'entreprise doit être affilié personnellement au régime des travailleurs indépendants

Le conjoint bénéficie des mêmes prestations (il a droit notamment aux allocations de maternité ou d'adoption) et cotise sur les mêmes bases que le gérant. (Pour plus d'informations, voir « La protection sociale du gérant » page 121).

4. Conséquences fiscales

Le statut de conjoint associé n'a aucune incidence sur le régime d'imposition de la SARL. S'il est salarié de la SARL, son salaire sera déductible des résultats selon les modalités vues ci-dessus (page 132).

L'imposition des rémunérations du conjoint associé dans une SARL soumise à l'impôt sur les sociétés, dépend du statut de son époux gérant.

L'époux est...	Le conjoint associé...	
	travaille dans la SARL	ne travaille pas dans la SARL
gérant minoritaire	Le salaire bénéficie de l'abattement de 10 % pour frais professionnels.	/
	Les dividendes sont imposés en tant que « revenus de capitaux mobiliers ».	
gérant majoritaire	La rémunération est imposée selon l'article 62 du CGI, « rémunération des dirigeants ». Elle bénéficie de l'abattement de 10 % pour frais professionnels.	/
	Les dividendes sont imposés en tant que « revenus de capitaux mobiliers ».	

Dans une SARL soumise à l'impôt sur le revenu, le conjoint associé est assimilé, comme le gérant, à un entrepreneur individuel : sa quote-part de bénéfice est soumise à l'impôt sur le revenu dans la catégorie des bénéfices industriels et commerciaux (BIC). L'adhésion de la SARL à un centre de gestion agréé permet au conjoint d'éviter une majoration de 25 % de son BIC.

5. Les responsabilités du gérant

Zoom n° 38

Attention à la gérance de fait !

Est considéré comme gérant de fait, toute personne qui, directement ou par personne interposée, **aura, en fait, exercé la gestion de la société** sous le couvert ou en lieu et place de son gérant légal. Sera qualifié de gérant de fait, par exemple, un associé majoritaire qui, pour rester le véritable maître de l'affaire, et se soustraire à toute responsabilité, désigne comme gérant un homme de paille qui n'agit que sur ses directives.
Les **sanctions pénales** sont **applicables** non seulement **au gérant légal** de la SARL, mais aussi **à tout gérant de fait**. De plus, **le gérant de droit ne peut échapper aux sanctions en prétextant qu'il n'a été qu'un homme de paille**, qu'un prête-nom, qu'il n'a jamais eu, en réalité, le moindre pouvoir, recevant ordres et instructions du gérant de fait. En cas de cessation de paiements de la société, le tribunal peut décider que les dettes sociales seront supportées par tous les gérants de droit ou de fait. De même, la faillite personnelle peut également être prononcée contre tous les dirigeants de droit ou de fait.
Le gérant de fait risque de faire perdre à la gérance son caractère minoritaire : le gérant légal risque ainsi de perdre son statut fiscal de salarié car les parts du gérant de fait sont prises en compte.

5.1. La responsabilité civile

5.1.1. Les cas de responsabilité du gérant

La responsabilité civile du gérant peut être engagée dans les cas suivants.

- **Infractions à la réglementation applicable aux SARL** : inobservation des formalités de constitution, défaut de publication des modifications statutaires...

- **Violation des statuts** : décision prise par le gérant seul, alors que les statuts prévoient la nécessité d'une autorisation préalable des associés…
- **Fautes de gestion**. Le gérant, en tant que mandataire social, est responsable des dommages causés à la société par ses fautes de gestion, même s'il n'y a pas de manœuvres frauduleuses (engagement de dépenses disproportionnées avec les ressources de la société ; manque de surveillance ayant facilité un détournement de fonds par un employé ; transfert des activités sociales sans en référer aux associés et au mépris de leurs intérêts ; le gérant a été négligent dans le recouvrement d'une créance qui est devenue irrécupérable…).

En cas de pluralité de gérants, seul le gérant qui a commis la faute peut être poursuivi ; cependant, si plusieurs gérants ont coopéré aux mêmes faits, le tribunal détermine la part contributive de chacun dans la réparation du dommage.

5.1.2. La mise en œuvre de la responsabilité du gérant

L'action en responsabilité peut être engagée contre le gérant :

- **par toute personne, associé ou tiers, qui a subi personnellement un préjudice** du fait de la faute commise (un associé n'a pas pu participer à une assemblée parce qu'il n'y a pas été convoqué ; un fournisseur a été lésé à la suite de manœuvres frauduleuses du gérant…) ;
- **par les associés lorsque c'est la société qui a subi un préjudice** (notamment en cas de mauvaise gestion). En principe, l'action en responsabilité est engagée par le nouveau gérant si le gérant coupable a été révoqué. À défaut, ce sont les associés qui intentent l'action. Les associés qui représentent au moins le dixième du capital social peuvent demander à un ou plusieurs d'entre eux de les représenter.

L'action en responsabilité peut être engagée devant le tribunal de commerce ou devant les juridictions pénales si le gérant a commis un délit d'abus de biens sociaux.

Est réputée non écrite toute clause des statuts qui a pour effet de subordonner l'exercice de l'action en responsabilité à l'avis préalable ou à l'autorisation de l'assemblée, ou qui comporterait par avance renonciation à l'exercice de cette action.

De plus, aucune décision de l'assemblée ne peut avoir pour effet d'éteindre une action en responsabilité contre le gérant pour faute commise dans l'accomplissement de son mandat : le quitus habituellement accordé au gérant par les associés approuvant les comptes d'un exercice social est donc inopérant.

L'action en responsabilité se prescrit par trois ans ou par dix ans lorsque le fait est qualifié de crime. Le délai de prescription court à compter du fait dommageable ou, s'il a été dissimulé, de sa révélation.

5.2. La responsabilité fiscale

Zoom n° 39

Gérant majoritaire et responsabilité fiscale

La responsabilité fiscale des gérants majoritaires est plus facile à établir par l'Administration.

Le gérant, de droit ou de fait, **peut être déclaré solidairement responsable des impôts de la société** en cas de manœuvres frauduleuses ou lorsque son inobservation grave et répétée des obligations fiscales a rendu impossible le recouvrement des impositions. Le délai de prescription est de trois ans et a pour point de départ le non-paiement des impôts.

Le gérant est-il condamné au paiement des impôts dans les cas suivants ?	Réponse
Les dettes fiscales sont postérieures à la cessation effective des fonctions du gérant.	Non
Malgré les efforts du gérant, le passif fiscal n'a pu être acquitté à la suite de l'échec du plan de sauvetage de l'entreprise.	Non
Le gérant majoritaire d'une SARL a une comptabilité mal tenue et a dissimulé des recettes et des bénéfices.	Oui

5.3. La responsabilité au titre des cotisations sociales

En cas de retard ou de défaut de paiement des cotisations de Sécurité sociale :

- le gérant peut être condamné uniquement aux pénalités et, le cas échéant, à des dommages-intérêts. Cependant, s'il y a faute de gestion, sa responsabilité civile peut être engagée ;
- la SARL doit payer le montant des cotisations arriérées et les majorations de retard.

5.4. La responsabilité pénale

5.4.1. La responsabilité pénale prévue par le Code de commerce

Zoom n° 40

Gérant et abus de bien sociaux

Si le gérant fait un usage abusif des biens de la SARL, il est coupable du délit d'abus de biens sociaux même si tous les associés sont d'accord, même s'il s'agit d'une SARL composée des membres d'une même famille, même si au final la société n'a pas subi de dommage.
Respectez bien le formalisme de la SARL car, à défaut, même si vous êtes de bonne foi, vous êtes passible d'un délit.

Les sanctions pénales prévues par le Code de commerce sont nombreuses : certaines sanctionnent des infractions commises volontairement ou de mauvaise foi ; d'autres sont attachées à la seule existence de l'infraction (la simple transgression, même involontaire de la règle légale est suffisante pour qu'il y ait infraction).

Les délits suivants sont lourdement sanctionnés car ils constituent les infractions les plus dangereuses pour les associés et les tiers (emprisonnement de cinq ans et/ou amende de 375 000 €) :

- présentation de comptes annuels ne donnant pas une image fidèle ;
- distribution de dividendes fictifs ;

- *abus de biens sociaux* : le gérant a, de mauvaise foi, fait un usage des biens ou du crédit de la société qu'il savait contraire à l'intérêt de celle-ci, à des fins personnelles ou pour favoriser une autre société ou entreprise dans laquelle il était intéressé directement ou indirectement (*exemple* : un gérant fait effectuer des travaux dans un immeuble lui appartenant avec les fonds de la société). Dès lors que le délit d'abus de biens sociaux est constitué, les éléments suivants n'ont aucune incidence :
  - l'usage abusif a reçu l'accord de tous les associés ;
  - la société n'a pas subi de dommage (*exemple* : un gérant emprunte de l'argent à la société pour financer ses vacances et le restitue ultérieurement) ;
  - la société est exclusivement composée de membres d'une même famille.

Délits prévus par le Code de commerce *L'ensemble des délits sera exposé systématiquement dans les autres parties du présent guide.*	
À la constitution de la société ou lors d'une augmentation de capital	• **Fausse déclaration** concernant la répartition des parts sociales entre tous les associés, la libération des parts ou le dépôt des fonds. • **Surévaluation des apports** : attribution frauduleuse à un apport en nature d'une évaluation supérieure à sa valeur réelle.
Au cours de la vie sociale	• Au cas où les **capitaux propres** de la société, du fait de pertes constatées dans les documents comptables, deviennent **inférieurs à la moitié du capital social**, défaut d'avoir consulté les associés dans les quatre mois, afin de décider s'il y a lieu à dissolution anticipée, et défaut de réaliser les formalités de publicité concernant la décision adoptée par les associés. • **Faux bilan** : présentation aux associés de comptes annuels ne donnant pas pour chaque exercice une image fidèle du résultat de l'exercice, de la situation financière et du patrimoine en vue de dissimuler la véritable situation aux associés. • Répartition entre les associés de **dividendes fictifs**, en l'absence d'inventaire ou au moyen d'inventaires frauduleux. • **Abus de biens sociaux**. • **Pas de bilan** : défaut d'établissement, à l'occasion de chaque exercice, de l'inventaire, des comptes annuels et du rapport de gestion sur les opérations de la société.

.../...

.../...

	• **Bilan non communiqué aux associés** : défaut de mise à la disposition de tout associé des documents précédents concernant les trois derniers exercices. • **Pas d'AGO sur les comptes annuels** : défaut de réunion de l'assemblée des associés dans les six mois de la clôture de l'exercice ou, en cas de prolongation, dans le délai fixé par le président du tribunal de commerce. • **Ne pas informer les tiers qu'ils traitent avec une SARL** : omission de mentionner, sur tous actes ou sur tous documents émanant de la société et destinés aux tiers, l'indication de la dénomination sociale, précédée ou suivie immédiatement des mots « Société à responsabilité limitée » ou des initiales « SARL » et de l'indication du capital social. **Entrave à la fonction de commissaire aux comptes** (dans le cas où celui-ci est nécessaire) : • Défaut de désignation ou non-convocation d'un commissaire aux comptes à toute assemblée d'associés. • Faire sciemment obstacle aux vérifications ou au contrôle des commissaires aux comptes, et refuser de leur communiquer toutes les pièces utiles à l'exercice de leur mission.

5.4.2. *La responsabilité pénale du gérant en tant que chef d'entreprise*

Le gérant peut engager sa responsabilité dans le cadre de l'exploitation de l'entreprise. Il est responsable des infractions suivantes, même si ce n'est pas lui qui les a commises directement.

1. Infractions à la réglementation spécifique à l'activité de l'entreprise

Un gérant peut être déclaré solidairement responsable avec la société pour importation de marchandises sans déclaration.

2. Infractions à la réglementation générale applicable à toutes les entreprises

Un gérant peut être condamné pour tout défaut de surveillance, négligence, ou imprudence qui a causé, ou risque de causer des dommages corporels : un salarié de l'entreprise est victime d'un accident du travail car les normes de sécurité ne sont pas respectées ; un chef d'entreprise n'arrête pas immédiatement la vente d'un des produits fabriqué alors qu'il peut être dangereux.

Le gérant qui est reconnu responsable peut être condamné à des peines d'emprisonnement et d'amendes (un à cinq ans d'emprisonnement et/ou 375 000 € d'amende) ainsi qu'à des dommages-intérêts. La responsabilité civile et pénale de la société pourra également être mise en œuvre (voir page 106).

Cependant, le gérant ne sera pas responsable s'il n'est pas en mesure d'agir sur l'auteur de l'infraction, ou si, par exemple, l'auteur de l'infraction a la compétence et l'autorité nécessaires pour assurer efficacement ses fonctions.

5.5. La responsabilité du gérant en cas de difficultés financières de la SARL

Quand une entreprise est en état de cessation de paiements (elle ne peut plus faire face à ses paiements), elle est déclarée par le président du tribunal de commerce en redressement judiciaire, qui peut aboutir à la liquidation de l'entreprise, ou en liquidation judiciaire immédiate (voir « La prévention et le traitement des difficultés financières de la SARL » page 255).

La responsabilité du gérant peut être engagée dans le cadre de ces procédures judiciaires. Indépendamment des sanctions applicables au gérant, étudiées dans la présente partie, le tribunal peut ordonner dans le cadre de ces procédures :

- le remplacement du gérant lorsque la survie de l'entreprise le requiert ;
- des restrictions à la libre cessibilité des parts sociales et actions détenues par le gérant (la cession ne peut alors intervenir que dans les conditions fixées par le tribunal) ;
- la privation du droit de vote attaché à la part sociale (ce droit est alors exercé par un mandataire de justice) ;
- la cession forcée des parts sociales moyennant un prix fixé par expert.

5.5.1. Condamnation du gérant à supporter tout ou partie des dettes de la société

Zoom n° 41

Les héritiers peuvent être condamnés à payer les dettes de la SARL

L'action en comblement de passif peut être intentée contre :
- les héritiers du gérant en cas de décès du gérant ;
- les gérants ayant cessé leurs fonctions s'il existe un lien entre leur gestion et l'insuffisance d'actif.

Zoom n° 42

Les dettes de la SARL remboursées par le gérant sont déductibles de son revenu global

Les sommes versées par le gérant quand il est condamné à supporter les dettes de la SARL sont déductibles de l'impôt sur le revenu, sauf s'il est condamné pour abus de biens sociaux.

Le gérant de la société peut être condamné par le tribunal à supporter sur son patrimoine personnel tout ou partie des dettes de la société dès lors que l'actif est insuffisant pour rembourser ces dettes (c'est « l'action en comblement du passif »).

Le gérant, de droit ou de fait, doit avoir :
- commis **une faute de gestion** : la faute de gestion doit être démontrée par le tribunal – dans l'ancienne législation la faute était présumée ;
- **qui a contribué à l'insuffisance d'actif** : la faute doit simplement contribuer à l'insuffisance d'actif, même si elle n'est pas la cause unique ou principale.

Zoom n° 43

Exemples de fautes de gestion

Le gérant finance des travaux indus et poursuit une exploitation déficitaire.
Le gérant tarde à déclarer la cessation des paiements, privant l'entreprise du bénéfice d'un plan de redressement qui aurait pu la sauver.
Le plan du repreneur d'une société est vicié par des erreurs d'appréciation.

L'action en comblement de passif se prescrit par trois ans à compter du jugement qui arrête le plan de redressement ou, à défaut, qui prononce la liquidation judiciaire. Le tribunal peut se saisir d'office, ou être saisi par l'administrateur, le représentant des créanciers, le commissaire à l'exécution du plan, le liquidateur ou le procureur de la République.

Les sommes versées par le gérant sont affectées, en cas de continuation de l'entreprise, selon les modalités prévues par le plan d'apurement du passif. Elles sont réparties, en cas de liquidation ou de cession, entre tous les créanciers en proportion de leurs créances.

5.5.2. Mise en redressement judiciaire du gérant

Le gérant peut être mis personnellement en redressement judiciaire s'il ne s'acquitte pas du passif mis à sa charge dans le cadre de l'action en comblement de passif, ou s'il a commis certains faits (voir encadré). Dans ce cas, le passif comprend le passif personnel, et celui de la société. La date de la cessation des paiements est celle fixée par le jugement d'ouverture de la procédure judiciaire de la société.

Le gérant peut être mis personnellement en redressement judiciaire s'il a commis les faits suivants

1. Avoir disposé des biens de la société comme des siens propres.
2. Sous le couvert de la société masquant ses agissements, avoir fait des actes de commerce dans un intérêt personnel.
3. Avoir fait des biens ou du crédit de la société un usage contraire à l'intérêt de celle-ci à des fins personnelles ou pour favoriser une autre société ou entreprise dans laquelle il était intéressé directement ou indirectement.
4. Avoir poursuivi abusivement, dans un intérêt personnel, une exploitation déficitaire qui ne pouvait conduire qu'à la cessation des paiements de la société.

.../...

.../...

5. Avoir tenu une comptabilité fictive ou fait disparaître des documents comptables de la société ou s'être abstenu de tenir toute comptabilité conforme aux règles légales.
6. Avoir détourné ou dissimulé tout ou partie de l'actif ou frauduleusement augmenté le passif de la société.
7. Avoir tenu une comptabilité manifestement incomplète ou irrégulière au regard des dispositions légales.

5.5.3. Condamnation du gérant à la faillite personnelle

Le tribunal peut prononcer, pour une durée qui ne peut être inférieure à cinq ans, la faillite personnelle du gérant de droit ou de fait, à toute époque de la procédure, s'il a commis certains faits (voir encadré).

La faillite personnelle a des conséquences graves puisqu'elle entraîne :

- l'interdiction de diriger, gérer, administrer ou contrôler toute entreprise commerciale ou artisanale quelle que soit sa forme (entreprise individuelle ou société), ainsi que toute personne morale ayant une activité économique ;
- la privation des droits politiques ; l'exclusion des fonctions publiques, administratives ou judiciaires ; l'incapacité d'exercer une fonction publique élective...
- la privation du droit de vote dans les assemblées de la société.

Cependant, pour tous les faits présentés dans l'encadré, le tribunal de commerce peut prononcer, à la place de la faillite personnelle, l'**interdiction de diriger**, gérer, administrer ou contrôler, directement ou indirectement, soit toute entreprise commerciale, artisanale et toute personne morale, soit une ou plusieurs d'entre elles (NB : l'interdiction de diriger entraîne l'incapacité d'exercer une fonction publique élective). L'interdiction de diriger peut frapper également le gérant qui, de mauvaise foi, n'aura pas remis au représentant des créanciers la liste complète et certifiée de ses créanciers et le montant de ses dettes dans les 8 jours suivant le jugement d'ouverture.

Le gérant peut toujours demander au tribunal de le relever, en tout ou partie, des déchéances et des interdictions s'il a apporté une contribution suffisante au paiement du passif.

Le gérant peut être condamné à la faillite personnelle s'il a commis les faits suivants

1. Les faits qui peuvent entraîner la mise en redressement judiciaire du gérant (voir encadré page 145).
2. Avoir exercé une fonction de direction ou d'administration d'une société contrairement à une interdiction prévue par la loi.
3. Dans l'intention d'éviter ou de retarder l'ouverture de la procédure de redressement judiciaire, avoir fait des achats en vue d'une revente au-dessous du cours ou employé des moyens ruineux pour se procurer des fonds.
4. Avoir souscrit, pour le compte d'autrui, sans contrepartie, des engagements jugés trop importants au moment de leur conclusion, eu égard à la situation de la société.
5. Avoir payé ou fait payer, après cessation de paiements et en connaissance de cause de celle-ci, un créancier au préjudice des autres créanciers.
6. Avoir omis de faire, dans le délai de quinze jours, la déclaration de l'état de cessation de paiements.
7. Le gérant ne s'est pas acquitté du passif mis à sa charge dans le cadre de l'action en comblement de passif.

5.5.4. Condamnation du gérant pour banqueroute

Dans le cadre d'une procédure de redressement judiciaire, le gérant de fait ou de droit, ainsi que ses complices, peut être poursuivi pour banqueroute si certains faits (voir encadré) peuvent lui être reprochés.

La banqueroute est **une infraction correctionnelle** punie de cinq ans d'emprisonnement et de 75 000 € d'amende. Le tribunal correctionnel peut aussi prononcer la faillite personnelle, ou l'interdiction de gérer. Le « banqueroutier » encourt également un certain nombre de peines complémentaires : exclusion des marchés publics, interdiction de chéquier…

Le gérant peut être condamné pour banqueroute s'il a commis les faits suivants

1. Avoir, dans l'intention d'éviter ou de retarder l'ouverture de la procédure de redressement judiciaire, soit fait des achats en vue d'une revente au-dessous du cours, soit employé des moyens ruineux pour se procurer des fonds.

…/…

.../...

2. Avoir détourné ou dissimulé tout ou partie de l'actif du débiteur.
3. Avoir frauduleusement augmenté le passif du débiteur.
4. Avoir tenu une comptabilité fictive ou fait disparaître des documents comptables ou s'être abstenu de tenir toute comptabilité.
5. Avoir tenu une comptabilité manifestement incomplète ou irrégulière au regard des dispositions légales.

6. Imposition des rémunérations du gérant

6.1. Comment le gérant est-il rémunéré ?

Zoom n° 44

Comment fixer la rémunération du gérant

- Ne fixez pas le montant de la rémunération dans les statuts car sa modification nécessite une modification des statuts (formalités de publicité – majorité des trois quarts). Posez le principe de la rémunération dans les statuts ; son montant sera déterminé par une décision de l'assemblée générale ordinaire.
- Pour éviter toute difficulté, prévoyez dans les statuts que le gérant ne doit pas prendre part au vote de sa rémunération.
- Pour éviter toute contestation, indiquez avec précision les modalités de calcul de la rémunération.
- N'attribuez pas au gérant en fin d'exercice une gratification fixée arbitrairement en vue d'éponger au maximum les bénéfices, car vous risquez un redressement fiscal.
- *Attention* ! Une rémunération excessive constitue un délit d'abus de biens sociaux.

La rémunération du gérant est déterminée par les statuts, ou par l'acte qui nomme le gérant, ou par une décision ordinaire des associés (décision adoptée par un ou plusieurs associés représentant plus de la moitié des parts sociales). Le gérant ne peut pas, de son propre chef, augmenter la rémunération ainsi fixée par les associés. Le dépassement de la rémunération, ainsi qu'une rémunération excessive compte tenu de l'activité de l'entreprise ou de la compétence du gérant, constitue un *délit d'abus de biens sociaux*.

Le gérant associé ne doit pas, en principe, prendre part au vote de sa rémunération car il s'agit d'une « convention réglementée », c'est-à-dire une convention conclue entre la société et un gérant ou associé qui ne porte pas sur une opération courante (se reporter au contrôle des « conventions réglementées » page 195).

Le gérant d'une SARL peut demander au tribunal de fixer sa rémunération en cas de blocage (abstention ou refus de certains associés) si cela est de nature à compromettre la bonne marche de la société.

La rémunération du gérant peut être fixe ou proportionnelle au chiffre d'affaires ou aux bénéfices, ou comporter à la fois un fixe et une participation aux bénéfices. Le gérant a droit à des avantages en nature (voiture, logement de fonction...) et au remboursement de certains frais.

Zoom n° 45

Rémunération du gérant fixe ou proportionnelle ?

- Évitez une rémunération fixe car sa révision dépend entièrement des associés si le gérant ne détient pas directement ou indirectement la majorité requise.
- Privilégiez une rémunération proportionnelle, pour partie, car elle permet d'intéresser le gérant au développement de l'entreprise (NB : si le bénéfice est comprimé artificiellement, la participation aux bénéfices perd son caractère incitatif).
- Une rémunération proportionnelle uniquement au chiffre d'affaires peut inciter le gérant à chercher avant tout l'accroissement du chiffre d'affaires sans se soucier de la rentabilité.

6.2. Comment sont imposées les rémunérations du gérant ?

L'imposition des rémunérations du gérant dépend de son statut (le nombre de parts sociales qu'il détient) et du régime d'imposition de la SARL.

<table>
<tr><th colspan="2" rowspan="2">Imposition des rémunérations du gérant</th><th colspan="3">Le gérant…</th></tr>
<tr><th>n'est pas associé</th><th>est minoritaire ou égalitaire</th><th>est majoritaire</th></tr>
<tr><td rowspan="2">La SARL est soumise à…</td><td>l'impôt sur les sociétés</td><td rowspan="2">Le gérant est un salarié qui bénéficie de l'abattement de 10 % pour frais professionnels.</td><td>Le gérant est assimilé à un salarié, et bénéficie de l'abattement de 10 % pour frais professionnels.</td><td>Le gérant n'est pas assimilé à un salarié. Cependant, la rémunération du gérant bénéficie de l'abattement de 10 % pour frais professionnels.</td></tr>
<tr><td>l'impôt sur le revenu[1]</td><td colspan="2">Le gérant est assimilé à un entrepreneur individuel : sa quote-part de bénéfice est soumise à l'impôt sur le revenu dans la catégorie des bénéfices industriels et commerciaux (BIC)[2]. L'adhésion de la SARL à un centre de gestion agréé[3] permet au gérant d'éviter une majoration de 25 % de son BIC.</td></tr>
</table>

6.2.1. Imposition des rémunérations dans les SARL soumises à l'impôt sur les sociétés

1. Gérant minoritaire ou égalitaire – Gérant non associé

Le gérant minoritaire et le gérant non associé bénéficient du régime fiscal des **salariés** : la rémunération est soumise à l'impôt sur le revenu dans la catégorie des « traitements et salaires » après une déduction de 10 % pour frais professionnels.

1. SARL de famille qui a opté pour l'IR ou EURL qui n'a pas opté pour l'IS (voir page 218).
2. BNC pour une activité libérale ; BA pour une activité agricole.
3. Association de gestion agréée pour un BNC.

Zoom n° 46

Détermination du salaire imposable du gérant minoritaire ou égalitaire

Le salaire net est minoré d'une déduction forfaitaire pour frais professionnels de 10 % encadrée par un minimum et un maximum (voir « Fiche de calculs facultatifs » sur le site www.impots.gouv.fr). Le gérant peut demander la déduction des frais qu'il a réellement supportés pour les besoins de sa profession ; il doit dans ce cas ajouter à son salaire les indemnités forfaitaires pour frais qu'il a perçues.

Zoom n° 47

Le gérant non associé peut être imposé comme un gérant majoritaire

Si son conjoint ou ses enfants mineurs détiennent plus de 50 % des parts.

---

2. Gérant majoritaire

Le gérant n'a pas la qualité de salarié. La rémunération du gérant majoritaire et les remboursements forfaitaires de ses frais sont soumis à l'impôt sur le revenu dans la catégorie « **article 62 du CGI** » après déduction des frais réels supportés par le gérant dans l'exercice de ses fonctions. De plus, il peut opter pour la déduction forfaitaire de 10 % pour frais professionnels, comme un salarié.

Détermination de la rémunération imposable du gérant majoritaire

Rémunération imposable

Rémunération (fixe et/ou proportionnelle) + remboursements forfaitaires de frais + avantages en nature évalués à leur valeur réelle (l'utilisation à des fins personnelles d'une voiture appartenant à la société est considérée comme un avantage en nature imposable).

Frais déductibles

Les frais doivent être justifiés, payés par le gérant et nécessaires à l'exploitation sociale et à la fonction exercée.

- *Sont déductibles :*
  - les frais de mission, de déplacement, les dépenses de réception de clients ou de fournisseurs, les charges sociales personnelles versées à titre obligatoire ;
  - les frais payés par le gérant quand il se porte caution dans l'intérêt de la SARL ;

…/…

.../...

  - les intérêts des emprunts contractés pour souscrire au capital de sociétés nouvelles, ou pour participer à des opérations de rachat d'entreprises avec d'autres salariés (dans certaines conditions et limites) ;
  - les cotisations aux régimes facultatifs de Sécurité sociale et les primes afférentes à des contrats d'assurance groupe dans certaines limites (loi « Madelin » – voir « Limite de déduction des assurances volontaires » page 126).
- *Ne sont pas déductibles :*
  - les dépenses remboursées par la société, ainsi que les dépenses privées.

Zoom n° 48

Quand un gérant est-il salarié pour l'administration fiscale ?

Le gérant est assimilé **fiscalement** à un salarié s'il est minoritaire ou égalitaire. Il doit donc posséder, seul ou avec les autres gérants, au maximum la moitié des parts. Cette question a été développée pour l'appréciation de la gérance minoritaire sur le plan social (voir page 122). L'administration fiscale admet les mêmes règles avec les exceptions suivantes :

- *les parts en indivision* doivent être prises en compte si le gérant peut exercer les droits attachés à ces parts indivises ;
- *les parts possédées par un gérant* de fait sont prises en considération.

6.2.2. Imposition des rémunérations dans les SARL soumises à l'impôt sur le revenu

Le gérant non associé est assimilé à un salarié.

Le **gérant associé** est assimilé à un **entrepreneur individuel**. La totalité de sa quote-part de bénéfice dans la SARL est soumise à l'impôt sur le revenu dans la catégorie des BIC[1] (Bénéfices industriels et commerciaux) même si elle n'est pas prélevée par le gérant (sous forme de rémunération ou de dividendes).

Le gérant peut adhérer à un **centre de gestion agréé** afin d'éviter une majoration de 25 % appliquée au montant de sa quote-part imposable (voir page 292).

1. BNC pour une activité libérale ; BA pour une activité agricole.

3

LE FINANCEMENT DE LA SARL

En phase de démarrage, le financement de la SARL est assuré essentiellement par les apports des associés qui constituent le capital social. Pour assurer le financement de son développement, la SARL peut :

- pratiquer une politique d'autofinancement (le bénéfice n'est pas distribué aux associés sous forme de dividendes, mais mis en réserve) ;
- augmenter son capital par de nouveaux apports ;
- emprunter auprès des tiers (la SARL ne peut cependant pas faire publiquement appel à l'épargne), ou auprès des associés qui lui consentent une avance ;
- émettre des obligations non cotées.

Enfin, le capital social constitue le gage des créanciers puisque la responsabilité des associés, dans la SARL, est limitée au montant du capital qu'ils apportent. Aussi, afin de protéger leurs intérêts, le législateur a édicté des règles précises lorsque des pertes entament fortement le capital.

1. Les apports des associés

Les apports des associés peuvent être :

- des apports en numéraire (sommes d'argent) ;

- des apports en nature (fonds de commerce, immeuble…) transmis en propriété ou en jouissance ;
- des apports en industrie (l'apporteur met à la disposition de la société ses connaissances techniques ou professionnelles, son expérience, ses relations) qui ne contribuent pas à la formation du capital, et qui sont rémunérés par des parts en industrie (et non des parts sociales).

1.1. Les apports en numéraire

Le capital doit être intégralement souscrit. Les parts sociales de numéraire doivent être libérées du cinquième au moins de leur nominal, le solde devant être appelé dans un délai de cinq ans maximum à compter de l'immatriculation de la société au registre du commerce.

Cas n° 20

SARL et capital minimum versé par les associés

Une SARL a un capital de 7 500 €. Les apports pour former ce capital sont :
- *hypothèse 1* : constitués uniquement par des apports en numéraire ;
- *hypothèse 2* : constitués par des apports en numéraire à hauteur de 3 000 € et par l'apport d'un brevet évalué à 4 500 €.

Déterminer le capital minimum libéré par les associés au moment de la constitution.

En euros	Apport	Libération immédiate	Libération dans un délai maximum de 5 ans
hypothèse 1 Apports en numéraire	7 500	1 500	6 000
	7 500	**1 500**	**6 000**
hypothèse 2 Apports en numéraire Apports en nature	3 000 4 500	600 4 500	2 400
	7 500	**5 100**	**2 400**

1.1.1. La marche à suivre pour les apports en numéraire

La marche à suivre pour les apports en numéraire	
Lors de la constitution de la SARL Les fonds versés lors de la constitution sont indisponibles jusqu'à l'immatriculation de la société au registre du commerce.	
Dépôt des fonds	Les associés versent[1] les sommes : • aux fondateurs qui doivent, dans les huit jours de leur réception, déposer les fonds dans une banque[2] pour le compte de la société en formation ; • ou directement à la banque.
Certificat du dépositaire	Les versements sont dans la pratique constatés par un certificat du dépositaire[3] établi, au moment du dépôt des fonds, sur présentation de la liste des associés mentionnant les sommes versées par chacun d'eux.
Retrait des fonds	Un extrait de K bis de la société[4], qui atteste que la société a bien été immatriculée, doit être présenté au dépositaire des fonds[5].
Lors des appels ultérieurs de fonds **Le capital non libéré lors de la constitution doit être appelé dans un délai maximum de cinq ans**	
Appel des fonds	Les fonds sont appelés par le gérant qui est responsable pénalement et civilement. La société n'a aucune justification à fournir pour procéder aux appels de fonds.
Libération des fonds	L'associé doit libérer les parts souscrites dès lors que l'appel de fonds est régulièrement effectué.

.../...

1. Les versements sont effectués en espèces. Les versements par chèque ou virement ne seront réalisés qu'après l'encaissement définitif. Le paiement par remise de bons du Trésor ou de bons de caisse payables à vue ou échus est possible. L'associé qui ne réalise pas son apport en numéraire est redevable, de plein droit, des intérêts de retard (intérêts légaux ou intérêts prévus par les statuts). Les statuts doivent mentionner le dépôt des fonds ainsi que la libération des parts.
2. Le dépositaire peut être une banque, une entreprise d'investissement habilitée pour exercer l'activité de conservation et d'administration d'instruments financiers, un notaire, la Caisse des dépôts et consignations.
3. Non prévu par la loi.
4. Lorsque le numéro d'immatriculation n'est pas attribué dans un délai de 5 jours à compter de la demande d'immatriculation, le greffier doit remettre à la société un récépissé qui permet le déblocage des fonds.
5. Le dépositaire peut être une banque, une entreprise d'investissement habilitée pour exercer l'activité de conservation et d'administration d'instruments financiers, un notaire, la Caisse des dépôts et consignations.

.../...

Défaut de versement des sommes appelées	La société peut : • poursuivre en justice le paiement des sommes qui lui sont dues ; • ou utiliser la procédure spéciale de « l'exécution » qui permet après une mise en demeure sans effet pendant un mois de poursuivre, sans aucune autorisation de justice, la vente des parts sociales.
Libération par anticipation	Un associé peut se libérer avant l'appel de fonds lorsque les statuts autorisent les libérations par anticipation. Les versements alors effectués ont le caractère d'apports en capital et non de simples sommes versées en dépôt.

Zoom n° 49

Restitution des fonds et saisie-arrêt

Si la société n'est pas constituée dans le délai de six mois à compter du premier dépôt de fonds, les apporteurs peuvent demander au président du tribunal de commerce du lieu du siège social l'autorisation de retirer le montant de leurs apports. Les fonds déposés étant indisponibles, ils ne peuvent faire l'objet d'une saisie-arrêt de la part d'un créancier personnel de l'apporteur.

1.2. Les apports en nature

Zoom n° 50

Évaluez correctement les apports en nature

- *L'apport ne doit pas être surévalué* car cela désavantage les autres associés, et les créanciers pour lesquels le capital social constitue le gage. Les associés risquent alors d'engager leur responsabilité civile et pénale.
- *L'apport ne doit pas non plus être sous-estimé*, car cela désavantage l'apporteur et l'administration de l'enregistrement qui peut demander un rehaussement pour percevoir des droits plus élevés.
- Si les apports sont de faible importance, le commissaire aux apports n'est pas obligatoire. Cependant, il est conseillé pour éviter tout risque de surévaluation.

Les apports en nature peuvent consister en l'apport d'un terrain, d'un fonds de commerce, de marques, de brevets d'invention, de dessins et modèles, d'un droit au bail, de créances, de matériel, de marchandises…

L'apport d'immeubles, de fonds de commerce, de brevets d'invention ou de marques est soumis à des formalités de publicité spécifique.

1.2.1. Comment sont évalués les apports en nature ?

Chaque apport en nature doit faire l'objet d'une évaluation dans les statuts. C'est sur la base de cette évaluation que des parts sociales sont attribuées en rémunération de l'apport.

L'évaluation des apports est faite au vu d'un rapport établi par un commissaire aux apports :

- Il est désigné, avant la signature des statuts, par les futurs associés à l'unanimité, ou, en cas de désaccord, par une ordonnance du président du tribunal de commerce qui statuera à la demande de l'associé le plus diligent.
- Sa nomination est faite par un écrit (un acte sous seing privé suffit) signé par tous les associés.
- Il doit être choisi parmi les commissaires aux comptes ou parmi les experts judiciaires.
- Son rapport doit être annexé aux statuts.

Les associés peuvent à l'unanimité écarter la nomination d'un commissaire aux apports si :

- la valeur de chaque apport en nature est inférieure ou égale à 7 500 € ;
- et si la valeur totale de l'ensemble des apports n'excède pas la moitié du capital.

1.2.2. Quelle est la responsabilité des associés vis-à-vis de l'évaluation ?

Les associés demeurent libres de donner aux apports une valeur différente de celle fixée par le commissaire aux apports, mais ils risquent :

- d'engager leur responsabilité en cas de **surévaluation** :
  - ils sont solidairement responsables pendant cinq ans à l'égard des tiers de la valeur attribuée aux apports ;
  - ils risquent un emprisonnement de cinq ans et/ou une amende de 375 000 € ;

- un redressement en matière de droits d'enregistrement en cas de **sous-évaluation** (l'Administration se fonde alors sur la valeur attribuée par le commissaire aux apports).

Zoom n° 51

Apport d'un fonds de commerce

L'apport d'un fonds de commerce doit être évalué à partir du bilan de l'entreprise établi à la date de la constitution de la société. Si ce n'est pas possible, l'apport peut être évalué à la date de clôture du dernier bilan et prendre effet rétroactivement à cette date. La SARL prend alors à sa charge toutes les opérations effectuées par l'entreprise depuis cette date jusqu'à la signature des statuts.

Zoom n° 52

Apport d'un droit au bail

L'apport d'un droit au bail est assimilé à une cession de bail. Il doit être signifié au propriétaire qui doit donner son autorisation expresse (l'autorisation peut être simplement tacite dans le cas de l'apport d'un droit au bail avec un fonds de commerce). Aucune clause ne peut interdire au locataire d'apporter son droit au bail à la SARL qui acquiert son fonds de commerce.
Veillez à bien respecter les clauses du bail relatives à la forme de la cession. À défaut, le bail peut être résilié ou ne pas être renouvelé sans indemnité (exemple : le bail peut stipuler l'intervention du bailleur à l'acte de cession).
Quand le droit au bail est apporté en même temps que le fonds de commerce, la SARL obtiendra automatiquement le renouvellement. Cependant, si le droit au bail est apporté isolément, la durée du bail restant à courir doit être au moins de trois ans pour que la société obtienne le renouvellement.

Zoom n° 53

Apport de biens communs

Si l'apport de biens communs porte sur un **fonds de commerce ou un immeuble, les deux époux doivent ensemble faire l'apport** (ainsi que pour des droits sociaux non négociables ou des meubles corporels dont l'aliénation est soumise à publicité). Si l'apport de biens communs est un **apport en numéraire, il faut en informer préalablement le conjoint** de l'apporteur (si l'apporteur peut prouver que les espèces proviennent de ses biens propres, la notification préalable à son conjoint n'est pas nécessaire).

1.3. Les apports en industrie

Un apport en industrie est la mise à disposition de la société de son savoir-faire, de ses relations, de son travail... Comme cet apport ne constitue pas un gage pour les créanciers (il ne peut pas être vendu !), il ne peut pas concourir à la formation du capital social et ne peut donc pas être rémunéré par des parts sociales.

Cependant, dans une SARL constituée pour exploiter un fonds de commerce ou une entreprise artisanale, le commerçant ou l'artisan qui ont réalisé l'apport, ou leur conjoint, peuvent également apporter à la SARL leur industrie qui sera alors rémunérée par des **parts en industrie** :

- les parts en industrie sont des parts sociales spécifiques dont les modalités d'attribution sont déterminées par les statuts ;
- l'apport en industrie ne concoure pas à la formation du capital ;
- la contribution aux pertes de l'apporteur en industrie est déterminée par les statuts : elle ne peut pas être supérieure à celle de l'associé qui a le moins apporté ;
- les statuts déterminent la part de l'apporteur en industrie dans les bénéfices et la partage de l'actif net.

1.4. Le régime fiscal des apports

Le régime fiscal des apports a été développé page 39 « Le coût de la constitution ».

2. Les emprunts auprès des tiers ou des associés

2.1. Les emprunts auprès des tiers

La SARL ne peut pas faire publiquement appel à l'épargne. Elle ne peut donc pas émettre des valeurs mobilières sur un marché boursier, comme le second marché, même si cette émission transite par une banque.

La SARL peut emprunter auprès de banques ou de particuliers :

- La SARL doit déclarer les contrats de prêts ainsi que les intérêts à la direction des services fiscaux du siège social. La déclaration doit être adressée au plus tard le 15 février de l'année suivant celle du paiement des intérêts ou de la conclusion du contrat.
- Les intérêts sont déductibles si l'emprunt a été contracté pour les besoins de l'entreprise.

2.2. Les apports en comptes courants des associés

Les associés peuvent prêter de l'argent à la SARL sous forme d'une avance en compte courant. Dans ce cas, il faut déclarer ces avances et les intérêts aux services fiscaux et bien respecter le formalisme des conventions réglementées (voir page 195). En revanche, les associés ou le gérant ne peuvent pas emprunter de l'argent à la SARL car les comptes courants débiteurs sont interdits. Cependant, les comptes courants débiteurs sont autorisés lorsque les avances sont consenties par une société mère à sa filiale, dans le cadre d'une centrale de trésorerie.

Imposition des intérêts des comptes courants d'associés		
Type d'avance	**Déduction des intérêts du résultat de la SARL**	**Imposition des intérêts chez l'associé**
Comptes courants	La déduction[1] des intérêts[2] est soumise à deux limitations : 1. le capital doit être entièrement libéré ; 2. le taux maximal des intérêts déductibles est plafonné au TMPV[3].	Si l'associé est une personne physique : • **Les intérêts déductibles** du résultat de la SARL sont soumis à l'impôt sur le revenu au taux progressif, dans la catégorie des « revenus de capitaux mobiliers » ;

.../...

1. La fraction non déductible des intérêts est réintégrée de manière extra-comptable dans le bénéfice imposable de la SARL.
2. Les produits des clauses d'indexation sont assimilés à des intérêts pour l'application des limitations.
3. Le **TMPV** est le taux maximal d'intérêts déductibles égal à la moyenne annuelle des **T**aux effectifs **M**oyens pratiqués par les établissements de crédit pour des **P**rêts à taux **V**ariable aux entreprises, d'une durée initiale supérieure à 2 ans.

Type d'avance	Déduction des intérêts du résultat de la SARL	Imposition des intérêts chez l'associé
		ou, sur option du bénéficiaire, au prélèvement libératoire au taux de 30,1 %[1]. • **Les intérêts non déductibles** sont soumis à l'impôt sur le revenu sans possibilité d'opter pour le prélèvement libératoire. **Si l'associé est une entreprise**, les intérêts sont compris dans le bénéfice imposable à l'IR ou l'IS.
Avances des sociétés mères à leurs filiales	Chez la filiale, la déduction des intérêts n'est pas soumise à la deuxième limitation s'il s'agit d'une centrale de trésorerie.	Chez la société mère, les intérêts déductibles sont compris dans le bénéfice imposable à l'IS. Les intérêts non déductibles constituent une distribution irrégulière qui bénéficie du régime d'exonération des sociétés mères (voir page 246).

Cas n° 21

Compte courant d'associé

Dans une SARL au capital de 30 000 €, des associés ont laissé durant tout l'exercice N des sommes en compte courant rémunérées au taux de 6 %.

Le gérant de la SARL	5 000 €
Un associé possédant plus de 50 % des droits de vote	50 000 €
Un associé possédant 10 % des droits sociaux	15 000 €
	70 000 €
Le TMPV est de	5,00 %

- **Hypothèse 1 : les associés sont des personnes physiques.**
- **Hypothèse 2 : l'associé possédant 10 % des droits sociaux est également fournisseur de la SARL. Il a accordé un crédit moyen de 40 000 € durant tout l'exercice N rémunéré au taux de 6 %.**

1. Pour les associés dirigeants, l'option n'est pas admise si le total des avances excède 46 000 €. Par ailleurs, le compte courant ne doit pas contenir de clause d'indexation. Le prélèvement libératoire est de 18 % auquel s'ajoute les prélèvements sociaux de 12,1 %, soit une imposition globale de 30,1 %.

Hypothèse 1

Limitation portant sur le taux d'intérêt		
Intérêts comptabilisés	70 000 × 6 %	4 200 €
Intérêts déductibles	70 000 × 5 %	3 500 €
Intérêts à réintégrer		**700 €**

Hypothèse 2. Les limitations aux intérêts de compte courant ne s'appliquent pas aux intérêts de dettes commerciales, payés aux associés agissant en tant que client ou fournisseur. Le montant des intérêts à réintégrer s'élève également à 700 €.

Zoom n° 54

**Comptes courants débiteurs :
une pratique à hauts risques**

Les associés ou le gérant ne peuvent pas emprunter de l'argent à la SARL car les **comptes courants débiteurs sont interdits**. De plus, ils ne peuvent pas non plus se faire cautionner par la SARL leurs emprunts ou engagements envers les tiers. À défaut, ils sont passibles du délit d'**abus de biens sociaux**. De plus, l'administration fiscale considère que les charges financières de la SARL sont supportées dans l'intérêt de l'associé, et non dans celui de la SARL. Les **charges financières** correspondant au financement du compte courant ne sont **pas déductibles** du résultat imposable de la SARL.

Zoom n° 55

**Les associés ou le gérant peuvent
prêter de l'argent à la SARL**

- Veillez à déclarer ces avances et les intérêts aux services fiscaux.
- Veillez à bien respecter le formalisme des conventions réglementées (conventions intervenues entre la société et l'un de ses gérants ou associés – voir page 195).
- Pour éviter tout problème (abus de biens sociaux), sachez qu'un intérêt sur les avances consenties ne peut être accordé que si les avances sont vraiment nécessaires pour la société et pas seulement justifiées par l'avantage personnel des prêteurs.
- Prévoyez dans les statuts les modalités de remboursement des comptes courants (prévoir notamment un préavis).

3. La garantie par les associés des engagements financiers de la SARL

Les associés de la SARL peuvent être appelés à garantir les engagements de la société à l'égard des tiers. Le cautionnement est la garantie la plus pratiquée. La lettre d'intention qui est réservée aux associés personnes morales se substitue souvent au cautionnement. L'associé peut aussi être condamné à exécuter les engagements de la SARL.

3.1. Le cautionnement

L'associé qui se porte caution s'engage envers le créancier à exécuter l'obligation à la charge de la société si elle ne le fait pas elle-même. La caution doit alors verser une somme d'argent ou exécuter en nature l'obligation garantie (exécution d'un marché...).

L'associé qui se porte caution ne peut pas devoir plus que la société elle-même. Il peut se prévaloir comme la société des exceptions tirées du contrat de base (la caution n'a pas à exécuter l'obligation garantie si le créancier n'a pas exécuté ses obligations contractuelles). L'extinction de la dette principale décharge la caution de ses obligations.

Zoom n° 56

Résiliez de manière expesse la caution à durée illimitée quand vous quittez la SARL pour ne pas être engagé par des dettes postérieures à votre départ

L'associé qui vend ses parts sociales, ou le gérant qui cesse ses fonctions, doivent résilier *expressément leur engagement*. À défaut, la banque pourrait valablement leur réclamer le remboursement de crédits accordés à la société après qu'ils ont cessé d'en faire partie. Le gérant et l'associé resteront tenus du passif éventuel existant au jour de leur résiliation mais non des dettes contractées postérieurement.

Zoom n° 57

Veillez à limiter le cautionnement car il est lourd de conséquences

La caution peut être donnée à hauteur d'un certain montant, ou pour une durée déterminée.

Zoom n° 58

Quelles que soient les circonstances, la caution à durée limitée ne pourra pas être résiliée

La durée limitée de la caution peut ne pas être expressément indiquée mais résulter des termes du contrat. Ainsi, un cautionnement garantissant une ouverture de crédit en compte courant jusqu'à son complet remboursement est un engagement à durée déterminée qui ne peut pas être résilié par le gérant.

Ce qu'il faut savoir sur le cautionnement	
Quelles sont les dettes que garantissent les héritiers quand la caution décède ?	• Les héritiers ne sont pas engagés par les dettes créées postérieurement au décès de la caution : toute clause contraire peut être annulée. • Les héritiers *doivent garantir les dettes existantes à la date du décès de la caution* même si elles ne sont pas exigibles : des billets à ordre garantis par un cautionnement, et qui viennent à échéance après le décès de la caution doivent être payés par les héritiers de la caution faute de paiement du billet à l'échéance.
Quelle est l'incidence de la transformation de la SARL sur la caution ?	Toute opération de transformation, de fusion ou de scission n'a aucune incidence sur l'engagement de caution du dirigeant de la société transformée ou absorbée.
Les sommes versées par la caution sont-elles déductibles de son revenu imposable ?	Le gérant d'une SARL peut déduire de son revenu imposable les sommes versées dans le cadre d'un engagement de caution ou de garantie qu'il a souscrit au profit de la société si l'engagement : 1. a été souscrit dans le cadre d'une gestion normale de l'entreprise ; 2. est lié à l'accomplissement normal de la fonction de gérant et non à celle d'associé (la déduction est refusée pour un associé ; elle est autorisée pour un gérant même majoritaire) ; 3. est proportionnel à la rémunération du gérant (en pratique, il ne doit pas dépasser le triple de la rémunération annuelle du gérant).

3.2. La lettre d'intention

La lettre d'intention est adressée par une société mère à un créancier de sa filiale pour l'assurer du respect des engagements contractés par sa filiale.

Lettre d'intention et responsabilité de la société mère *L'étendue de l'obligation de la société mère dépend des termes employés dans la lettre d'intention.*	
Simple engagement moral	La lettre d'intention n'entraîne pas d'obligation juridique à la charge de la société mère (la société mère indique simplement que la situation financière de sa filiale permettra à celle-ci de faire face à ses engagements). Cependant, la responsabilité de la société mère peut être engagée si elle a induit en erreur le cocontractant par un comportement fautif (la société mère fait croire à la solvabilité de sa filiale dont la situation est compromise).
Lettre d'intention valant cautionnement	La société mère s'engage envers le créancier à remplir l'obligation de sa filiale si elle ne le fait pas elle-même (la société mère indique que si sa filiale est défaillante elle paiera en son lieu et place).

3.3. Condamnation de l'associé à exécuter les engagements de la SARL

Le créancier d'une société d'un groupe peut demander à une autre société du groupe le paiement de sa créance s'il peut prouver que les deux sociétés sont unies par une communauté d'intérêt et n'en forment qu'une seule, ou que l'une des sociétés a eu un comportement fautif en faisant croire qu'elle prend part à l'engagement de l'autre.

Lorsque la SARL est soumise à une procédure de redressement ou de liquidation judiciaire, la responsabilité de ses dirigeants, de droit ou de fait, peut être engagée. En cas de fictivité de la SARL ou de confusion de son patrimoine avec celui de ses associés, une seule procédure collective peut être ouverte contre la SARL et ses associés.

4. L'augmentation de capital

Zoom n° 59

Respectez bien le formalisme des augmentations de capital

Une augmentation de capital irrégulière est susceptible d'engager la responsabilité civile et pénale des associés.

Différents événements peuvent rendre nécessaire une augmentation de capital : le développement des affaires de la société nécessitant une mise de fonds ; le désir d'introduire dans la société de nouveaux associés sans que les associés existant aient à céder leurs parts ; la mise à disposition définitive de la société de réserves ou de bénéfices non distribués…

L'augmentation de capital peut être réalisée par apports en numéraire, par apports en nature, ou par incorporation de réserves ou de bénéfices.

4.1. L'augmentation de capital par souscription en numéraire

4.1.1. Qui peut souscrire à l'augmentation de capital en numéraire ?

Les associés ou les tiers peuvent souscrire à l'augmentation de capital en numéraire.

- Les associés ne bénéficient pas d'un droit préférentiel de souscription comme les actionnaires dans les sociétés anonymes. Cependant, ce droit peut leur être accordé par les statuts, ou par une décision extraordinaire des associés.
- Les tiers doivent être agréés par les associés (majorité des trois quarts des parts sociales).
- L'époux de l'apporteur marié sous un régime de communauté doit autoriser l'apport et renoncer à devenir personnellement associé.

Zoom n° 60

Libérez le capital initial avant de l'augmenter

Pour procéder à une augmentation de capital, les apports en numéraire lors de la constitution de la SARL doivent être intégralement libérés. À défaut, l'augmentation de capital est nulle.

Cas n° 22

Augmentation de capital par apports en numéraire dans une SARL

Une SARL au capital de 10 000 € a besoin d'autofinancer à hauteur de 60 000 € sur une durée de trois ans un projet de développement pour éviter un trop grand recours à l'endettement. La SARL envisage donc une augmentation de capital le 30/06/N.

…/…

(Suite cas n° 22)

— .../...

La part sociale a une valeur nominale de 10 € et une valeur réelle de 30 €. Ses associés ont des capacités financières limitées. Il serait envisagé de faire appel à un tiers.
Quel montant doivent apporter immédiatement les associés ?
Un tiers peut-il participer à l'augmentation de capital ?

Quel montant doivent apporter immédiatement les associés ?

- Besoin en autofinancement (a) 60 000 €
- Valeur réelle de l'action (b) 30 €

Augmentation de capital		**Libération**	
		immédiate	**différée**
• nombre d'actions à émettre (c = a/b) • valeur nominale des actions (d) • augmentation de capital (e = c × d) • prime d'émission (f = a – e)	2 000 10 € 20 000 € 40 000 €	 4 000 € **g** 40 000 € **h**	 16 000 € **i**
	60 000 €	44 000 €	16 000 €

Les associés n'ont pas l'obligation de libérer intégralement les parts sociales nouvelles lors de leur souscription. En effet, **l'augmentation de capital peut être libérée du cinquième seulement** de sa valeur nominale (g). La totalité de la prime d'émission doit être versée (h). La libération du surplus (i) doit intervenir, en une ou plusieurs fois, dans le délai de cinq ans à compter du jour où l'augmentation du capital est devenue définitive (au plus tard le 30/06/N + 5).

Un tiers peut-il participer à l'augmentation de capital ?

Les associés ne bénéficient pas d'un droit préférentiel de souscription. Pour permettre à un tiers de participer à l'augmentation de capital, le tiers doit être agréé par les autres associés (voir page 86).

4.1.2. Veillez à ne pas léser les associés qui ne participent pas à l'augmentation de capital

L'évaluation des parts émises en contrepartie de l'augmentation de capital doit correspondre à la valeur réelle de l'entreprise. Elle doit incorporer les réserves inscrites au bilan, les plus-values latentes, le goodwill de l'entreprise (la valeur de son fonds de commerce). Ainsi les associés qui ne participent pas à l'augmentation de capital ne seront pas lésés, et ne pourront pas demander la nullité de l'opération.

La différence entre la valeur nominale de la part et sa valeur de souscription (montant que paie l'acquéreur) constitue la prime d'émission qu'encaisse la SARL. Les anciens associés disposent alors de droits proportionnels à leur part dans le nouveau capital sur cette prime d'émission.

Un droit préférentiel de souscription peut être créé ou prévu dans les statuts : les associés qui ne participent pas encaissent immédiatement le prix de leur droit de souscription qu'ils ont cédé à l'acquéreur des parts.

4.1.3. Augmentation de capital par compensation de créance

Les parts sociales souscrites dans le cadre d'une augmentation de capital peuvent être réglées par compensation avec une créance appartenant au nouvel associé envers la société.

- La créance doit être liquide et exigible : le paiement doit pouvoir être réclamé immédiatement par le créancier. Si la créance est exigible à terme, la compensation peut jouer s'il y a renonciation au terme. Le procès-verbal constatant l'augmentation de capital et la libération des parts doit mentionner que la libération par compensation s'effectue bien avec des créances liquides et exigibles.
- L'augmentation de capital peut être aussi réalisée par compensation de comptes courants d'associés.

4.1.4. Quelle est la procédure à suivre ?

Les parts souscrites dans le cadre de l'augmentation de capital peuvent n'être libérées que du cinquième seulement. Le dépôt, puis le retrait des fonds ainsi obtenus obéissent aux mêmes règles que lors de la constitution de la société (voir page 155).

Si l'augmentation de capital n'est pas réalisée dans le délai de six mois à compter du premier dépôt de fonds, les apporteurs peuvent demander au président du tribunal de commerce du lieu du siège social l'autorisation de retirer le montant de leurs apports.

➡ ***Il y a accord entre tous les associés anciens et nouveaux***

La procédure est la suivante :

1. Mise au point d'un commun accord des modalités de l'opération.
2. Libération de toutes les souscriptions.
3. Réunion d'une seule assemblée générale extraordinaire. Les résolutions adoptées à l'unanimité par cette assemblée, à laquelle tous les associés sont présents ou représentés, indiquent notamment les modalités de l'opération, le nom des nouveaux associés, le montant des parts de chacun et la modification des statuts résultant de l'augmentation du capital (voir formules n° 400 à 412).

➡ ***Tous les associés ne sont pas d'accord***

La procédure est la suivante :

1. Une première décision extraordinaire des associés, prise à la majorité des trois quarts, arrête le principe de l'augmentation de capital, en fixe les principales modalités, et donne tous pouvoirs à la gérance afin de fixer les autres conditions de l'émission et de recevoir les souscriptions.
2. Le gérant constate, par écrit, la souscription des parts émises, leur libération intégrale, ainsi que le dépôt des fonds.
3. Une seconde décision extraordinaire des associés :
   - agrée les associés nouveaux si des souscriptions ont été faites par des tiers ;
   - prend acte et reconnaît la sincérité des déclarations de souscription et de libération faites par le gérant ainsi que par les souscripteurs ;
   - constate la réalisation définitive de l'augmentation de capital ;
   - désigne, s'il y a lieu, un mandataire pour le retrait des fonds déposés ;
   - approuve les modifications statutaires (nouveau montant du capital et nouvelle répartition des parts sociales) ;
   - donne les pouvoirs nécessaires pour l'accomplissement des formalités de publicité.

4.1.5. Incidence fiscale

L'augmentation de capital en numéraire supporte un droit fixe de 75 €. Le procès-verbal de l'assemblée qui constate l'augmentation de capital doit être enregistré dans le mois.

4.2. L'augmentation de capital par apports en nature

Les formalités sont les mêmes que pour les apports en nature effectués au moment de la constitution de la société (se reporter page 156).

4.2.1. Quelle est la procédure à suivre ?

La procédure est la suivante :

1. Définition par écrit entre le gérant et l'apporteur des modalités de l'augmentation de capital, sous la condition suspensive de son approbation par une décision extraordinaire des associés (notamment la nature exacte des apports et leur évaluation, le montant de l'augmentation de capital ayant pour but de les rémunérer).
2. **Désignation d'un commissaire aux apports** par le président du tribunal de commerce à la demande du gérant (obligatoire même pour les apports en nature de faible importance).
3. **Rapport du commissaire**, qui est annexé au procès-verbal constatant l'augmentation de capital (à défaut de ce rapport, l'augmentation de capital est irrégulière).
4. Dépôt du rapport au greffe du tribunal de commerce huit jours au moins avant la date de l'assemblée générale appelée à statuer sur l'augmentation de capital.
5. Une décision extraordinaire des associés approuve l'augmentation de capital comme dans le cas d'un apport en numéraire (une seule assemblée extraordinaire si tous les associés sont d'accord ; deux assemblées extraordinaires des associés dans le cas contraire).

4.2.2. Attention à la majoration des apports en nature !

- Le gérant et les apporteurs sont responsables pendant cinq ans de la valeur attribuée aux apports si elle est différente de celle proposée par le commissaire aux apports.
- Lorsque la valeur d'un apport a été frauduleusement majorée, les associés s'exposent à une peine d'emprisonnement de cinq ans et/ou d'une amende de 375 000 €.

4.2.3. Incidence fiscale

Les droits sont les mêmes que pour les apports en nature effectués au moment de la constitution de la société (voir page 39).

4.3. L'augmentation de capital par incorporation des bénéfices et des réserves

L'augmentation de capital par incorporation de bénéfices ou de réserves est réalisée par l'attribution de parts nouvelles aux associés, au prorata du nombre de parts anciennes détenues par chacun d'eux (une augmentation de la valeur nominale des parts est également possible).

Cette augmentation de capital est décidée par les associés représentant au moins **la moitié des parts sociales** (et non les trois quarts qui est la règle pour les décisions extraordinaires).

Peuvent être capitalisés toutes les réserves disponibles, les primes d'émission et de fusion, les bénéfices de l'exercice ou des exercices antérieurs (report à nouveau), la réserve légale et l'écart de réévaluation.

L'augmentation de capital par incorporation de bénéfices ou de réserves est soumise à un droit fixe de 75 €.

5. La réduction de capital

5.1. Dans quels cas procède-t-on à une réduction de capital ?

5.1.1. En cas de pertes

La réduction du capital peut être décidée :

- Pour permettre de *distribuer des dividendes* puisque les pertes doivent être entièrement absorbées pour procéder à une distribution de dividendes.
- Pour faciliter une augmentation de capital en numéraire afin de se procurer de nouvelles disponibilités pour redresser la situation de l'entreprise. À défaut, personne ne voudrait souscrire de peur de supporter les pertes anciennes (la réduction permet de présenter un bilan propre, nettoyé de ses pertes). La réduction du capital suivie de son augmentation immédiate est appelée « *coup d'accordéon* ».
- Pour se conformer à la réglementation en cas de *perte de la moitié du capital social* (les capitaux propres de la société deviennent inférieurs à la moitié du capital social à la suite des pertes).

5.1.2. Autres cas de réduction

- Pour permettre le retrait d'un ou plusieurs associés lorsque l'agrément d'un cessionnaire n'a pas été accordé (voir page 89).
- Le capital est trop important pour les besoins de la société.
- Les apports ont été surestimés.

5.2. Quelle est la procédure à suivre ?

La réduction du capital ne peut, en aucun cas, porter atteinte à l'égalité entre associés.

La réduction de capital est autorisée par une assemblée extraordinaire des associés statuant à la majorité des 3/4 des parts sociales, ou à l'unanimité toutes les fois que l'égalité des associés risque de ne pas être respectée.

S'il existe un commissaire aux comptes, le projet de réduction du capital doit lui être communiqué quarante-cinq jours au moins avant la date de la réunion de l'assemblée des associés. Il fait connaître à l'assemblée son appréciation sur les causes et conditions de la réduction.

Attention ! La réduction de capital ne peut commencer pendant le délai d'opposition des créanciers.

5.2.1. La réduction concerne tous les associés

Si la réduction concerne tous les associés, on procède généralement en réduisant la valeur nominale de chaque part ou le nombre de parts de chaque associé.

Le procédé le plus commode est la *réduction de la valeur nominale de chaque part* car il permet de bien respecter le principe de l'égalité entre les associés.

La réduction du nombre de parts est plus délicate car elle risque de créer des « rompus » portant atteinte au principe de l'égalité entre associés. De plus, en cas d'échange de toutes les parts anciennes contre des parts nouvelles, l'assemblée ne peut autoriser le gérant à acheter un certain nombre de parts pour les annuler que si la réduction de capital n'est pas motivée par des pertes.

5.2.2. La réduction ne concerne pas tous les associés

Si la réduction concerne seulement un ou plusieurs associés, la société annule tout ou partie de leurs parts par voie de rachat, ou par voie d'attribution de biens sociaux en nature. Comme le principe de l'égalité entre associés n'est pas respecté, cette réduction n'est possible qu'en cas de retrait d'un associé qui désire céder ses parts et n'a pu obtenir l'agrément du cessionnaire, ou que si tous les associés sont d'accord.

5.3. Opposition des créanciers

Comme le capital constitue le gage des créanciers, ils peuvent s'opposer à la réduction du capital dans la mesure où elle diminue leur gage.

Les créanciers peuvent s'opposer à la réduction de capital :

- si la réduction de capital n'est pas motivée par des pertes (une réduction de capital motivée par des pertes ne diminue pas le gage des créanciers) ;
- et si la créance est antérieure à la date de dépôt au greffe du tribunal de commerce du procès-verbal de l'assemblée qui a approuvé le projet de réduction.

Les créanciers peuvent s'opposer à la réduction de capital dans un délai d'un mois à compter du dépôt au greffe du procès-verbal. L'opposition est signifiée à la société par acte extrajudiciaire et portée devant le tribunal de commerce.

Le tribunal de commerce peut rejeter l'opposition ou ordonner, soit le remboursement des créances, soit la constitution de garanties si la société en offre et si elles sont jugées suffisantes.

5.4. Incidence fiscale

Incidence fiscale de la réduction de capital	
Type de réduction	**Droits d'enregistrement**
Réduction pour compenser les pertes.	Droit fixe de 125 €.
Réduction avec remboursement en numéraire.	Droit de partage de 1 % sur le montant du remboursement.
Réduction avec attribution à un associé d'un bien.	Droit de partage de 1 % sur la valeur réelle du bien.
Réduction avec attribution à un associé d'un bien + soulte mise à la charge de l'associé.	Droit de vente selon la nature du bien.

5.5. La réduction de capital en cas de perte de la moitié du capital social

Dans la SARL, la responsabilité des associés est limitée au montant du capital qu'ils apportent. Aussi, afin de protéger les intérêts des tiers dont le capital constitue le gage, le législateur a édicté des règles particulières lorsque des pertes entament fortement le capital.

Zoom n° 61

Si vous décidez d'augmenter le capital pour assainir la situation financière, vous avez intérêt à pratiquer « le coup d'accordéon »

L'augmentation du capital est précédée d'une réduction du capital qui permet d'apurer les pertes :

- si ce sont de nouveaux associés qui apportent les capitaux, ils n'accepteront de participer à l'augmentation de capital que si les pertes sont supportées par les anciens associés ;
- si ce sont les anciens associés qui participent à l'augmentation de capital, l'apurement des pertes permettra ultérieurement une distribution de dividendes.

Si les comptes font apparaître une perte qui rend les capitaux propres inférieurs à la moitié du capital social, le gérant doit, dans les quatre mois qui suivent l'approbation des comptes, consulter les associés sur l'opportunité de prononcer la dissolution anticipée de la société.

- La décision des associés est prise à la majorité des trois quarts des parts sociales.
- Elle doit être publiée dans un journal d'annonces légales, déposée au greffe du tribunal de commerce, et inscrite au registre du commerce et des sociétés.
- Le gérant qui, volontairement, ne convoque pas les associés ou qui n'effectue pas les formalités de publicité, risque un emprisonnement de six mois et/ou une amende de 9 000 €.
- Tout associé ou tout créancier de la société peut demander en justice la dissolution de la société si le gérant, ou à défaut le commissaire aux comptes, n'a pas convoqué l'assemblée, ou si les associés n'ont pu délibérer valablement (le tribunal peut alors accorder à la société un délai maximal de six mois pour régulariser la situation ; il ne peut prononcer la dissolution si la situation a été régularisée).
- Si l'assemblée décide de ne pas dissoudre la société, elle dispose d'un délai, qui expire à la clôture du deuxième exercice suivant celui au cours duquel la constatation des pertes est intervenue, pour régulariser la situation.
- Si la situation n'est pas régularisée dans le délai de deux ans, il n'y a pas de sanctions pénales. En revanche, comme indiqué

ci-dessus, tout intéressé peut demander en justice la dissolution de la société.

La situation peut être régularisée :

1. **En reconstituant les capitaux propres** à concurrence d'une valeur au moins égale à la moitié du capital social. Cette reconstitution peut être obtenue par :
   - la *réalisation de bénéfices* permettant de résorber les pertes ;
   - une *augmentation du capital* par des apports en numéraire, par compensation avec des créances ou par des apports en nature ;
   - des *abandons de créances* : une société mère, par exemple, renonce à sa créance sur sa filiale pour aider celle-ci à retrouver son équilibre financier ;
   - la **réévaluation libre du bilan** : une société dont le bilan comporte des plus-values latentes augmente à l'actif la valeur de ses immobilisations, et au passif, en contrepartie, le montant de ses capitaux propres (écart de réévaluation libre).
2. **Ou par une réduction du capital** d'un montant au moins égal à celui des pertes qui n'ont pu être imputées sur les réserves.

Cas n° 23

Réduction de capital en cas de perte de la moitié du capital social

Au 31/12/N, les comptes de la SARL se présentent comme suit.

Capital social :	+ 20 000 €
Pertes cumulées :	– 11 000 €
Capitaux propres :	= 9 000 €

Les capitaux propres (9 000 €) sont inférieurs à la moitié du capital social (20 000 €/2 = 10 000 €).

- Les associés constatent cette situation au moment de l'approbation des comptes (l'assemblée générale ordinaire qui approuve les comptes de l'exercice clos le 31/12/N se tient le 30 juin N + 1, par exemple).
- Ils doivent donc se réunir en assemblée au plus tard le 31 octobre N + 1 pour décider s'il y a lieu à dissolution anticipée de la société (dans les quatre mois).

.../...

(Suite cas n° 23)

— .../...

- Si les associés décident de ne pas dissoudre la société, ils doivent alors régulariser la situation au plus tard au 31/12/N + 3 (deux exercices après).
- Pour régulariser la situation, les associés peuvent décider de :

1. **Réduire le capital** afin de compenser les pertes.
   Si pendant la période N + 1, N + 2 et N + 3, la société fait une perte cumulée de 3 000 €, elle devra réduire au minimum son capital de 8 000 €.
   La situation serait alors la suivante :

Capital social :	12 000 €	(+ 20 000 € – 8 000 €)
Pertes cumulées :	– 6 000 €	(– 11 000 € – 3 000 € + 8 000 €)
Capitaux propres :	= 6 000 €	

   Les capitaux propres (6 000 €) sont alors au moins égaux à la moitié du capital social (12 000 €/2 = 6 000 €).

2. **Attendre que la société fasse des bénéfices** pour éponger les anciennes pertes.
   Dans notre exemple, il suffit que la société fasse un bénéfice cumulé de 1 000 € en N + 1, N + 2 et N + 3.
   La situation serait alors la suivante :

Capital social :	+ 20 000 €	
Pertes cumulées :	– 10 000 €	(– 11 000 € + 1 000 €)
Capitaux propres :	= 10 000 €	

   Les capitaux propres (10 000 €) sont alors au moins égaux à la moitié du capital social (10 000 €).

3. **Augmenter le capital**.
   Si la société continue de faire des pertes pendant la période N, N + 1 et N + 2 pour un montant cumulé de 3 000 €, l'augmentation de capital devra être au minimum de 8 000 €.
   La situation serait alors la suivante :

Capital social :	+ 28 000 €	(+ 20 000 € + 8 000 €)
Pertes cumulées :	– 14 000 €	(– 11 000 € – 3 000 €)
Capitaux propres :	= 14 000 €	

   Les capitaux propres (14 000 €) sont alors au moins égaux à la moitié du capital social (28 000 €/2 = 14 000 €).

6. Les emprunts obligataires

La SARL peut émettre des **obligations non cotées**[1] si :

- elle a établi les comptes de trois exercices approuvés par les associés et certifiés par un commissaire aux comptes ;
- et si elle a l'obligation de nommer un commissaire aux comptes. Elle doit donc remplir deux des trois critères suivants : actif du bilan > à 1 550 000 € ; CA HT > 3 100 000 € ou nombre de salariés > 50.

L'émission d'obligations est décidée par l'assemblée générale des associés. Les obligations émises doivent être nominatives, accompagnées d'une notice et de documents d'information. Les obligataires sont regroupés en assemblées pour défendre leurs intérêts.

1. Article L. 223-11 du Code de commerce.

4

LA GESTION ET LE CONTRÔLE DE LA SARL

1. Les pouvoirs du gérant

Zoom n° 62

Pour limiter les pouvoirs du gérant

- Précisez bien dans les statuts les limites du pouvoir du gérant.
- Définissez bien l'objet social.

1.1. Les pouvoirs du gérant à l'égard des tiers

Dans ses rapports avec les tiers, **le gérant est investi des pouvoirs les plus étendus** pour agir en toute circonstance au nom de la société.

- Les clauses statutaires limitant les pouvoirs des gérants sont inopposables aux tiers.
- La SARL est engagée même par les actes de son gérant qui dépassent l'objet social à moins qu'elle ne prouve que le tiers en avait connaissance ou ne pouvait l'ignorer (la seule publication des statuts n'est pas suffisante pour apporter cette preuve).

- Le gérant *peut consentir une hypothèque ou toute autre sûreté réelle* sur les biens de la société (le gérant n'a pas besoin de pouvoirs exprès).
- En cas de pluralité de gérants, chaque gérant a les mêmes pouvoirs que s'il était seul, à l'égard des tiers.

Le gérant ne peut cependant pas s'attribuer les pouvoirs que la loi réserve expressément aux associés. Les actes du gérant n'engagent donc pas la société s'ils sont de la seule compétence des associés.

- La cession d'un fonds de commerce qui implique une modification des statuts (l'objet social d'une SARL consiste en l'exploitation nommément de ce fonds de commerce) est de la seule compétence des associés. Si la cession est réalisée par le gérant, elle ne peut pas engager la société.
- Les actes suivants sont, par exemple, réservés expressément par la loi aux associés : la cession à des tiers de parts sociales, leur nantissement, la modification des statuts, la nomination des gérants et des commissaires aux comptes.

1.2. Les pouvoirs du gérant à l'égard des associés

Dans ses rapports avec les associés, **le gérant peut faire tous les actes de gestion dans l'intérêt de la société**, y compris les actes de disposition des biens sociaux (vente d'un immeuble...).

De plus, le gérant peut déplacer lui-même le siège social dans le même département ou dans un département limitrophe et mettre en conformité les statuts de la société avec les lois et règlements en vigueur. Une homologation de l'assemblée générale est cependant nécessaire.

1.2.1. Les statuts peuvent restreindre les pouvoirs du gérant

Les statuts peuvent, par exemple, interdire au gérant, sauf accord préalable des associés, d'engager un nouveau directeur, de contracter des emprunts autres que des crédits de trésorerie, de vendre un immeuble ou un fonds de commerce, de consentir une hypothèque sur un immeuble ou un nantissement sur un fonds de commerce, de réaliser une opération qui engage la société au-delà d'un certain montant...

Si le gérant accomplit un acte qu'il n'a pas le droit d'accomplir d'après les statuts, **cet acte demeure valable vis-à-vis des tiers** :

- la société se trouve ainsi tenue de respecter ses engagements ;
- les associés peuvent révoquer le gérant pour juste motif ;
- ils peuvent aussi lui réclamer des dommages-intérêts, s'ils prouvent que ses décisions ont causé un préjudice certain à la société.

1.2.2. Les statuts peuvent augmenter les pouvoirs du gérant

Les statuts peuvent autoriser, par exemple, le gérant à transférer le siège social dans la même ville ou dans un département limitrophe et à modifier en conséquence les statuts.

1.3. Actes du gérant interdits ou soumis à autorisation

1.3.1. Le gérant ne peut pas emprunter à la SARL ou lui demander une caution à son profit

À peine de nullité du contrat, il est interdit au gérant (ou aux associés autres que les personnes morales) de contracter, sous quelque forme que ce soit, des emprunts auprès de la société, de se faire consentir par elle un découvert, en compte courant ou autrement, ainsi que de faire cautionner ou avaliser par elle leurs engagements envers les tiers (conventions interdites).

- Cette interdiction s'applique aux conjoints, ascendants et descendants des gérants et des associés, aux représentants légaux des personnes morales associées, ainsi qu'à toute personne interposée.
- La société ne peut pas s'opposer à cette interdiction (nullité d'ordre public).
- Un créancier peut demander la nullité de la caution donnée par la société au profit du gérant, même avec l'accord unanime des associés.

1.3.2. Le gérant doit être autorisé par les associés pour conclure une convention avec la SARL

Si le gérant (ou un associé) conclut une convention avec la société qui ne porte pas sur des opérations courantes et conclues à des conditions normales, il devra respecter la procédure applicable aux conventions réglementées (voir page 195).

1.4. Le gérant peut-il déléguer ses pouvoirs ?

Le gérant n'a pas le droit de déléguer à un tiers l'intégralité de ses pouvoirs. Cependant, il peut déléguer ses pouvoirs pour des opérations déterminées et limitées dans le temps (une autorisation préalable des associés peut être prévue par les statuts).

2. Les pouvoirs des associés

Dans la SARL, le gérant a un pouvoir important. Les statuts peuvent augmenter les pouvoirs des associés, ou s'en tenir aux règles légales, en fonction de la façon dont la marche de l'entreprise est envisagée.

2.1. Le pouvoir de décision des associés

Les décisions des associés peuvent être prises en assemblée, par consultation écrite, ou par consentement dans un acte.

Type de décision	Forme de la décision
Approbation annuelle des comptes	La décision d'approbation des comptes annuels est impérativement prise en assemblée (approbation du rapport de gestion, de l'inventaire et des comptes annuels).
Autres décisions	• En principe, la décision est prise en assemblée. • Les statuts peuvent stipuler que toutes les décisions ou certaines d'entre elles seront prises par consultation écrite des associés ou résulteront du consentement de tous les associés dans un acte[1].

1. Cependant, un ou plusieurs associés peuvent demander la réunion d'une assemblée s'ils détiennent la moitié des parts sociales, ou si, représentant au moins le quart des associés, ils détiennent le quart des parts sociales. Toute clause contraire est réputée non écrite.

2.1.1. Les assemblées d'associés

2.1.1.1. Comment s'exerce le droit de vote aux assemblées

Zoom n° 63

Comment protéger les intérêts des associés lorsqu'un seul associé possède à lui seul plus de la moitié des parts sociales

Vous pouvez prévoir une double majorité en nombre d'associés et en nombre de parts dans les statuts pour les décisions ordinaires.

➥ ***Une part sociale = une voix aux assemblées***

Chaque associé peut participer aux assemblées d'associés. Il dispose d'un nombre de voix égal à celui des parts sociales qu'il possède. Seul l'associé peut exercer le droit de vote attaché à ses parts sociales.

- Les statuts ne peuvent pas instituer un vote plural, ou exiger un minimum de parts pour pouvoir voter.
- Le mode d'acquisition des parts n'a pas d'incidence sur le droit de vote (parts obtenues à l'origine en rémunération des apports ; ou, par la suite, par voie de cession entre vifs ou de transmission successorale).
- Le créancier qui a obtenu un nantissement sur les parts ne peut pas voter aux assemblées.
- **Le droit de vote ne peut pas être cédé** car il ne peut pas être dissocié de la part sociale.

Un associé peut se faire représenter aux assemblées par son conjoint (sauf si la SARL est constituée uniquement entre les deux époux), ou par un associé (s'ils sont au moins deux), ou par une autre personne uniquement si les statuts le permettent.

- Le mandat est donné pour une seule assemblée ou pour deux assemblées tenues dans un délai de sept jours (exemple : deux assemblées successives, l'une extraordinaire et l'autre ordinaire).
- Le mandat donné pour une assemblée vaut pour les assemblées successives convoquées avec le même ordre du jour (exemple : la première assemblée n'a pas réuni le quorum, il faut donc en tenir une seconde).

Propriété des parts	Qui vote aux assemblées ?
Indivision (les héritiers d'un associé par exemple)	Le co-indivisaire qui représente l'indivision. À défaut d'entente, le co-indivisaire le plus diligent peut faire désigner par justice un mandataire chargé de les représenter tous.
Parts démembrées en usufruit et nue-propriété	Le principe : • Décisions concernant l'affectation des bénéfices : vote de l'usufruitier ; • Autres décisions : vote du nu-propriétaire. Les statuts peuvent stipuler : • Assemblées générales ordinaires : vote de l'usufruitier ; • Assemblées générales extraordinaires : vote du nu-propriétaire.
Mineur ou majeur protégé	Administrateur légal de ses biens.
Le conjoint qui a acquis les parts avec des biens communs	Le conjoint qui possède des parts (il bénéficie de la présomption de pouvoirs).

2.1.1.2. Attention à l'abus de majorité ou de minorité !

a) Abus de majorité

Il y a abus de majorité quand la décision de l'assemblée est prise contrairement à l'intérêt général de la société, avec pour seul objectif de favoriser les membres de la majorité au détriment des membres de la minorité. Dans ce cas, la décision abusive est annulée par les tribunaux.

Cas n° 24

Abus de majorité

- Deux associés qui détiennent 95 % du capital d'une SARL et qui perçoivent des rémunérations et des avantages divers mettent en réserve, tous les ans, la totalité des bénéfices alors que la société n'emploie pas cette trésorerie (ils ne distribuent jamais de dividendes). L'associé minoritaire qui n'exerce aucune fonction dans la société ne retire aucun profit de sa participation.
- Les bénéfices sont systématiquement affectés aux réserves ; les associés majoritaires bénéficient de rémunérations importantes qui leur permettent d'acquérir personnellement des immeubles qu'ils donnent en location à la société.
- Une SARL est transformée en SA afin d'évincer l'associé minoritaire.

.../...

(Suite cas n° 24)

— .../...

- Cependant, la décision d'affectation des bénéfices en réserve suivie d'une augmentation de capital par incorporation de ces réserves afin d'augmenter le crédit de la société et la valeur des parts ne constitue pas un abus de majorité.

b) Abus de minorité

Il y a abus de minorité lorsque l'attitude de l'associé est contraire à l'intérêt général de la société, et a pour seul objectif de favoriser ses propres intérêts au détriment de l'ensemble des autres associés.

L'abus de minorité est surtout retenu en cas d'augmentation de capital : les minoritaires qui ne peuvent pas ou ne veulent pas souscrire à une augmentation de capital refusent de voter l'augmentation afin de ne pas diluer davantage leur participation.

Si l'abus de minorité est retenu, le tribunal ne peut pas se substituer au minoritaire défaillant. Il peut en résulter une situation de blocage.

Le juge peut estimer qu'un associé d'une SARL commet un abus de minorité s'il s'oppose à une augmentation du capital, ou à la transformation en société anonyme. Cependant, si la majorité requise des trois quarts des parts sociales n'est pas atteinte à cause de l'abstention de l'associé minoritaire, le juge ne peut pas désigner un mandataire afin de remplacer les associés minoritaires défaillants.

2.1.1.3. Assemblée générale ordinaire ou extraordinaire ?

Assemblée générale ordinaire	
Nature des décisions prises	**Le principe** Décisions ne modifiant pas les statuts ou ne portant pas agrément de nouveaux associés : • approuver les comptes de l'exercice (montant des dividendes, reports à nouveau, affectations aux réserves, quitus à la gérance) ; • nommer ou révoquer un gérant ; • montant et modalités de calcul de la rémunération allouée à la gérance ; • nommer ou renouveler, le cas échéant, le commissaire aux comptes titulaire et son suppléant ;

.../...

.../...

	• autoriser le gérant à effectuer les opérations qui dépassent les limites fixées par les statuts ; • approuver, ou autoriser selon le cas, les conventions intervenues entre la société et l'un de ses gérants ou l'un de ses associés. **Les exceptions** • le gérant, même statutaire, peut être révoqué par une décision ordinaire ; • une SARL dont les capitaux propres excèdent 750 000 € peut être transformée en SA par une décision ordinaire ; • la cession de parts entre associés qui entraîne modification implicite des statuts peut se faire par une décision ordinaire.
Majorité	**Pour une première assemblée ou une première consultation** Les décisions sont adoptées par un ou plusieurs associés représentant plus de la moitié des parts sociales : l'associé qui détient 50 % des parts sociales + une part détient la majorité (majorité absolue). **Pour une deuxième assemblée ou une deuxième consultation** Les décisions sont adoptées à la majorité des votes émis, quel que soit le nombre de votants (majorité relative). *NB* : il paraît préférable de préciser dans les statuts que, même sur seconde convocation, la majorité des parts sociales sera nécessaire. Les **statuts** peuvent imposer pour les décisions ordinaires une majorité plus élevée (sauf pour la révocation des gérants).
Assemblée générale extraordinaire	
Nature des décisions prises	Décisions pour l'agrément de nouveaux associés ou la modification des statuts : • transformation en société anonyme d'une SARL dont les capitaux propres sont inférieurs à 750 000 € ; • transfert du siège social ; • changement de la dénomination sociale ; • modification de l'objet social ; • augmentation ou réduction du capital ; • agrément de nouveaux associés...
Quorum et majorité	Les associés présents ou représentés doivent posséder au minimum (**quorum**) : • un **quart des parts sociales** sur première convocation ; • un **cinquième des parts sociales** sur deuxième convocation. Les modifications sont décidées à la **majorité des deux tiers** des parts détenues par les associés présents ou représentés. Les statuts peuvent prévoir un quorum et une majorité plus élevés sans pouvoir exiger l'unanimité pour la majorité. La loi a aussi prévu certaines exceptions. Ainsi, l'**unanimité** est requise pour augmenter les engagements des associés (transformation d'une SARL en SNC...).

2.1.1.4. Modalités pratiques de tenue d'une assemblée

Qui convoque l'assemblée ?

La convocation de l'assemblée est faite par le gérant ; ou, à défaut, par le commissaire aux comptes, s'il en existe un ; ou par un mandataire désigné en justice à la demande d'un associé.

➥ ***Convocation par le gérant***

Le gérant peut librement convoquer l'assemblée. Cependant, il doit obligatoirement convoquer l'assemblée dans les cas suivants :

- approbation annuelle des comptes : l'assemblée qui approuve les comptes de l'exercice doit être réunie obligatoirement dans les six mois à compter de la clôture de l'exercice ;
- capitaux propres inférieurs à la moitié du capital social ;
- nombre des associés supérieur à cinquante ;
- conventions réglementées (entre la société et l'un de ses gérants ou associés) ;
- convocation demandée par un ou plusieurs associés détenant la moitié des parts sociales ou, s'ils représentent au moins le quart des associés, détenant le quart des parts sociales (les associés peuvent ainsi vaincre la résistance d'un gérant qui se refuserait à provoquer une réunion des associés).

➥ ***Convocation par le commissaire aux comptes***

Si le commissaire aux comptes décide de convoquer l'assemblée des associés, il doit respecter la procédure suivante :

- il envoie une lettre recommandée avec avis de réception au gérant pour établir sa carence ;
- il fixe l'ordre du jour de l'assemblée ;
- il lit son rapport à l'assemblée pour lui exposer les motifs de la convocation (les frais de réunion sont à la charge de la société).

Dans quels cas le commissaire aux comptes convoque-t-il l'assemblée des associés ?

- Décès ou absence du gérant.
- Le gérant refuse de mettre à l'ordre du jour la mesure souhaitée par les associés car le gérant est en conflit avec la majorité des

associés (le gérant refuse, par exemple, de mettre à l'ordre du jour sa propre révocation).

- La situation de la société est préoccupante du fait de l'absence de décision de la gérance et des associés.

➥ ***Convocation par un mandataire désigné en justice***

L'associé doit respecter la procédure suivante :

- il met en demeure le gérant de réunir l'assemblée ;
- si la mise en demeure reste sans effet, l'associé demande au président du tribunal de commerce de désigner un mandataire qui devra convoquer l'assemblée.

L'associé peut demander au tribunal de convoquer l'assemblée des associés dans les cas suivants :

- pour permettre un fonctionnement normal de la société ;
- des questions de l'associé concernant la résiliation de cautions, le rachat de parts, l'évolution des ventes à l'étranger... sont demeurées sans réponse plusieurs mois après une assemblée ;
- le gérant refuse qu'une question d'un associé figure à l'ordre du jour. L'assemblée convoquée par le tribunal comportera à son ordre du jour la question.

1. Ordre du jour

La fixation de l'ordre du jour est importante car une assemblée, en principe, ne peut valablement délibérer que sur les questions inscrites à l'ordre du jour :

- la révocation du gérant peut toujours être décidée par les associés même si la question ne figure pas à l'ordre du jour ;
- les questions inscrites à l'ordre du jour sont rédigées de telle sorte que leur contenu et leur portée apparaissent clairement sans qu'il y ait lieu de se reporter à d'autres documents ;
- les questions diverses doivent présenter une faible importance ;
- quand les associés posent des questions écrites pour l'assemblée d'approbation des comptes, la question est obligatoirement discutée en assemblée. Cependant, **aucun vote ne peut intervenir** sur le point soulevé car il n'est pas à l'ordre du jour ;

- l'ordre du jour est fixé par le gérant. La lettre de convocation à une assemblée doit indiquer son ordre du jour.

2. Lieu de l'assemblée

Les assemblées d'associés doivent être convoquées au lieu prévu par les statuts (généralement le siège social). À défaut, le gérant a toute liberté pour fixer le lieu de tenue de l'assemblée (le gérant peut convoquer l'assemblée en un lieu éloigné du siège social afin de gêner la participation d'un associé).

3. Délai de convocation

La convocation à l'assemblée doit être effectuée, *par lettre recommandée, quinze jours au moins avant la réunion de l'assemblée* (un délai plus long peut être prévu par les statuts).

Comment calculer le délai ?

Le jour d'envoi de la lettre ne compte pas ; le jour de réunion de l'assemblée est pris en compte. (Si la réunion de l'assemblée est le 15 juin, le dernier jour pour envoyer la lettre de convocation est le 31 mai).

4. Quels sont les documents à communiquer aux associés ?

Délai/Sanctions	Assemblée d'approbation des comptes	Autres assemblées
15 jours au moins avant la date de l'assemblée	Le gérant adresse aux associés : • les comptes annuels ; • le rapport de gestion ; • le texte des résolutions proposées ; • le rapport du commissaire aux comptes, le cas échéant, sur les comptes annuels[1].	Le gérant adresse aux associés : • le texte des résolutions proposées ; • le rapport du gérant ; • et, le cas échéant, le rapport des commissaires aux comptes.

.../...

1. Éventuellement, les comptes consolidés, le rapport sur la gestion du groupe et le rapport du commissaire aux comptes sur les comptes consolidés. De plus, les SARL très importantes doivent publier dans un journal d'annonces légales leurs comptes annuels. Il n'est pas obligatoire de communiquer aux associés le rapport spécial sur les conventions réglementées.

Délai/Sanctions	Assemblée d'approbation des comptes	Autres assemblées
Dès la réception des documents	***Les associés peuvent poser par écrit des questions*** auxquelles le gérant sera tenu de répondre au cours de l'assemblée.	
Dans les 15 jours qui précèdent la date de l'assemblée	***L'inventaire est à la disposition des associés***, au siège social. Ils ne peuvent pas en prendre copie.	***Tous ces documents sont à la disposition des associés***, au siège social. Ils peuvent en prendre copie.
Sanctions	• L'assemblée peut être annulée ; • Le gérant peut être condamné à une amende de 9 000 €.	• Le gérant peut être condamné à une amende de 1 500 € (3 000 € en cas de récidive).

5. Comment se tient l'assemblée ?

➥ *Président de l'assemblée*

- le gérant ;
- si le gérant n'est pas associé, l'associé présent qui possède ou représente le plus grand nombre de parts sociales (si deux associés possèdent ou représentent le même nombre de parts, la présidence de l'assemblée est assurée par le plus âgé).

➥ *Feuille de présence*

Elle n'est pas obligatoire (modèle en annexe dans les suppléments Internet).

Elle est conseillée afin de prouver que la majorité requise a bien été obtenue.

➥ *Débats*

Les associés peuvent participer librement à la discussion. Le président de séance doit cependant écarter les observations qui n'ont aucun rapport avec les questions à l'ordre du jour.

Chaque question inscrite à l'ordre du jour est débattue successivement et fait l'objet d'un vote distinct.

Conseil pratiques pour établir le procès-verbal de l'assemblée

La délibération de l'assemblée des associés est constatée par un procès-verbal (voir modèle dans les suppléments Internet) établi et signé par le gérant[1] sur un registre spécial coté et paraphé et tenu au siège social[2].
Les procès-verbaux peuvent être établis sur des feuilles mobiles numérotées sans discontinuité et paraphées[3] :
- les pages non utilisées doivent être annulées ;
- la reproduction peut être directement assurée par photocopie (pas de photocopie de la signature) ;
- le collage des originaux des procès-verbaux est interdit.

Le gérant est responsable de l'établissement du procès-verbal.
- Un **secrétaire** chargé de noter le compte rendu des débats peut être désigné par le gérant.
- Un brouillon détaillé des délibérations, notamment en cas d'assemblée orageuse, peut être établi. Il sera signé par le gérant, et si possible par un autre associé pour éviter toute contestation ultérieure.
- Toutes les résolutions mises aux voix doivent être consignées (et pas seulement les résolutions adoptées).
- Les copies des procès-verbaux sont certifiées conformes par le gérant.

Le procès-verbal doit **résumer les débats** (le résumé doit être fidèle et objectif). Le gérant doit donc se contenter de relater succinctement les observations des associés et les éventuels incidents, même si des associés demandent la consignation au procès-verbal de leurs observations. Il en est de même pour les questions écrites.

Attention aux erreurs ou aux omissions !

1. Évitez les erreurs en communiquant, pour avis, le procès-verbal aux associés, avant de le consigner sur le registre paraphé (NB : il n'est pas obligatoire de donner lecture à l'assemblée suivante du procès-verbal et de le faire approuver par une résolution).

.../...

1. Ou le président de séance dans le cas d'un gérant qui n'est pas associé.
2. Soit par un juge du tribunal de commerce, soit par un juge du tribunal d'instance, soit par le maire de la commune ou un adjoint au maire dans la forme ordinaire et sans frais.
3. Soit par un juge du tribunal de commerce, soit par un juge du tribunal d'instance, soit par le maire de la commune ou un adjoint au maire dans la forme ordinaire et sans frais.

.../...

2. Soyez rigoureux : avant de consigner le procès-verbal sur le registre, vérifiez que vous n'avez pas oublié de consigner une décision antérieure (pointez les décisions qui sortent de la routine de l'assemblée annuelle : autorisation d'une convention réglementée entre la SARL et un gérant ou un associé, autorisation donnée au gérant pour un acte dépassant ses pouvoirs...).
3. Si le procès-verbal est consigné sur le registre avec une erreur ou une omission dans sa rédaction, vous devez : rayer et numéroter les mots nuls ; piquer un renvoi en marge ; ajouter dans cette marge ou en bas de page les mots ou membres de phrases rectifiés ; faire parapher par le gérant ; et, à la fin du procès-verbal, rappeler le nombre de mots rayés, nuls et ajoutés bons et faire signer par le gérant cette mention.
4. Tout associé peut contester l'exactitude d'un procès-verbal.

2.1.2. Consultation écrite

La consultation écrite est peu utilisée à cause de son formalisme, du nombre plus élevé d'abstentions, de son manque de rapidité. En dehors de l'approbation annuelle des comptes, les statuts peuvent indiquer que les décisions peuvent être prises par consultation écrite des associés.

La procédure est alors la suivante.

1. Le gérant adresse[1] aux associés le texte des résolutions proposées, son rapport, et, le cas échéant, le rapport des commissaires aux comptes.
2. Les associés votent[1] par écrit 15 jours au moins à compter de la date de réception des documents.
3. Le gérant établit le procès-verbal en mentionnant que la consultation a lieu par écrit ; la réponse de chaque associé doit y être annexée.

2.1.3. Décision des associés dans un acte

Afin de faciliter le suivi juridique des SARL, la loi « Madelin » a introduit la décision par consentement de tous les associés exprimé dans un acte (appelé « acte unanime »).

1. Les statuts précisent généralement que les envois se font par lettre recommandée.

- Les statuts doivent autoriser l'acte unanime (la SARL doit éventuellement modifier ses statuts).
- L'acte unanime ne peut pas être utilisé pour l'approbation annuelle des comptes.
- L'acte unanime ne peut pas être utilisé pour l'approbation d'une convention réglementée puisque l'associé intéressé ne peut pas voter (il n'y a donc pas unanimité).
- L'acte unanime est à conseiller quand la décision à prendre est le complément d'un acte (les cessions de parts entre vifs).
- L'acte unanime peut être mentionné à sa date dans le registre des procès-verbaux (la loi ne prévoit rien).

Décision par acte unanime	
Avantages	**Inconvénients**
• Permet de remplacer les assemblées fictives qui se tiennent uniquement « sur le papier », et qui exposent le gérant à des sanctions pénales. • Permet de prendre des décisions rapidement car il n'y a pas de convocation d'assemblée ou de délai de réponse en cas de consultation écrite. • Permet de rassembler en un acte unique des décisions nécessitant deux assemblées successives (autorisation puis décision ; décision prise sous la condition suspensive d'une autre décision).	• Comme l'assemblée est obligatoire pour l'approbation des comptes, plutôt que de recourir à l'acte unanime, il est plus simple de compléter l'ordre du jour de l'assemblée ordinaire ou de convoquer une assemblée extraordinaire qui se tient immédiatement après. • L'unanimité peut être difficile à obtenir. • Si les associés sont nombreux, le procédé est difficilement praticable. • La rédaction d'un acte est plus difficile que l'établissement d'un procès-verbal. L'intervention d'un juriste est nécessaire.

2.2. Le pouvoir d'information des associés

2.2.1. Droit de communication permanent

Tout associé a le droit, à toute époque et au siège social :

1. De **prendre** lui-même **connaissance et copie** (sauf pour l'inventaire) **des documents** suivants : bilans, comptes de résultat, annexes, inventaires, rapports soumis aux assemblées et procès-verbaux de ces assemblées concernant les trois derniers exercices. L'associé peut se faire assister d'un expert judiciaire.

- Le gérant qui ne met pas à la disposition des associés ces documents est passible d'une amende de 9 000 €.
- De plus, un associé qui ne peut pas obtenir, avant une assemblée, des documents indispensables à une prise de décision en connaissance de cause, pourrait contester en justice la validité des décisions prises par l'assemblée.

2. D'**obtenir une copie certifiée conforme des statuts** en vigueur au jour de la demande. La société doit annexer à ce document la liste des gérants et, le cas échéant, des commissaires aux comptes en exercice. Elle peut exiger au maximum 30 €.
   - Pas de sanction en cas de non-respect de ces dispositions (tout intéressé peut s'adresser au registre du commerce et des sociétés pour obtenir une copie des statuts).

2.2.2. *Droit de communication temporaire*

Pour les assemblées, le gérant doit communiquer certains documents (voir page 193).

2.3. Le pouvoir de contrôle des conventions entre la société et l'un de ses gérants ou associés

Zoom n° 64

Dans le doute, respectez la procédure d'autorisation

Si vous n'êtes pas certain que la convention doit être soumise au contrôle des associés, par prudence, respectez la procédure d'autorisation par les associés.

Le gérant ou les associés peuvent conclure des conventions avec la société. Comme les intérêts personnels du gérant ou de l'associé, et les intérêts de la société ne sont pas toujours convergents, ces conventions sont soumises à une procédure particulière (conventions réglementées). Cependant, si la convention porte sur des opérations courantes et conclues à des conditions normales, la procédure n'est pas applicable (conventions libres). Enfin, certaines conventions sont interdites à peine de nullité (voir page 181).

2.3.1. Les conventions libres

Une convention qui porte sur des opérations courantes et conclues à des conditions normales n'est pas soumise au contrôle des associés.

Opérations courantes : opérations effectuées par la société d'une manière habituelle dans le cadre de son activité.

Conditions normales : l'opération ne comporte pas un gain exorbitant ou des conditions exceptionnelles (clause d'exclusivité, délais excessivement longs, remises anormalement avantageuses…), au profit du gérant ou de l'associé, ou d'une autre société dont un des dirigeants est aussi gérant ou associé de la SARL concernée. Le caractère normal des conditions consenties doit s'apprécier en tenant compte des usages de la société, ou des sociétés du même secteur d'activité.

2.3.2. Les conventions réglementées

La procédure de contrôle par les associés s'applique si la convention avec la SARL :

- ne porte pas sur des opérations courantes et conclues à des conditions normales ;
- est conclue avec le gérant ou l'un des associés, directement ou par personne interposée ;
- ou est conclue avec une autre société dont un dirigeant est simultanément gérant ou associé de la SARL (dirigeant = associé indéfiniment responsable, gérant, administrateur, directeur général, membre du directoire ou membre du conseil de surveillance).

Une convention passée entre la SARL et le conjoint, les enfants ou les parents du gérant ou de l'associé est-elle soumise au contrôle des associés ?

La convention passée entre la SARL et le conjoint, les ascendants ou les descendants du gérant ou de l'associé **n'est pas soumise au contrôle des associés** (ce n'est pas une convention réglementée). Le lien de parenté n'est pas suffisant, à lui seul, pour prouver l'existence d'une présomption d'interposition de personnes (il y a interposition de personnes quand le gérant ou l'associé est en fait le bénéficiaire direct de la convention).

…/…

.../...

La preuve de l'interposition de personnes est plus facile à établir pour des époux mariés sous un régime de communauté des biens. Dans ce cas, il est prudent de respecter la procédure d'autorisation.

Deux procédures s'appliquent.

Autorisation préalable de la convention : cette procédure s'applique uniquement quand la convention est passée entre la société et *le gérant non associé*, et en l'*absence de commissaire aux comptes*. Dans ce cas, la convention est soumise à l'approbation préalable de l'assemblée.

Autorisation a posteriori *de la convention* : cette procédure s'applique *dans tous les autres cas*.

1. Comment se déroule la procédure d'autorisation par les associés ?

➥ ***Un rapport spécial est présenté à l'assemblée par le gérant***

- S'il existe un commissaire aux comptes, celui-ci établit le rapport. Le gérant doit alors aviser le commissaire aux comptes des conventions réglementées dans le délai d'un mois de leur conclusion.
- Lorsque l'exécution de conventions conclues au cours d'exercices antérieurs a été poursuivie au cours du dernier exercice, le commissaire doit être informé de cette situation dans le délai d'un mois à compter de la clôture de l'exercice.
- Le rapport est joint aux documents communiqués aux associés en cas de consultation écrite.
- L'assemblée peut être l'assemblée annuelle ou toute autre assemblée.
- Le rapport spécial doit être adressé aux associés 15 jours au moins avant la date de l'assemblée, et tenu à leur disposition au siège social pendant le délai de 15 jours qui précèdent l'assemblée.

➥ ***L'assemblée statue sur le rapport spécial***

- L'associé ou le gérant qui a conclu la convention ne peut pas prendre part au vote, et ses parts ne sont pas prises en compte pour le calcul de la majorité.
- Le vote se fait aux conditions de majorité requises pour les décisions ordinaires.

Que doit contenir le rapport spécial sur les conventions réglementées ?

Voir modèle dans les suppléments Internet

- L'énumération des conventions soumises à l'approbation de l'assemblée.
- Le nom du gérant ou des associés intéressés.
- La nature et l'objet desdites conventions.
- Les modalités essentielles de ces conventions, notamment l'indication des prix ou tarifs pratiqués, des ristournes et commissions consenties, des délais de paiement accordés, des intérêts stipulés, des sûretés conférées et, le cas échéant, toute autre indication permettant aux associés d'apprécier l'intérêt qui s'attachait à la conclusion des conventions analysées.
- L'importance des fournitures livrées ou des prestations de services fournies ainsi que le montant des sommes versées ou reçues au cours de l'exercice en exécution desdites conventions.

2. Que se passe-t-il si la convention n'est pas approuvée ?

Si les associés n'approuvent pas la convention, elle produit néanmoins ses effets.

- Le gérant et/ou l'associé contractant, peuvent être condamnés à supporter individuellement ou solidairement, selon le cas, les conséquences du contrat s'il est préjudiciable à la société.
- Il en est de même si la convention est conclue entre la SARL et une autre société dès lors que le gérant de la SARL est aussi dirigeant de cette seconde société.
- L'action en responsabilité se prescrit par trois ans à compter du fait dommageable ou, s'il a été dissimulé, de sa révélation (lorsque le fait est qualifié crime, l'action se prescrit par dix ans).

3. Le commissaire aux comptes

Le commissaire aux comptes n'est pas obligatoire dans les « petites » SARL. En effet, le commissaire aux comptes est obligatoire si la SARL dépasse à la clôture d'un exercice social deux des seuils suivants : 1 550 000 € pour le total du bilan, 3 100 000 € pour le chiffre d'affaires HT ou le nombre moyen de 50 salariés au cours de l'exercice. **Une société qui se crée n'a donc pas à désigner un commissaire aux comptes**.

4. Le comité d'entreprise

Le comité d'entreprise est obligatoire si l'*effectif est, au moins, de cinquante salariés*. Le rôle du comité d'entreprise est essentiellement consultatif.

4.1. Documents à communiquer au comité d'entreprise avant l'assemblée d'approbation des comptes

Le gérant doit communiquer au comité, avant leur présentation à l'assemblée des associés, l'ensemble des documents obligatoirement transmis aux associés et, le cas échéant, le rapport du commissaire aux comptes (voir page 189). Aucun délai n'est précisé : le comité doit cependant disposer d'un délai d'examen suffisant.

Le comité peut :

- émettre des observations sur la situation économique et sociale de l'entreprise qui sont obligatoirement transmises à l'assemblée des associés en même temps que le rapport du gérant ;
- convoquer le commissaire aux comptes pour recevoir ses explications sur les états financiers communiqués ainsi que sur la situation financière de l'entreprise.

4.2. Expert-comptable du comité

Afin d'examiner les comptes annuels de l'entreprise, le comité peut se faire assister d'un expert-comptable de son choix, rémunéré par l'entreprise.

- Le chef d'entreprise ne participe pas au vote lorsque le comité délibère sur le choix de l'expert-comptable.

- L'expert-comptable éclaire le comité sur les comptes et la situation de l'entreprise. Il a accès aux mêmes documents que le commissaire aux comptes. Il est tenu au secret professionnel.
- L'expert-comptable est rémunéré par l'entreprise. Tout litige sur sa rémunération est soumis au président du tribunal de grande instance.

Le comité peut également se faire assister par un expert-comptable :

- dans la limite de deux fois par exercice, pour l'examen des documents d'information financière et prévisionnelle (si la société est tenue de les établir, elle doit les communiquer au comité, ainsi que le rapport du commissaire aux comptes) ;
- et une fois par exercice dans le cadre de la procédure d'alerte déclenchée par le comité (voir page 262).

4.3. Modifications de l'organisation économique ou juridique de l'entreprise

Le comité est informé et consulté sur les modifications de l'organisation économique ou juridique de l'entreprise, notamment en cas de fusion, de cession, de modification importante des structures de production de l'entreprise, ainsi que lors de l'acquisition ou de la cession de filiales.

- Le gérant doit indiquer les motifs des modifications projetées et consulter le comité sur les mesures qui sont envisagées à l'égard des salariés lorsque ces modifications comportent des conséquences pour ceux-ci.
- Le gérant est également tenu de consulter le comité d'entreprise lorsqu'il prend une participation dans une société et de l'informer lorsqu'il a connaissance d'une prise de participation dont son entreprise fait l'objet.

4.4. Prévention des difficultés des entreprises

Le comité d'entreprise dispose de prérogatives dans le cadre de la prévention des difficultés des entreprises. Elles seront examinées dans la partie « La prévention et le traitement des difficultés financières de la SARL », page 255.

5. La détermination et l'affectation du résultat

Dans les six mois de la clôture de l'exercice, l'assemblée générale ordinaire doit approuver les comptes de l'exercice écoulé et décider de l'affectation du résultat. C'est l'étape finale d'un long processus qui commence par l'établissement des comptes, se poursuit par leur contrôle par le commissaire aux comptes (s'il en existe un), leur arrêté par le gérant, et enfin, leur présentation aux associés.

5.1. Établissement des comptes annuels

Les comptes annuels comprennent le bilan, le compte de résultat et l'annexe.

- Le *bilan* décrit séparément les éléments actifs et passifs de l'entreprise, et fait apparaître, de façon distincte, les capitaux propres (c'est l'état du patrimoine de l'entreprise : ce qu'elle possède moins ce qu'elle doit).
- *Le compte de résultat* récapitule les produits et les charges de l'exercice, sans qu'il soit tenu compte de leur date d'encaissement ou de paiement. Il fait apparaître, par différence après déduction des amortissements et des provisions, le bénéfice ou la perte de l'exercice. Les produits et les charges, classés par catégorie, doivent être présentés soit sous forme de tableaux, soit sous forme de liste.
- *L'annexe* complète et commente l'information donnée par le bilan et le compte de résultat.

À moins qu'un changement exceptionnel n'intervienne dans la situation de l'entreprise, la présentation des comptes annuels comme les méthodes d'évaluation retenues ne peuvent être modifiées d'un exercice à l'autre. Si des modifications interviennent, elles sont décrites et justifiées dans l'annexe.

Présentation simplifiée des comptes annuels *Cette possibilité est perdue lorsque les conditions ne sont pas remplies pendant deux exercices successifs.*	
Présentation simplifiée...	**Si ne sont pas dépassés à la clôture de l'exercice deux des trois critères suivants**
du bilan et du compte de résultat	• total du bilan : 267 000 € • montant net du chiffre d'affaires : 534 000 € • nombre moyen de salariés permanents employés au cours de l'exercice : 10
de l'annexe	• total du bilan : 2 M€ • montant net du chiffre d'affaires : 4 M€ • nombre moyen de salariés permanents employés au cours de l'exercice : 50

5.2. Le rapport de gestion

Le rapport de gestion est un instrument de communication entre le gérant et les associés. Le rapport de gestion doit exposer la situation de la société durant l'exercice écoulé, son évolution prévisible, ses activités en matière de recherche et de développement et les événements importants survenus entre la date de clôture de l'exercice et la date d'établissement du rapport.

Quelques conseils pour l'établissement du rapport de gestion

- Toute personne, y compris un concurrent, peut prendre connaissance du rapport de gestion au greffe du tribunal. Le gérant devra être guidé par un souci de confidentialité afin de ne pas dévoiler les projets stratégiques de l'entreprise (projets commerciaux...).
- Cependant, le rapport de gestion doit être un vecteur d'information privilégié et non une contrainte. C'est l'occasion pour le gérant de faire le point, avec le recul nécessaire, sur l'activité de l'année écoulée, les difficultés rencontrées et les progrès réalisés afin de définir une stratégie sur l'avenir de l'entreprise.
- L'exposé de la conjoncture économique d'ensemble et de la conjoncture du secteur auquel appartient l'entreprise permettra d'éclairer les conditions dans lesquelles s'est déroulée l'activité de la société pendant l'exercice écoulé.
- Soyez mesuré pour les perspectives d'avenir, afin d'éviter que l'évolution ultérieure des faits contredise votre pronostic.

Le rapport de gestion doit aussi comporter un certain nombre de mentions obligatoires (voir modèle dans les suppléments Internet).

1. Filiales, participations et sociétés contrôlées

- Le rapport doit mentionner toute prise de participation[1 et 2] dans une société ayant son siège social en France.
- Le rapport doit rendre compte de l'activité et des résultats de l'ensemble de la société et de ses filiales, ventilés par branche d'activité.
- Le rapport doit indiquer les participations réciproques.

2. Autres mentions

- Changement de présentation et de méthode d'évaluation des comptes annuels.
- Montant des trois dividendes précédents et des avoirs fiscaux correspondants et/ou montant des dépenses non déductibles fiscalement (uniquement pour les SARL soumises à l'impôt sur les sociétés, à l'exclusion des SARL de famille qui ont opté pour le régime fiscal des sociétés de personnes).
- Décision d'injonction ou de sanction du Conseil de la concurrence en cas de pratique anticoncurrentielle.
- Rapport sur la gestion du groupe, le cas échéant.

  Le rapport de gestion doit :
  - être mis à la disposition du commissaire aux comptes un mois avant la date de l'assemblée ;
  - être adressé aux associés quinze jours au moins avant la date de l'assemblée ;
  - être déposé en double exemplaire au greffe du tribunal de commerce dans le mois de l'approbation des comptes.

3. Sanctions pénales

- Défaut d'établissement du rapport de gestion : amende de 9 000 €.

1. En cas d'infraction commise sciemment, le gérant est passible d'un emprisonnement de deux ans et/ou une amende de 9 000 €.
2. Il s'agit des prises de participation initiales et ultérieures qui représentent plus du vingtième, du dixième, du cinquième, du tiers, de la moitié ou des deux tiers du capital ou des droits de vote aux assemblées générales de cette société.

- Ne pas soumettre le rapport à l'assemblée : emprisonnement de six mois et/ou amende de 9 000 €.

5.3. L'approbation des comptes

Zoom n° 65

Le gérant doit bien respecter le formalisme de l'assemblée d'approbation des comptes

Il est passible de sanctions pénales en cas de non-respect du calendrier légal d'approbation des comptes annuels.

Les comptes de l'exercice sont approuvés par une assemblée ordinaire des associés. Dans cette partie, seront développées uniquement les spécificités de l'assemblée d'approbation des comptes. Pour d'autres informations sur les assemblées, se reporter page 183.

L'assemblée qui statue sur les comptes **doit être réunie dans les six mois de la clôture de l'exercice**.

- Seule une assemblée peut approuver les comptes.
- À défaut, le gérant peut voir engagée sa responsabilité civile (il est responsable du préjudice subi par les associés du fait du retard apporté à l'assemblée), et sa responsabilité pénale *même si le retard est involontaire* (emprisonnement de six mois et/ou amende de 9 000 €).
- *Le délai de six mois peut être prolongé* par décision du président du tribunal de commerce. La requête en vue de la prolongation du délai de six mois doit être présentée avant l'expiration du délai de six mois (voir modèle dans les suppléments Internet). À défaut, le délit de réunion tardive de l'assemblée annuelle est constitué.

L'assemblée des associés peut approuver les comptes ou les modifier. Dès que les comptes sont approuvés, ils ne peuvent être rectifiés qu'en cas d'erreur, omission ou double emploi.

L'approbation des comptes est souvent suivie du vote d'un **quitus donné au gérant** pour l'accomplissement de son mandat au cours de l'exercice en question. Ce quitus n'a pas beaucoup de valeur car aucune décision des associés ne peut éteindre une action en responsabilité contre le gérant pour une faute commise dans l'accomplissement de son mandat.

5.4. La publicité des comptes

La SARL doit déposer, *dans le mois* qui suit l'approbation des comptes annuels par l'assemblée des associés, en double exemplaire, et **au greffe du tribunal** :

- les comptes annuels, le rapport de gestion, le rapport du commissaire aux comptes (les mêmes documents pour les comptes consolidés, le cas échéant) ;
- la proposition d'affectation du résultat soumise à l'assemblée et la résolution d'affectation votée ;
- une copie de la délibération de l'assemblée en cas de refus d'approbation par les associés.

Les documents déposés doivent être certifiés conformes par le gérant (le dépôt d'originaux n'est pas obligatoire).
Le dépôt des comptes annuels coûte autour de 40 € en fonction du tribunal de commerce.

Si le gérant ne dépose pas les comptes annuels, il est passible d'une amende de 1 500 €, et en cas de récidive, d'une amende de 3 000 €.

Tout intéressé peut demander, à ses frais, copie ou extrait des documents qui ont été déposés au registre du commerce et des sociétés.

5.5. L'affectation des résultats

Zoom n° 66

Par souci de souplesse, les statuts doivent éviter de prévoir une réserve statutaire

En effet, cette réserve devant être constituée obligatoirement, si les associés souhaitent y déroger, la décision devra être prise dans les conditions requises pour une modification des statuts.

Les associés approuvent les comptes de l'exercice, et décident de l'affectation du résultat selon qu'il s'agit d'un bénéfice ou d'une perte.

Le bénéfice peut être distribué aux associés sous forme de dividendes, ou conservé dans l'entreprise (il est mis en « réserve ») pour financer son développement (c'est l'autofinancement qui lui évite d'emprunter). Certaines réserves doivent être obligatoirement constituées.

La perte est imputée sur les réserves ou reportée afin d'être imputée sur les bénéfices des exercices futurs. La gestion fiscale du déficit est étudiée page 232.

5.5.1. L'affectation des bénéfices

La SARL qui réalise un bénéfice peut :

- le mettre en réserve afin de contribuer à l'autofinancement de l'entreprise ;
- le distribuer aux associés sous forme de dividendes : c'est la rémunération de l'argent que l'associé a investi dans la SARL (en contrepartie des risques qu'il prend, il espère un profit) ;
- le distribuer sous forme de dividendes en parts sociales et permettre ainsi de satisfaire à la fois l'autofinancement et la distribution d'un dividende.

1. Quelques définitions

Le **bénéfice de l'exercice** est la différence entre les produits (ventes...) et les charges (achats, loyers...) de l'exercice après déduction des amortissements (usure du matériel...) et des provisions (client qui risque de ne pas payer...). Le bénéfice apparaît sur le compte de résultat.

Le **bénéfice distribuable** est le bénéfice qui peut être distribué aux associés. Il est constitué :

- du bénéfice de l'exercice ;
- diminué des pertes antérieures (la société ne peut distribuer que ce qu'elle a gagné, il faut donc qu'elle « éponge » les pertes du passé avant de distribuer les bénéfices actuels) ;
- diminué des sommes à porter en réserve en application de la loi (la réserve légale), ou des statuts (la réserve statutaire) ;
- et augmenté du report bénéficiaire (bénéfices d'exercices précédents qui n'ont pas été affectés en réserves).

Les **sommes distribuables** sont le montant maximum que l'entreprise peut distribuer. Le montant distribuable est :

- le bénéfice distribuable ;
- et les réserves dont l'assemblée générale a la disposition.

Lorsque l'assemblée décide la distribution de sommes prélevées sur les réserves, la décision de distribution doit indiquer expressément les postes de réserve sur lesquels les prélèvements sont effectués. Les dividendes doivent être prélevés par priorité sur le bénéfice distribuable de l'exercice.

2. Les réserves qui doivent être constituées

➥ ***La dotation à la réserve légale***

Après avoir imputé éventuellement les pertes antérieures, un prélèvement d'un vingtième au moins sur les bénéfices de l'exercice doit être effectué, et affecté à la formation d'un fonds de réserve appelé « réserve légale » (c'est la « dotation à la réserve légale »).

- Le prélèvement au profit de la réserve légale cesse d'être obligatoire dès que la réserve légale atteint le dixième du capital (il doit recommencer en cas d'augmentation du capital jusqu'à ce que la nouvelle limite soit atteinte).
- Toute décision contraire des associés est nulle.

Cas n° 25

Exemple chiffré

Une SARL au capital de 7 500 € a un bénéfice comptable de 1 500 €. Sur ce bénéfice comptable, il faut prélever au moins 75 € (1 500 € × 5 %) pour doter la réserve légale. Dès que la réserve légale atteint 750 € (7 500 € × 10 %), la dotation à la réserve légale cesse d'être obligatoire.

➥ ***Réserves statutaires et réserves facultatives***

Le principe est le même que pour la réserve légale : la société ne distribue pas tout son résultat, mais bloque une partie de celui-ci sur un compte de réserve.

- La réserve est *statutaire* quand les statuts imposent d'affecter un pourcentage des bénéfices à une réserve.

- La réserve est *facultative* quand les statuts prévoient la possibilité de doter par prélèvement sur les bénéfices un ou plusieurs fonds de réserves afin d'augmenter le fonds de roulement de la société, d'assurer sa politique d'investissement, de faire face à des pertes éventuelles…

3. Les réserves qui peuvent être distribuées aux associés

Nature de la réserve *Seules les réserves dont l'assemblée a la disposition peuvent être distribuées.*	**Peut être distribuée**	
	Oui	**Non**
Réserve légale		
• montant de la réserve inférieure au dixième du capital social		X
• partie de la réserve supérieure au dixième du capital social (dotation excédentaire, ou réduction du capital)	X	
Réserve statutaire		
• montant de la réserve inférieure au montant imposé par les statuts[1]		X
• partie de la réserve supérieure au montant imposé par les statuts	X	
• transformation de la réserve statutaire en réserve ordinaire à la suite d'une décision extraordinaire des associés	X	
Réserve facultative	X	
Primes d'émission, d'apports ou de fusion	X	

4. Fixation et paiement des dividendes

Après approbation des comptes annuels et constatation de l'existence de sommes distribuables, l'assemblée générale des associés détermine le montant des dividendes :

- Toute somme qui serait distribuée sans respecter cette procédure est un **dividende fictif**.
- Il est interdit de stipuler un intérêt fixe ou intercalaire au profit des associés.
- Les statuts peuvent prévoir l'attribution, à titre de premier dividende, d'un intérêt calculé sur le montant libéré et non remboursé des actions.

1. Une décision extraordinaire, prise dans les conditions requises pour une modification des statuts, peut la rendre distribuable.

Les modalités de paiement des dividendes sont déterminées par l'assemblée générale ou, à défaut, par le gérant :

- La mise en paiement des dividendes doit avoir lieu dans un **délai de neuf mois** après la clôture de l'exercice.
- La prolongation de ce délai peut être accordée par le président du tribunal de commerce, à la demande du gérant (suite à des difficultés de trésorerie, par exemple).
- Les dividendes sont payés en espèces. Ils peuvent être réglés par l'attribution de parts sociales, à la suite d'une augmentation de capital.
- Si l'associé ne réclame pas son dividende dans un délai de cinq ans, il appartient à la SARL (le délai de prescription pour une distribution non périodique – répartition de réserves par exemple – est cependant de 30 ans).

Des **acomptes sur dividendes** peuvent être distribués avant l'approbation des comptes de l'exercice :

- un bilan établi au cours ou à la fin de l'exercice et *certifié par un commissaire aux comptes* doit faire apparaître que la société, depuis la clôture de l'exercice précédent, a réalisé un bénéfice[1] ;
- le montant des acomptes ne peut pas être supérieur au montant de ce bénéfice.
- c'est le gérant qui décide de distribuer un acompte sur dividendes. Il fixe le montant et la date du paiement.

Zoom n° 67

Les dividendes payés aux associés peuvent-ils être remis en cause ?

Les *dividendes* régulièrement distribués et payés sont *définitivement* acquis aux associés qui ne peuvent pas être contraints de les reverser à la société, même si celle-ci subit des pertes par la suite.
Cependant, les associés peuvent être tenus de reverser les dividendes s'ils ne correspondent pas à des bénéfices réellement acquis, *même si les associés sont de bonne foi.* L'action en répétition se prescrit par le délai de trois ans à compter de la mise en distribution des dividendes.

1. Bénéfice après amortissements et provisions, déduction faite, s'il y a lieu, des pertes antérieures ainsi que des sommes à porter en réserve en application de la loi ou des statuts et augmenté du report bénéficiaire.

5.5.2. L'affectation des pertes

La perte de l'exercice est reportée à nouveau ou imputée sur les réserves ou sur le capital. Au niveau fiscal, elle permettra une économie d'impôt sur les sociétés par son imputation sur les bénéfices des exercices futurs, ou passés, de la société (voir page 232).

Imputation sur des réserves : la perte peut être imputée sur les réserves, y compris la réserve légale, puisqu'une réserve a pour objet de faire face à des pertes. Si la réserve utilisée pour imputer la perte a bien supporté l'impôt sur les sociétés, les pertes ainsi compensées demeurent fiscalement déductibles des bénéfices des cinq exercices suivants.

Imputation sur des primes : l'imputation du déficit sur des primes d'émission ou des primes d'apports est possible et permet de bénéficier du report fiscal du déficit.

Imputation sur le capital : l'imputation des pertes sur le capital entraîne une réduction du capital, et doit donc être décidée par une assemblée extraordinaire des associés.

6. La gestion fiscale de la TVA

Les opérations réalisées par une SARL sont imposables à la TVA car elle a la qualité d'assujetti à la TVA. La TVA est un impôt que supporte uniquement le consommateur final. La TVA est donc une taxe totalement neutre pour l'entreprise :

- elle reverse au Trésor la TVA qu'elle encaisse sur ses ventes ;
- elle récupère auprès du Trésor la TVA qu'elle paie sur ses achats.

La récupération s'opère par imputation. L'entreprise fait la soustraction entre la taxe exigible (la TVA sur les ventes) et la taxe déductible (la TVA sur les achats) au titre de chaque mois ou de chaque trimestre :

- si le solde est positif, le montant en est versé au Trésor ;

- si le solde est négatif, il constitue un crédit de TVA qui est reportable sur la TVA des mois suivants jusqu'à épuisement sans limitation de délai. De plus, l'entreprise peut en demander le remboursement.

Quand la TVA sur une vente est exigible, elle doit être reversée au Trésor public. Symétriquement, la TVA supportée par le client peut alors être récupérée. L'exigibilité de la TVA dépend de la nature de l'opération.

Le régime d'imposition à la TVA applicable à l'entreprise dépend de son chiffre d'affaires et de son secteur d'activité comme en matière d'imposition des bénéfices.

6.1. L'exigibilité de la TVA dépend de la nature de l'opération

L'exigibilité de la TVA dépend de la nature de l'opération	
Nature des opérations réalisées	**Date d'exigibilité**
Ventes de marchandises.	**Livraison du bien**. Par simplification, on retient la date de facturation.
Prestations de services et travaux immobiliers.	• **Encaissement** du prix ou des acomptes. • **Facturation** si **option pour** le paiement de la TVA « d'après **les débits** ».
Faut-il opter pour les débits ?	
Quand la TVA est « payée d'après les débits » la date d'exigibilité n'est pas l'encaissement mais la facturation. Ainsi, quand l'entreprise vend un service, la TVA collectée sur la vente est exigible quand la facture est émise et non au moment de l'encaissement. L'autorisation de paiement de la TVA d'après les débits doit obligatoirement être mentionnée sur toutes les factures. En cas d'avances ou d'acomptes, la TVA redevient exigible sur les encaissements : l'entreprise doit alors payer la TVA sur le montant de l'acompte même si l'entreprise a opté pour le paiement d'après les débits. L'autorisation de payer la TVA d'après les débits facilite la gestion des entreprises qui réalisent des ventes et des prestations de services, car toute la TVA est exigible au moment de la facturation quelle que soit la nature de l'opération réalisée. Par contre, elle n'optimise pas la gestion de trésorerie car le paiement de la TVA intervient beaucoup plus rapidement.	

La TVA européenne

La réception ou l'envoi de marchandises à un client installé dans un autre État européen sont soumis à un régime fiscal particulier qui se caractérise notamment par l'exonération des ventes intracommunautaires et l'imposition des acquisitions intracommunautaires.
Lorsqu'une entreprise française envoie des marchandises à un client installé dans un autre État européen, elle réalise une « **livraison intracommunautaire** » qui est n'est pas soumise à la TVA en France, à condition que l'entreprise cliente soit elle aussi soumise à la TVA dans son pays et que le fournisseur français justifie que les biens vendus ont effectivement quitté la France.
L'arrivée en France de marchandises provenant d'un autre pays européen constitue une « **acquisition intracommunautaire** ». Exonérée dans le pays de départ, elle est soumise en France à la TVA (au taux de 19,60 % ou 5,50 % selon les biens). La taxe est due par le client français. Il doit la verser à son centre des impôts au plus tard le 15 du mois suivant celui de la livraison.
Les factures correspondant à des ventes en Europe doivent comporter les mentions générales habituelles, le **numéro d'identification intracommunautaire** à la TVA et la mention « **exonération de TVA**, article 262 *ter-I* du CGI ».
Tous les mois, une déclaration récapitulative appelée « **déclaration d'échanges des biens** » (DEB) doit être envoyée.
Les **prestations de services** suivent un autre régime.

6.2. Les régimes d'imposition à la TVA de la SARL

Les régimes d'imposition à la TVA de la SARL

Les régimes d'imposition dépendent du chiffre d'affaires annuel HT et du secteur d'activité.
Vous pouvez toujours opter pour le régime du seuil supérieur.
Pas de régime auto-entrepreneur et micro-entreprise pour la SARL !

Secteur d'activité	Ventes	Prestations de services et professions libérales
Réel normal	CA annuel HT supérieur à 763 000 €	CA annuel HT supérieur à 230 000 €
Réel simplifié	CA annuel inférieur à 763 000 €	CA annuel inférieur à 230 000 €

6.3. Déclaration et paiement de la TVA

<table>
<tr><th colspan="2">Déclarations et paiement de la TVA

Les modalités de déclaration et de paiement de la TVA varient selon que la SARL relève du régime du réel normal ou du réel simplifié.</th></tr>
<tr><td>Régime du réel normal</td><td>L'entreprise doit adresser tous les mois[1] à l'Administration une déclaration CA 3 détaillant la TVA encaissée au cours du mois écoulé, ainsi que la TVA déductible :
• si le solde est positif, l'entreprise acquitte aussitôt la TVA nette dont elle est redevable[2] ;
• si le solde est négatif, elle dégage un crédit reportable[3] les mois suivants.</td></tr>
<tr><td>Régime du réel simplifié</td><td>L'entreprise calcule la TVA qu'elle doit pour l'année N uniquement au début de l'année N + 1. Cependant, au cours de l'année N elle paie quatre acomptes de TVA calculés sur la TVA due au titre de l'année N-1. Si les acomptes payés en N sont insuffisants par rapport à la TVA due au titre de N, elle paie le complément.

1. Paiement d'acomptes trimestriels
Durant l'année N, l'entreprise paie quatre acomptes trimestriels[4] calculés sur la TVA due au titre de l'année N-1 avant déduction de la TVA sur immobilisations selon l'échéancier suivant.

<table><tr><td>Date d'exigibilité</td><td>Avril</td><td>Juillet</td><td>Octobre</td><td>Décembre</td></tr><tr><td>En % de la base</td><td>25 %</td><td>25 %</td><td>25 %</td><td>20 %</td></tr></table></td></tr>
</table>

.../...

1. La déclaration peut être trimestrielle si les sommes dues annuellement sont inférieures à 1 830 €.
2. La déclaration doit être déposée à la fin de chaque période mensuelle ou trimestrielle entre le 15 et le 19 du mois suivant, selon l'ordre alphabétique (première lettre du nom de l'exploitant). Le paiement doit être effectué lors du dépôt de la déclaration. Un paiement différé est possible grâce aux obligations cautionnées.
3. Quand une entreprise se trouve en situation de crédit de taxe, elle peut en demander le remboursement le 31 décembre si le crédit est au moins de 150 € ; en fin de trimestre si le remboursement demandé est au moins de 760 €.
4. Le premier acompte peut être calculé à partir de la TVA due de N-2 si la TVA due de N-1 n'est pas encore connue. Pour les nouveaux redevables, la TVA peut être acquittée par des acomptes dont ils déterminent eux-mêmes le montant, chaque acompte devant toutefois représenter au moins 80 % de la taxe réellement due pour le trimestre précédent. Une modulation des acomptes est possible pour tenir compte de l'évolution réelle du chiffre d'affaires. Le redevable peut se dispenser de nouveaux versements lorsqu'il estime que le total des acomptes déjà versés est égal ou supérieur au montant qui sera finalement dû. Il devra remettre au Trésor public une déclaration datée et signée.

.../...

Régime du réel simplifié	***2. Déclaration annuelle de la TVA*** Au début de l'année N + 1, l'entreprise déclare la TVA collectée et la TVA déductible de l'année N sur un **imprimé CA 12** à adresser à l'Administration au plus tard le 30 avril N + 1. L'entreprise compare alors la TVA due au titre de N et les acomptes provisionnels qu'elle a payés en N. En cas d'insuffisance, le solde est payé au Trésor. L'excédent éventuel constitue un crédit reportable.

6.4. Calcul et déclaration de la TVA au réel normal

Zoom n° 68

Déclaration de TVA en ligne

Sur le site **www.minefi.gouv.fr** vous pouvez déclarer et payer en ligne votre TVA[1] grâce à la procédure **d'échange de formulaires informatisé (EFI)**. La procédure de **l'EDI (échange de données informatisé)** est une procédure de transmission de fichiers. Vous devez alors utiliser les services d'un prestataire spécialisé qui transmettra vos déclarations de TVA pour votre compte. Vous pouvez aussi devenir vous-même partenaire EDI et émettre pour votre compte. Les fichiers transmis respectent la norme technique EDIFACT.

Cas n° 26

Calcul et déclaration de la TVA au réel normal

La SARL Espéranza exerce une activité de distribution à partir de son site Internet. Elle est imposée selon le régime réel. Elle vous communique les informations suivantes pour le mois de mai.

Calculer la TVA due pour le mois de mai et établir la déclaration CA 3.

L'entreprise qui, au titre de l'exercice précédent, a payé moins de 1 000 € de TVA (hors TVA déductible sur immobilisations), est dispensée de verser les 4 acomptes de TVA. Elle peut se contenter de payer, en une seule fois, la TVA due au moment de dépôt de la déclaration annuelle.

1. Si vous n'utilisez pas ces procédures, veillez à bien respecter les dates limites. C'est la date de la réception de la déclaration qui est retenue par l'Administration. Vous devez donc tenir compte des délais normaux d'acheminement du courrier. S'il s'agit du dernier jour, il est plus prudent d'aller déposer la déclaration sur place. Cependant, pour la déclaration personnelle de revenus et la déclaration des résultats adressées par La Poste, c'est la date du cachet qui fait foi.

Les informations complémentaires concernant le mois de mai

Ventes de mai	**HT**
Ventes en France à 19,60 %	80 000
Ventes en France à 5,50 %	20 000
Ventes en Allemagne	10 000
Ventes au Japon	20 000
Camion d'occasion	4 000
Achats de mai	
Ordinateurs	10 000
Achats en France	40 000
Achats en Espagne	8 000
Prestations de services payées	5 000
Crédit de TVA reportable d'avril	1 200

Ce qu'il faut savoir pour établir la déclaration CA 3

- La vente au Japon (hors UE) est une exportation exonérée de TVA.
- La vente en Allemagne (dans l'UE) est une livraison intra-communautaire exonérée de TVA.
- L'achat en Espagne (dans l'UE) est une acquisition intra-communautaire qui est imposable à la TVA. Comme la TVA ne peut pas être payée au moment du dédouanement (il n'y a pas de frontières à l'intérieur de l'UE), l'entreprise collecte la TVA pour le compte de l'État et la déduit immédiatement. La TVA sur acquisitions intra-communautaires se retrouve donc en TVA collectée et TVA déductible.

Calcul de la TVA à payer pour le mois de mai N et établissement de la CA 3

TVA collectée à 19,60 %	**HT**	**TVA**
Ventes en France	80 000	
Cession d'immobilisations	4 000	
Achats intracommunautaires	8 000	
	92 000	**18 032**
TVA collectée à 5,50 %		
Ventes en France	20 000	
	20 000	**1 100**
		19 132

TVA déductible	**HT**	**TVA**
Sur immobilisations	10 000	**1 960**
Sur autres biens et services		
• achats en France	45 000	
• achats intra-communautaires	8 000	
	63 000	**10 388**
Crédit de TVA		**1 200**
		13 548
TVA à payer		**5 584**
Opérations imposables		
Ventes		100 000
Autres opérations imposables		4 000
Acquisitions intra-communautaires		8 000
Opérations non imposables		
Exportations		20 000
Livraisons intra-communautaires		10 000

La déclaration remplie est présentée dans les suppléments Internet. Vous pouvez la remplir sur le site www.impots.gouv.fr

6.5. Calcul et déclaration de la TVA au réel simplifié

Cas n° 27

Calcul et déclaration de la TVA au réel simplifié

La SARL Espéranza exerce une activité de distribution à partir de son site Internet. Elle est imposée selon le régime du réel simplifié. Les acomptes payés en N s'élèvent à 6 000 €. Elle vous communique les informations suivantes pour l'année N.
Calculer la TVA due pour l'année N et établir la déclaration CA 12.
Calculer les acomptes à payer en N + 1.

Les informations complémentaires sont les mêmes que celles du cas n° 26 page 213.

Lire également « Ce qu'il faut savoir pour établir la déclaration » page 214.

Calcul de la TVA à payer pour l'année N et établissement de la CA 12

	HT	TVA
TVA collectée à 19,60 %	**HT**	**TVA**
Ventes en France	80 000	
Achats intra-communautaires	8 000	
	88 000	**17 248**
TVA collectée à 5,50 %		
Ventes en France	20 000	
	20 000	**1 100**
		18 348
TVA déductible sur biens et services	**HT**	**TVA**
• achats en France	45 000	
• achats intra-communautaires	8 000	
	53 000	**9 784**
		8 564
TVA sur immobilisations		**1 960**
TVA due		**6 604**
TVA sur cession d'immobilisation		784
		7 388
Acomptes payés en N		**6 000**
TVA à payer le 30 avril N + 1		**1 388**
Opérations non imposables		
Base des acomptes	8 564	

Date des acomptes	04/N + 1	07/N + 1	10/N + 1	12/N + 1
Montant en %	25 %	25 %	25 %	20 %
Montant en euros	2 141	2 141	2 141	1 712

La déclaration remplie est présentée dans les suppléments Internet. Vous pouvez la remplir sur le site www.impots.gouv.fr

7. La gestion fiscale de l'imposition des bénéfices

7.1. Le régime d'imposition de la SARL

7.1.1. Les modalités d'imposition

Le bénéfice de la SARL est soumis à l'impôt sur les sociétés (IS – régime fiscal des sociétés de capitaux). Cependant, la SARL de famille, la jeune SARL et l'EURL peuvent être imposées à l'impôt sur le revenu (IR – régime fiscal des sociétés de personnes – voir page 231).

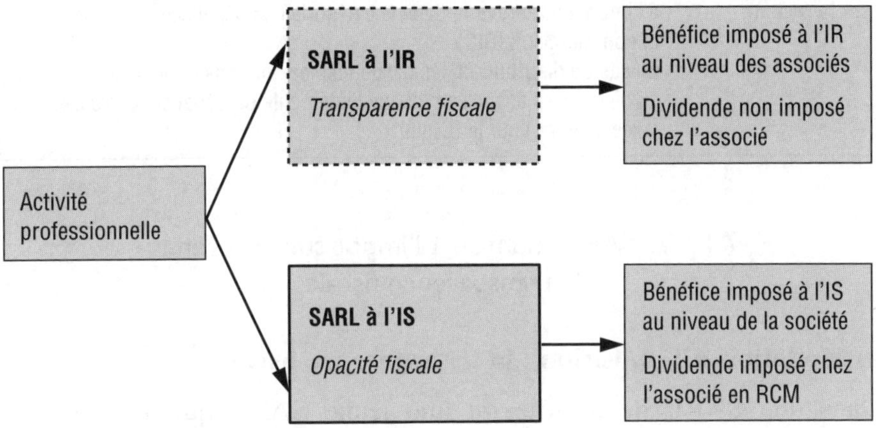

7.1.1.1. SARL soumise à l'impôt sur les sociétés : l'opacité fiscale

Le bénéfice réalisé par la SARL est soumis à l'impôt sur les sociétés au taux de $33^{1/3}$ % ou de 15 % pour une petite SARL. Cependant, les plus-values professionnelles à long terme sur cession de titres de participation sont exonérées d'imposition[1]. Les bénéfices réalisés par la SARL sont imposés quelle que soit leur affectation (mise en réserve, distribution…). Tant que ces bénéfices restent investis dans l'entre-

1. La plus-value nette est à long terme si les titres sont détenus depuis plus de deux ans.

prise, ils ne supportent aucune autre imposition. Lorsque les bénéfices sont distribués, les associés sont imposés sur le dividende encaissé (voir page 243).

Modalités d'imposition du bénéfice de la SARL suivant son régime fiscal		
SARL soumise à...	**Bénéfice de la SARL**	**Dividendes aux associés**
l'impôt sur les sociétés	Le bénéfice est imposé au niveau de la SARL au taux de $33^{1/3}$ % ou de 15 % pour une petite SARL.	Les dividendes sont imposés au niveau des associés dans la catégorie des revenus mobiliers[1]. Un abattement de 40 % permet d'atténuer la double imposition[2].
l'impôt sur le revenu[3]	Le bénéfice est soumis directement au niveau des associés à l'impôt sur le revenu dans la catégorie des bénéfices industriels et commerciaux (BIC). En cas de distribution, les dividendes ne sont pas imposables au niveau des associés puisque l'intégralité du bénéfice a déjà été taxée à l'impôt sur le revenu.	

7.1.1.2. SARL soumise à l'impôt sur le revenu : la transparence fiscale

a) Modalités d'imposition : la transparence fiscale

Dans une SARL de famille ou une jeune SARL qui a opté pour l'impôt sur le revenu, l'associé est soumis à l'impôt sur le revenu sur sa quote-part de bénéfice, majorée de la rémunération qui peut lui être attribuée dans la société au titre de ses fonctions (le bénéfice est soumis à l'impôt sur le revenu dans la catégorie BIC – bénéfices industriels et commerciaux[4] – dans la déclaration d'ensemble des revenus). Il est donc dans la même situation qu'un entrepreneur individuel.

1. Cas d'un associé personne physique.
2. Si l'associé est une société soumise à l'IS, le dividende est imposé à l'IS en tant que produit financier. Dans ce cas, le régime des sociétés mères tend à atténuer la double imposition.
3. SARL de famille ou jeune SARL qui a opté pour l'IR ; EURL qui n'a pas opté pour l'IS.
4. BA (bénéfices agricoles) pour une activité agricole ; BNC (bénéfices non commerciaux) pour une activité libérale.

Les bénéfices sont donc soumis au niveau de l'associé à l'impôt sur le revenu même s'ils ne sont pas distribués : en fait, l'associé est réputé avoir la disposition des bénéfices sociaux dès la clôture de l'exercice, même s'ils sont mis en réserve et réinvestis dans l'entreprise.

Comme un exploitant individuel imposé selon un régime de bénéfice réel, l'associé peut adhérer à un centre de gestion agréé[1]. L'adhésion permet d'éviter une majoration de 25 % de son bénéfice imposable (voir page 292).

Si la SARL distribue des dividendes aux associés, ils ne sont pas imposés car ils correspondent à des bénéfices qui ont déjà été soumis chez l'associé à l'impôt sur le revenu.

b) SARL de famille qui opte pour l'IR

La SARL peut opter pour l'impôt sur le revenu (régime fiscal des sociétés de personnes) si elle exerce une **activité industrielle, commerciale, artisanale ou agricole** et si elle a un **caractère familial** (SARL formée uniquement entre personnes parentes en ligne directe, ou entre frères et sœurs, ainsi que les conjoints). La société peut comprendre soit des parents en ligne directe, soit des frères et sœurs, soit des conjoints ou simultanément des membres de l'un et l'autre de ces groupes. Mais chacun des associés doit être directement uni aux autres soit par des liens de parenté directe ou collatérale jusqu'au deuxième degré, soit par le mariage. Ainsi, **la SARL ne peut pas bénéficier du régime des sociétés de personnes si elle est constituée entre deux frères et le fils de l'un d'eux, ou entre deux beaux-frères**. Les activités libérales sont donc exclues.

La SARL qui désire opter pour l'IR à compter d'un exercice déterminé doit notifier son option avant la date d'ouverture de cet exercice au service des impôts auprès duquel doit être souscrite la déclaration des résultats. La notification doit être signée par tous les associés. La SARL peut révoquer l'option ; elle est alors soumise au régime fiscal des sociétés de capitaux. Elle n'a plus le droit d'opter à nouveau. L'option cesse ses effets si la SARL perd son caractère familial.

1. Association agréée de gestion (AAG) pour une activité BNC. Les Associations de gestion comptabilité (AGC) inscrites à l'Ordre des experts-comptables **peuvent tenir la comptabilité** des entreprises.

c) Jeune SARL qui opte pour l'IR

Une jeune et petite SARL peut opter pour l'impôt sur le revenu (IR) pour une durée de cinq exercices (CGI art 239 bis AB sur http://www.legifrance.gouv.fr). Le bénéfice de la SARL est alors directement imposé au niveau des associés à l'IR. Cette transparence permet d'imputer les déficits de la SARL pendant le début d'activité sur les autres revenus imposables des associés (salaires, revenus fonciers…) et de réaliser ainsi une **économie d'IR**. De plus, les associés bénéficient quand même de la **réduction d'impôt pour souscription au capital**.

L'option pour l'IR est réservée aux SARL :

- qui emploient moins de 50 salariés et dont le chiffre d'affaires annuel ou le total de bilan est inférieur à 10 M€ ;
- et dont le capital ou les droits de vote sont détenus à hauteur de :
  - 50 % au moins par une ou plusieurs personnes physiques ;
  - 34 % au moins par une ou plusieurs personnes ayant la qualité au sein de la SARL de gérant ;
- qui exerce à titre principal une activité industrielle, commerciale, artisanale, agricole ou libérale, à l'exclusion de la gestion de son propre patrimoine mobilier ou immobilier.

L'option est exercée avec l'accord de tous les associés et notifiée au service des impôts dans les trois premiers mois de l'exercice au titre duquel elle s'applique. L'option est valable pour une période de cinq exercices.

La SARL peut renoncer à l'IR. Cette renonciation doit être notifiée dans les trois premiers mois de la date d'ouverture de l'exercice à compter duquel la renonciation s'applique. La sortie anticipée du régime fiscal de l'IR est définitive : la SARL ne peut plus opter à nouveau pour l'IR.

7.1.2. Les modalités de déclaration

Les résultats de la SARL, qu'elle soit soumise à l'IS ou à l'IR, doivent être déclarés en remplissant une déclaration de résultat dont l'épaisseur varie avec la taille de l'entreprise. Les régimes de déclaration, appelés régimes d'imposition, varient en fonction du volume de chiffre d'affaires et de la nature de l'activité.

Pour l'exercice de création de la SARL, la première déclaration (et le paiement de l'impôt correspondant) porte (en l'absence de bilan au cours de l'année de création) sur la période écoulée depuis le début d'activité jusqu'à la clôture du premier exercice ou, au plus tard, jusqu'au 31 décembre de l'année suivant celle de la création[1].

Les régimes d'imposition et de déclaration de la SARL *Les régimes d'imposition dépendent du chiffre d'affaires annuel HT[2] et de la nature d'activité. Vous pouvez toujours opter pour le régime du seuil supérieur[3].*		
Secteur d'activité	**Ventes[4]**	**Prestations de services et professions libérales**
Réel normal	CA annuel HT supérieur à 763 000 €	CA annuel HT supérieur à 230 000 €
Réel simplifié[5]	CA annuel inférieur à 763 000 €	CA annuel inférieur à 230 000 €

7.2. La comptabilité de la SARL

Une SARL doit tenir une **comptabilité d'engagement car c'est une société commerciale**. Le résultat est déterminé à partir des produits réalisés (*créances acquises*) et des charges supportées (*dettes certaines*). Une vente est comptabilisée en produits dès qu'elle est facturée même

1. Elle n'a donc pas, en l'absence de bilan, à produire une déclaration provisoire pour la première année civile d'activité.
2. Si l'entreprise a commencé son activité en cours d'année, les limites de chiffre d'affaires doivent être ajustées en proportion de la période d'activité effective (sauf pour les entreprises saisonnières). Par exemple, si l'entreprise a réalisé un chiffre d'affaires sur sa période d'activité qui n'a été que de six mois, la limite pour le régime réel normal est de : 763 000 € × 6/12 = 381 500 €.
3. La SARL imposée au réel simplifié peut opter pour le réel normal. Cette option est valable pour le régime d'imposition et la TVA. Elle doit être exercée avant le 1er février de l'année N pour que le régime choisi soit applicable en N. Elle s'applique alors de manière irrévocable pour l'année N et l'année N + 1. Elle se reconduit ensuite tacitement.
4. Le secteur des ventes englobe le secteur industriel, commercial et artisanal, ainsi que les activités d'hôtels, de loueurs en meublé, de cafés et de restaurants.
5. Lorsque l'activité se rattache aux deux catégories d'opérations, le régime simplifié d'imposition est applicable si le chiffre d'affaires total annuel n'excède pas 763 000 € HT ; et si, à l'intérieur de cette limite, le chiffre d'affaires relatif aux opérations relevant du secteur des services ne dépasse pas 230 000 € HT.

si elle n'est pas encaissée. Une facture d'achat est enregistrée en charge même si elle n'est pas payée. Il faut prendre en compte les amortissements et constituer d'éventuelles provisions.

Une EURL imposée à l'IR qui exerce une activité libérale doit tenir une comptabilité d'engagement. Cependant, sa déclaration fiscale (« déclaration contrôlée ») doit être basée sur les encaissements et les décaissements (voir page 231).

7.3. Calcul de l'imposition et établissement des déclarations fiscales de la SARL

7.3.1. SARL soumise à l'impôt sur les sociétés

7.3.1.1. Les étapes à respecter

Étape n° 1. La SARL doit tenir une comptabilité pour déterminer le **résultat comptable** qu'elle a réellement réalisé. Le résultat comptable ainsi déterminé n'est pas nécessairement le résultat imposable. En effet, certaines charges comptabilisées ne sont pas entièrement déductibles alors que des produits comptabilisés ne sont pas imposables ou sont imposés à un taux réduit.

Étape n° 2. À partir du résultat comptable, l'entreprise détermine le **résultat imposable** de son activité et calcule l'impôt sur les sociétés. Il faut corriger le résultat comptable pour déterminer le résultat fiscalement imposable. Ces corrections sont appelées « corrections extra-comptables » car elles sont effectuées en dehors de la comptabilité sur un imprimé fiscal[1] :

- Pour neutraliser les charges qui ne sont pas déductibles, il faut les ajouter au résultat comptable : on dit qu'on procède à une « réintégration extra-comptable » ;
- Pour neutraliser les produits qui ne sont pas imposables, il faut les retrancher du résultat comptable : on dit qu'on procède à une « déduction extra-comptable » ;

1. Pour le réel simplifié : case B de l'imprimé n° 2033-B ; pour le réel normal : imprimé n° 2058-A (voir supplément Internet).

Étape n° 3. L'entreprise remplit la **déclaration fiscale** de son résultat. Cette déclaration doit être déposée dans les trois mois de la clôture de l'exercice[1].

	Réel simplifié	Réel normal
Déclarations à remplir	Imprimé **2065** et ses annexes.	Imprimé **2065** et ses annexes.

Étape n° 4. L'entreprise paie l'IS. L'impôt sur les sociétés est payé sous forme d'acomptes suivis d'un versement complémentaire pour liquider l'impôt exigible.

7.3.1.2. Charges déductibles – Produits imposables

Charges déductibles – Produits imposables

Les points à savoir

Les **dividendes encaissés** par la SARL sont comptabilisés en produits financiers et sont imposables. Cependant, lorsqu'ils sont distribués par une société soumise à l'IS, la SARL peut appliquer le régime des sociétés mères pour éviter une double imposition (voir page 246).
Les **rémunérations**[2] versées par la SARL à son **gérant** sont déductibles, quel que soit leur mode de calcul (traitement fixe ou proportionnel aux bénéfices).
Les indemnités ou allocations forfaitaires pour frais versées au gérant sont assimilées à un supplément de rémunération. Elles sont déductibles du résultat imposable.
Les intérêts des comptes d'associés sont déductibles dans certaines limites (voir page 160).

1. Avant le 30 avril de l'année suivante si aucun exercice n'est clos au cours d'une année. Pour les sociétés qui arrêtent leur exercice le 31 décembre, le délai de déclaration est habituellement reporté au 30 avril, sous la condition du paiement du solde de l'IS le 15 avril au plus tard.
2. Les statuts doivent autoriser la rémunération. Les rémunérations versées doivent correspondre à un travail effectif et leur montant ne doit pas excéder la rétribution normale des fonctions.

7.3.1.3. Comment payer l'impôt sur les sociétés ?

Comment payer l'impôt sur les sociétés ?	
Date	**Modalités de paiement**
Paiement de l'impôt sur les sociétés *L'impôt sur les sociétés est payé sous forme d'acomptes suivis d'un versement complémentaire pour liquider l'impôt exigible.*	
Date de paiement[1] : • 15 mars N • 15 juin N • 15 septembre N • 15 décembre N	**1. Acomptes d'impôt sur les sociétés** Les acomptes sont accompagnés d'un bordereau-avis valable pour tout l'exercice. • 8,1/3 % • 8,1/3 % • 8,1/3 % • 8,1/3 % } du bénéfice réalisé au cours de l'exercice clos le 31/12/N-1[2]
au plus tard 15/04/N + 1[3]	**2. Solde de l'impôt sur les sociétés** Le solde doit être payé spontanément[4].
Contribution sociale de 3,30 % pour les grosses SARL	
La contribution sociale de 3,30 % n'est pas due par les entreprises qui réalisent moins de 7 630 000 € de chiffre d'affaires HT. Contribution = 3,30 % × (IS – 763 000 €).	

Une « petite » SARL peut être imposée à **l'IS au taux de 15 %** pour la partie de son bénéfice fiscal qui ne dépasse pas 38 120 €. Au-delà, l'IS à 331/3 % s'applique. Le capital de la SARL doit être libéré ; son chiffre d'affaires HT ne doit pas dépasser 7 630 000 € ; et son capital doit être détenu à 75 % au moins par des personnes physiques.

1. La première échéance est celle qui est la plus rapprochée du début de l'exercice.
2. Pour le premier acompte, les résultats de l'exercice précédent n'étant par encore connus, le calcul est effectué sur la base de l'avant-dernier exercice (31/12/N-2). La régularisation a lieu ultérieurement lors du versement du deuxième acompte. Les sociétés nouvelles sont dispensées du paiement des acomptes d'IS au titre de leur premier exercice d'activité ou période d'imposition.
3. Au plus tard le 15 du mois suivant celui à la fin duquel expire le délai de dépôt de la déclaration de résultats. Pour un exercice clos le 31 décembre N, date limite de paiement = 15 avril N + 1.
4. L'excédent des acomptes peut être remboursé dans les trente jours du dépôt du bordereau-avis, à moins de l'imputer sur le premier acompte suivant.

Paiement de l'IS

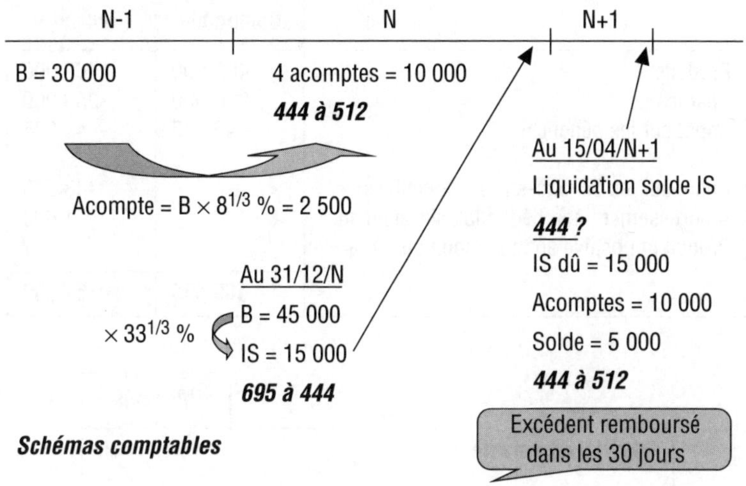

Cas n° 28

Passage du résultat comptable au résultat fiscal

La SARL Héra est imposée au réel simplifié. Pour l'exercice N, les produits qu'elle a comptabilisés s'élèvent à 400 000 € et les charges à 250 000 € (avant comptabilisation de l'IS).
Elle a comptabilisé en charge l'amortissement sur 5 ans d'un véhicule de tourisme acheté en N-1 pour 26 300 € TTC.

Déterminer le résultat fiscalement imposable et remplir l'imprimé fiscal.

L'amortissement sur un véhicule de tourisme n'est déductible que pour la fraction TTC qui ne dépasse pas 18 300 €.

Amortissement comptabilisé	5 260	26 300 × 20 %
Amortissement fiscal	3 660	18 300 × 20 %
Amortissement non déductible	**1 600**	

L'impôt sur les bénéfices est comptabilisé dans les charges. Cependant, cet impôt n'est pas déductible. Il faut donc réintégrer cette charge pour déterminer le bénéfice imposable.

	Résultat	
	Comptable	Fiscal
Produits	400 000	400 000
Charges	– 250 000	– 250 000
Impôt sur les bénéfices	– 43 545	– 43 545
Impôt sur les bénéfices non déductibles		43 545
Amortissement non déductible fiscalement		1 600
Produit imposable au taux réduit de 19 %		/
	106 455	**151 600**

	Montant
Résultat comptable	**106 455**
Corrections extra-comptables	
Réintégrations	
• Amortissement non déductible	1 600
• Impôt non déductible	43 545
Déductions	/
Résultat imposable	**151 600**

Calcul de l'impôt

• IS à 15 %	5 718	38 120 × 15 %
• IS à $33^{1/3}$ %	37 827	(151 600 – 38 120) × $33^{1/3}$ %
	43 545	

7.3.1.4. Cas de synthèse

Cas n° 29

Calcul de l'imposition et établissement de la déclaration fiscale de résultat d'une SARL

Une SARL exploite un nouveau concept de vente d'articles à dominante écologique. La SARL tient la comptabilité de l'entreprise sur un logiciel. La balance suivante est éditée après avoir comptabilisé les écritures d'inventaire. Des informations complémentaires sont également données.

.../...

(Suite cas n° 29)

— .../...

Déterminer le résultat fiscalement imposable et remplir la déclaration fiscale du résultat.

- **Hypothèse 1 : l'entreprise est soumise au régime simplifié d'imposition.**
- **Hypothèse 2 : l'entreprise a opté pour le régime réel d'imposition.**

Balance des comptes au 31/12/N après inventaire (en euros)

Comptes de la comptabilité générale		Soldes	
N°	**Intitulés**	**Débiteur**	**Créditeur**
	Comptes de bilan		
101	Capital		25 000
1061	Réserve légale		2 500
1068	Réserves facultatives		37 500
151	Provisions pour risques		4 000
164	Emprunts		63 000
205	Licence d'exploitation	15 000	
211	Terrains	10 000	
213	Constructions	90 000	
2182	Matériel de transport	20 000	
2183	Matériel et mobilier de bureau	10 000	
261	Titres de participation	50 000	
2751	Dépôts et cautionnements versés	5 000	
2805	Amortissements des licences d'exploitation		12 000
2813	Amortissements des constructions		45 000
28182	Amortissement du matériel de transport		4 000
28183	Amortissements matériel et mobilier de bureau		8 000
371	Stocks de marchandises	20 000	
397	Provisions pour dépréciation des stocks de marchandises		5 000
401	Fournisseurs		40 000
411	Clients	40 000	
416	Clients douteux	10 000	
42	Personnel		8 000
431	Sécurité sociale		7 000
437	Autres organismes sociaux		2 000
444	État, impôt sur les bénéfices		1 960
44551	État, TVA à décaisser		3 000
491	Provision pour dépréciation des comptes clients		9 000

.../...

…/…

503	Valeurs mobilières de placement	6 000	
512	Banque	15 000	
590	Provision pour dépréciation des valeurs mobilières		1 000
		291 000	**277 960**
	Bénéfice comptable		**13 040**
	Comptes de résultat		
607	Achats de marchandises	120 000	
6037	Variation des stocks de marchandises	– 10 000	
611	Sous-traitance	20 000	
612	Redevances de crédit-bail	10 000	
615	Entretien et réparations	9 000	
616	Primes d'assurance	4 000	
622	Honoraires	5 000	
626	Frais postaux et de télécommunication	2 500	
631	Impôts et taxes sur les salaires	1 400	
635	Autres impôts et taxes	7 500	
641	Rémunération du personnel	180 000	
645	Charges de Sécurité sociale	60 000	
661	Intérêts	7 000	
671	Charges exceptionnelles sur opérations de gestion	2 000	
675	Valeur nette comptable sur éléments d'actif cédés	27 000	
6811	Dotations aux amortissements d'exploitation	14 000	
6816	Dotations aux provisions d'exploitation	16 000	
695	Impôt sur les bénéfices	4 960	
707	Ventes de marchandises		420 000
764	Intérêts des valeurs mobilières de placement		400
775	Produits des cessions d'éléments d'actif		73 000
		480 360	**493 400**
	Bénéfice comptable	**13 040**	

Informations complémentaires concernant l'année N (en euros)

Achat d'immobilisations

Véhicule de transport 21 300 €

Ventes d'immobilisations

	Prix de vente HT	Valeur comptable			Plus-value	
		Prix d'acquisition	Amort. ou provisions	Valeur nette	Court terme[1]	Long terme
Constructions	45 000	30 000	18 000	12 000	33 000	
Voiture	8 000	15 000	8 000	7 000	1 000	
Titres de participation	20 000	8 000		8 000		12 000
	73 000	**53 000**	**26 000**	**27 000**	**34 000**	**12 000**

Dotations aux amortissements et aux provisions

Amortissements	
Licences d'exploitation	2 000
Constructions	6 000
Matériel de transport	4 000
Matériel de bureau	2 000
	14 000

Provisions	
Risque de litige	3 000
Dépréciation clients	8 000
Dépréciation stocks	5 000
	16 000

Autres renseignements

Le matériel de transport comprend une voiture de tourisme achetée en N pour 21 300 € et amortie sur 5 ans.

Les charges non déductibles (amendes, cadeaux non justifiés, provisions non admises fiscalement…) s'élèvent à 13 465 €.

L'emprunt sera remboursé à partir de N + 2.

Étape n° 1 : L'entreprise détermine son résultat comptable

À partir de la balance des comptes généraux :

Produits	493 400
Charges	– 480 360
Résultat comptable	**13 040**

1. Pour l'analyse, voir page 47.

Étape n° 2 : L'entreprise détermine son résultat imposable, calcule l'IS et remplit sa déclaration fiscale

Passage du résultat comptable au résultat fiscal	Voir page	Euros	Imprimé fiscal	
			n° 2033-B Réel simplifié	n° 2058-A Réel normal
Résultat comptable		**13 040**	**312**	**WA**
Corrections à apporter au résultat comptable				
À ajouter (« Réintégrations »)				
Impôt sur les bénéfices	226	4 960	324	WK
Amortissement sur véhicule de tourisme non déductible[1]	225	1 600	318	WE
Charges non déductibles		13 465	330	WQ
		20 025		**WR**
À retrancher (« Déductions »)				
Plus-value à long terme imposée à 19 %[1]	225	/	350	WV
Résultat imposable		**33 065**	**352**	**XH**

Calcul de l'impôt

• Impôt sur les sociétés à 15 %	4 960	*33 065 × 15 %*
• Impôt sur les sociétés à $33^{1/3}$ %		*non applicable*
	4 960	

La déclaration remplie est présentée dans les suppléments Internet. Vous pouvez la remplir sur le site www.impots.gouv.fr

1. Pour des explications sur ces corrections fiscales, voir le cas précédent.

7.3.2. SARL de famille soumise à l'impôt sur le revenu

Étapes n°s 1, 2 et 3. La SARL détermine son résultat comptable (étape n° 1 – voir page 222), puis son résultat imposable[1] (étape n° 2 – voir page 222) et remplit la déclaration fiscale de son résultat[2] (étape n° 3 – voir page 223).

Étape n° 4. Le résultat imposable de la SARL est réparti entre les associés. Chaque associé ajoute à son revenu global imposable la quote-part de bénéfice qui lui revient dans la SARL dans la catégorie des « bénéfices industriels et commerciaux » (BIC)[3]. L'associé paie l'impôt sur le revenu en fonction de son revenu imposable (+ quote-part de bénéfices dans la SARL + salaires + …). Si la SARL réalise un déficit, ce déficit sera réparti entre les associés. L'adhésion de l'associé à un centre de gestion agréé lui permet d'éviter la majoration de 25 % de sa quote-part de bénéfice imposable.

Cas n° 30

Calcul de l'imposition et établissement de la déclaration fiscale de résultat d'une SARL de famille

Deux sœurs, Roxane et Marion, ont constitué une SARL qui a opté pour l'impôt sur le revenu. Roxane qui détient 60 % des parts sociales assure la gestion de la SARL. Des informations complémentaires vous sont données.
Déterminer la quote-part de résultat imposable de chaque associé et remplir la déclaration de résultat n° 2031.

Informations complémentaires (en euros)	
Résultat comptable	180 000
Rémunération du gérant	60 000
Intérêts excédentaires des comptes courants	2 000
• Roxane	1 000
• Marion	

1. Elle applique les règles BIC si l'activité est industrielle, commerciale ou artisanale ; les règles BNC (résultat imposable = produits encaissés – charges décaissées) si l'activité est libérale.
2. Imprimé n° 2031 au lieu de l'imprimé n° 2065.
3. « BNC » si l'activité est libérale ; « BA » Si l'activité est agricole.

Étape n° 1 : Détermination du résultat imposable de chaque associé

Détermination du résultat imposable	SARL	Quote-part des associés	
		Roxane	Marion
Pourcentage de participation		**60 %**	**40 %**
Répartition du résultat comptable Rémunérations spécifiques aux associés • Rémunérations • Intérêts excédentaires	180 000 60 000 3 000	108 000 60 000 2 000	72 000 1 000
Total	**243 000**	**170 000**	**73 000**

Étape n° 2 : Déclaration de résultat n° 2031.
La déclaration remplie est présentée dans les suppléments Internet. Vous pouvez la remplir sur le site www.impots.gouv.fr

7.4. La gestion des déficits

Si la SARL réalise un déficit, elle peut le reporter sur ses bénéfices en avant ou en arrière.

7.4.1. Le report en avant du déficit

Le report en avant s'effectue sur les bénéfices des exercices suivants **sans limitation de durée**. L'imputation du déficit doit se faire sur les premiers bénéfices imposables au taux normal des exercices suivants.

7.4.2. Le report en arrière du déficit

Le report en arrière du déficit permet d'imputer le déficit à la clôture d'un exercice sur les bénéfices des 3 exercices précédents[1]. Cette

1. L'option pour le report en arrière fait l'objet d'une déclaration spéciale (n° 2039) jointe à la déclaration de résultats.

imputation donne naissance à une créance sur le Trésor correspondant à l'excédent d'impôt antérieurement versé.

La créance sur le Trésor est égale au produit du déficit imputé par le taux normal de l'IS applicable à l'exercice déficitaire. Le déficit est imputé sur les bénéfices taxés à l'IS au taux de droit commun[1] des 3 exercices précédents, en commençant par le plus ancien.

La créance est utilisée dans un délai de 5 ans au paiement de l'impôt sur les sociétés dû au taux normal ou au taux réduit. La créance est remboursée au terme de ce délai de 5 ans si elle n'a pas pu être utilisée. La créance peut aussi être mobilisée auprès d'un établissement de crédit en application de la loi Dailly.

Le report en arrière des déficits

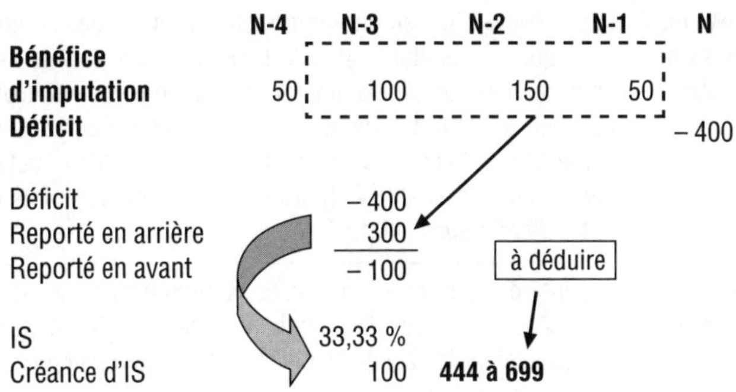

Zoom n° 69

Gestion du déficit dans une SARL ou une EURL soumise à l'impôt sur le revenu

Dans une SARL soumise à l'impôt sur le revenu, le déficit est réparti entre les associés. Chaque associé impute sa quote-part de déficit sur l'ensemble de ses revenus (salaires, dividendes…). Si ces revenus ne sont pas suffisants pour éponger ce déficit, le reliquat de déficit pourra s'imputer pendant les six années suivantes sur l'ensemble des revenus du contribuable. Au-delà, il sera perdu.

---

1. Sont exclus de l'imputation les distributions, les plus-values à long terme et les bénéfices totalement ou partiellement exonérés.

7.5. Les aides fiscales

Zoom n° 70

Pour obtenir des informations actualisées sur les aides fiscales

Sur le site **www.apce.com** en suivant le *chemin d'accès* : Créer une entreprise, Toutes les étapes, les aides, **principales aides fiscales, Jeune entreprise innovante (JEI)**.

Les aides fiscales	
Taux d'IS à 15 %	Les SARL qui réalisent moins de 7 630 000 € de chiffre d'affaires HT sont imposées à l'IS au taux de 15 % dans la limite de 38 120 € de bénéfice (voir page 231).
Réduction d'IR pour les souscriptions au capital de la SARL	Les souscriptions en numéraire effectuées par des personnes physiques au capital d'une SARL exerçant une activité industrielle, commerciale, artisanale, libérale ou agricole ouvrent droit pour l'associé à une réduction d'impôt sur le revenu de 25 % des versements effectués dans la limite d'un plafond annuel de versements de 20 000 € (personne seule) ou 40 000 € (couple). *Art. 199 terdecies OA du CGI.*
Déduction des intérêts d'emprunt pour les souscriptions au capital de la SARL	Les intérêts d'emprunt pour la souscription au capital de SARL nouvelles soumises à l'IS à taux plein peuvent être déduits du revenu imposable par les associés percevant une rémunération de la société (dirigeants, salariés). Le montant maximal déductible est plafonné à 50 % du montant brut de la rémunération de l'emprunteur versée par la société dans la limite de 15 250 €. Cette mesure n'est pas cumulable avec la précédente. *Art. 83-2 quater du CGI.*
Prélèvement libératoire	Les intérêts de comptes courants d'associés peuvent être imposés au taux de 18 % (prélèvement libératoire) au lieu d'être imposés au taux marginal d'imposition de l'associé (TMI) qui peut atteindre 40 % (voir page 160).
Déduction des pertes en capital	Les associés qui ont souscrit en numéraire au capital d'une société nouvelle (SARL…) ou à une augmentation de capital réalisée par une société dans le cadre d'un redressement judiciaire, peuvent déduire les pertes en capital subies dans la limite annuelle de 6 000 € pour un couple marié et 3000 € pour les autres contribuables. *Art. 163 octodecies A du CGI.*

…/…

.../...

Réduction d'impôt de 60 % des dons	Les entreprises (notamment les SARL) bénéficient d'une réduction d'impôt de 60 % du montant des dons versés aux organismes agréés dont l'objet exclusif est de verser aux petites et moyennes entreprises des aides financières permettant la réalisation d'investissements ou de leur fournir des prestations d'accompagnement. Les dons sont plafonnés à 5 % du chiffre d'affaires HT.

7.6. Les aides inter-entreprises

La solidarité financière entre sociétés appartenant à un même groupe justifie qu'une société mère vienne au secours d'une filiale en difficulté. Elle peut conforter le crédit de sa filiale en se portant caution (voir page 163). Elle peut consentir à sa filiale une avance. Elle peut contribuer au désendettement de la filiale en lui accordant des subventions ou des abandons de créances qui sont justifiés par le souci d'aider une filiale qui connaît des difficultés passagères. L'abandon de créance peut être qualifié d'abandon à caractère commercial ou à caractère financier.

Zoom n° 71

Abandon de créance ou augmentation de capital pour aider une filiale en difficulté ?

Si une filiale a des difficultés financières, il vaut mieux lui consentir un abandon de créance ou une subvention plutôt que de la recapitaliser (augmentation de capital) ou de lui consentir une avance car l'augmentation de capital ou l'avance à la filiale n'est pas déductible. En revanche, les abandons de créances ou les subventions qui se traduisent par une diminution de l'actif net sont, en principe, fiscalement déductibles et permettent ainsi une économie d'impôt.

7.6.1. L'abandon de créance à caractère commercial

L'abandon de créance présente un caractère commercial lorsqu'il est justifié par les relations d'affaires qui unissent les deux partenaires : une filiale qui commercialise les produits fabriqués par la société mère.

L'abandon de créance à caractère commercial est déductible pour la société qui consent l'abandon et imposable pour le bénéficiaire.

7.6.2. L'abandon de créance à caractère financier

L'abandon de créance à caractère financier est justifié par le lien financier entre la mère et la filiale (participation de la mère au capital de la filiale). Le régime fiscal des abandons de créances est moins avantageux.

- Tant que la situation nette de la filiale demeure négative, l'abandon est déductible pour la mère et imposable pour la filiale.
- Dès que la situation nette de la filiale devient positive,
  - l'abandon de créance n'est plus déductible pour la mère car il y a augmentation correspondante de la valeur réelle des titres détenus par la société mère qui ne s'appauvrit donc pas. L'opération est assimilée à un apport en société,
  - l'abandon n'est pas imposable chez la filiale si elle prend l'engagement d'augmenter son capital dans les deux ans pour un montant égal à l'aide qui lui a été consentie.

Cas n° 31

Abandon de créance à caractère financier

Une société mère abandonne un prêt de 400 000 € à sa fille qui connaît des difficultés financières. La mère détient une participation de 40 % dans le capital de la fille. La situation nette de la fille avant abandon est négative de 300 000 €.

L'abandon de créance est à caractère financier car il est justifié uniquement par le lien financier entre la mère et la filiale. De plus, la créance est de nature financière.

	Avant abandon de créance	Abandon de créance	Après abandon de créance
Situation nette de la filiale % de participation de la mère	– 300 000 € 40 %	400 000 €	100 000 € 40 %
Quote-part de situation nette détenue par la mère	– 120 000 €		40 000 €
Valeur des titres détenus par la mère	0 €		40 000 €
Augmentation de la valeur de la participation **Abandon de créance fiscalement déductible**			40 000 € **360 000 €**

7.7. Les transactions intra-groupe

7.7.1. Les transactions intra-groupe avec des sociétés françaises

Des sociétés composant un même groupe réalisent entre elles des transactions (achats, ventes…) appelées transactions intra-groupe. En principe, les transactions intra-groupe doivent être conclues aux conditions du marché. En effet, l'une des sociétés contractantes ne doit pas être avantagée et l'autre pénalisée. Ainsi, en cas d'avance financière, un intérêt normal doit être stipulé. À défaut, il y a acte anormal de gestion avec double imposition : imposition du gain anormal réalisé par la société avantagée, et non-déduction de la perte subie par l'autre société.

Cependant, pour les transactions courantes portant sur des services (facturation d'une prestation de services) ou des stocks (facturation de marchandises), la société mère peut les facturer à prix coûtant, sans marge bénéficiaire, à des filiales dont elle possède l'essentiel du capital.

Zoom n° 72

Transactions intra-groupe courantes

Lorsque la société mère prend en charge un certain nombre de tâches fonctionnelles (organisation générale, tenue de comptabilité, recherche, publicité…), elle doit facturer à chacune des filiales une quote-part du coût de ces services. Ces services peuvent être facturés à leur coût de revient et non au prix du marché.

7.7.2. Les transferts indirects de bénéfices à l'étranger

Si une SARL est sous la dépendance ou possède le contrôle d'une entreprise située hors de France, les avantages consentis[1] à cette entreprise sont inclus dans le bénéfice imposable de la SARL car ils correspondent à un transfert de bénéfices. Cependant, si la SARL prouve que

1. Majorations ou diminutions du prix d'achat ou de vente, versement de redevances excessives ou sans contrepartie, octroi de prêts sans intérêts ou à un taux réduit, abandons de créances…

ces avantages correspondent à des nécessités commerciales réelles ou sont consentis dans son intérêt, ces avantages ne sont pas imposés car ils constituent un acte normal de gestion.

La procédure « d'accord préalable » permet aux entreprises d'obtenir l'accord de l'administration fiscale sur la méthode de fixation de leurs prix de transfert pour les futures transactions intra-groupe et d'éviter ainsi un redressement fiscal.

8.1. L'intégration fiscale

7.8.1. Les modalités de fonctionnement

Une société mère, dite « tête de groupe », peut se constituer seule redevable de l'impôt sur les sociétés (ainsi que de l'IFA) à raison du résultat d'ensemble qu'elle forme avec les sociétés dont elle détient, directement ou indirectement, 95 % au moins du capital et de manière continue au cours d'un exercice.

La société mère tête de groupe doit être française et soumise à l'impôt sur les sociétés dans les conditions de droit commun. Par ailleurs, son capital ne doit pas être détenu, directement ou indirectement, à plus de 95 % par une autre personne morale passible de l'IS. Mais il peut être détenu par une ou plusieurs sociétés françaises si aucune ne détient 95 % et, même à plus de 95 %, par une personne morale étrangère.

7.8.2. Avantages et inconvénients

Les avantages de ce régime sont de permettre de compenser les résultats positifs et négatifs des différentes sociétés du groupe[1] et de neutraliser

1. Les résultats positifs et négatifs des différentes sociétés du groupe sont immédiatement compensés permettant ainsi une économie d'IS immédiate. Les déficits et les avoirs fiscaux d'une filiale risquent moins d'être perdus car ils sont imputés sur le résultat d'ensemble du groupe.

les opérations internes au groupe[1]. Comme le bénéfice de la filiale remonte vers la société tête de groupe, ces bénéfices sont immédiatement disponibles pour la mère sans imposition.

Le régime d'intégration présente des inconvénients. Son champ d'application est assez restreint, en raison du taux de participation de 95 % au moins exigé de la société mère dans le capital des filiales. Les modalités complexes de ce régime et l'obligation d'un suivi précis des opérations intra-groupe peuvent alourdir la gestion. De plus, certains ajustements du résultat peuvent être remis en cause si les sociétés concernées sortent du groupe.

Zoom n° 73

Intégration fiscale

L'intégration fiscale facilite le fonctionnement des groupes de sociétés en permettant de calculer un résultat global et de neutraliser les opérations intra-groupe. Cependant, sa lourdeur peut inciter à recourir à d'autres procédés tels que la constitution de filiales sous la forme de sociétés de personnes ou le régime fiscal des sociétés mères filles.

8. La gestion fiscale de l'ISF

L'impôt de solidarité sur la fortune s'applique si la fortune du contribuable dépasse 790 000 €. En principe, tous les biens sont soumis à l'ISF. Cependant, il existe des biens qui sont exonérés de façon expresse. Ce sont essentiellement les biens professionnels. Les biens professionnels sont les biens qui sont affectés à l'exercice d'une activité professionnelle.

1. Les doubles impositions inhérentes aux opérations internes aux groupes sont éliminées. Les ajustements les plus importants concernent les abandons de créances, les subventions internes au groupe, les cessions d'immobilisations ou de titres au sein du groupe et les provisions intra-groupe.

Pour les parts sociales détenues dans la SARL, l'associé peut bénéficier de l'exonération attachée à l'outil de travail s'il est dirigeant de la SARL, s'il détient au moins 25 % de son capital et si la rémunération versée par la SARL représente au moins la moitié de ses revenus.

Les parts sociales de la SARL sont exonérées d'ISF si elles représentent l'outil de travail de l'associé L'associé doit être ...	
1. dirigeant	L'associé est considéré comme dirigeant de la SARL s'il est gérant[1].
2. bien payé	La rémunération versée par la SARL doit représenter plus de la moitié des revenus nets professionnels de l'associé pour l'année précédant celle de l'imposition à l'ISF. En cas d'exercice simultané de fonctions de direction et de fonctions techniques dans la société, l'ensemble des rémunérations est pris en compte.
3. et capitaliste	• Le dirigeant doit posséder au moins 25 %[2] des droits financiers et des droits de vote de la SARL. • À défaut, la valeur brute des parts sociales de la SARL doit dépasser 50 %[2] de la valeur brute du patrimoine taxable à l'ISF, y compris les parts sociales de la SARL.

Si les parts sociales ne sont pas exonérées d'ISF en tant que bien professionnel, la **moitié de leur valeur** est exonérée d'ISF si les parts sociales ont fait l'objet d'un **engagement collectif de conservation d'une durée minimale de six ans**. L'activité exercée par la SARL doit être industrielle, commerciale, artisanale, agricole ou libérale. La SARL peut être soumise à l'IS ou à l'IR. L'engagement collectif doit porter sur au moins 34 % des parts sociales.

1. Les parts sociales sont exonérées d'ISF même si elles appartiennent à un membre du foyer fiscal autre que celui qui exerce la fonction de gérant dans la SARL.
2. Pour apprécier ces seuils, voir cas n° 33, page 241. Pour la détermination du seuil de 25 %, il peut être tenu compte de la participation détenue directement par le redevable et les membres de son groupe familial au sens large (son conjoint ou concubin notoire, ses ascendants, descendants, frères et sœurs, les ascendants, descendants, frères et sœurs de son conjoint ou concubin notoire) et de la participation que ces mêmes personnes détiennent par l'intermédiaire d'une autre société possédant une participation dans la société où s'exercent les fonctions, dans la limite d'un seul niveau d'interposition, ce qui exclut les sous-filiales.

Cas n° 32

Parts sociales de SARL et outil de travail

Un associé redevable de l'ISF remplit toutes les conditions pour que ses parts sociales soient exonérées d'ISF en tant que biens professionnels. Ses parts sociales sont valorisées à 100 000 €. La société est évaluée à 5 000 000 €. Son patrimoine comprend un immeuble conservé dans un but spéculatif et valorisé à 500 000 €.

La valeur des parts sociales est exonérée en tant que biens professionnels dans la mesure où elle correspond à l'actif professionnel de la société. Les biens de la société sont considérés comme biens professionnels s'ils ont un lien de causalité directe suffisant avec l'exploitation et s'ils sont utilisés effectivement pour les besoins de l'activité professionnelle.

$$\textbf{Valeur des parts sociales exonérée d'ISF} = \text{Valeur des parts sociales} \times \frac{\text{Valeur de l'actif professionnel de la société}}{\text{Valeur du patrimoine de la société}}$$

$$\textbf{90 000 €} = 100\,000\text{ €} \times \frac{4\,500\,000\text{ €}}{5\,000\,000\text{ €}}$$

Cas n° 33

Le dirigeant doit posséder au moins 25 % du capital de la SARL

Un associé redevable de l'ISF remplit toutes les conditions pour que ses parts sociales dans la SARL Fintan soient exonérées d'ISF en tant que biens professionnels. L'associé détient 10 % de Fintan et 40 % d'une société Maou qui détient 30 % de Fintan. Son fils détient 5 % de Fintan.

Le taux de participation de l'associé dans Fintan est de :

Détention directe	10 %
Détention indirecte par Maou	12 %
Détention par le fils	5 %
	27 %

Les parts sociales détenues par l'associé sont exonérées d'ISF.

Zoom n° 74

ISF et SARL ou EURL imposée à l'IR

Pour une SARL qui a opté pour l'IR ou une EURL imposée à l'IR, les parts sociales sont considérées comme un élément d'actif affecté à l'exercice de la profession. Pour l'associé qui exerce son activité principale dans la société, ses parts sociales sont exonérées d'ISF quel que soit son pourcentage de participation dans la société.

9. La gestion fiscale de la distribution des bénéfices

Dans une SARL, les bénéfices distribués subissent une double imposition.

1. Le bénéfice est d'abord soumis à l'impôt sur les sociétés au taux de $33^{1/3}$ % au niveau de la SARL.
2. Le bénéfice distribué (dividende) est ensuite soumis au niveau de l'associé :
   - à l'impôt sur le revenu dans la catégorie des revenus de capitaux mobiliers si l'associé est une personne physique ou une société imposée à l'IR (SNC...)[1] ;
   - ou à l'IS en tant que produit financier si l'associé est une société soumise à l'IS.

Cependant, l'abattement de 40 % et le régime des sociétés mères et filiales tendent à atténuer la double imposition.

De plus, la distribution des bénéfices aux associés peut mettre à la charge de la SARL la **retenue à la source** de 25 % si le bénéficiaire du dividende a son domicile (personne physique) ou son siège (personne morale) hors de France (sauf conventions fiscales internationales).

1. L'associé de la SNC déclare sa quote-part de dividendes à l'IR dans la catégorie des revenus de capitaux mobiliers.

9.1. Imposition des dividendes

Le dividende distribué par la SARL ouvre droit à un abattement égal à 40 % des sommes distribuées si l'associé est une personne physique ou une société imposée à l'IR. En revanche, si l'associé est une société imposée à l'IS, aucun abattement ne s'applique.

9.1.1. Dividende distribué à un associé personne physique

Sur le dividende encaissé par une personne physique, on applique un abattement de 40 %. Sur ce dividende net, on applique un abattement général de 1 525 € pour un célibataire ou 3 050 € pour un couple. Le dividende est alors soumis à l'impôt sur le revenu au taux marginal de l'associé (le dividende est imposé dans la catégorie des revenus de capitaux mobiliers. Il est ajouté aux autres revenus du contribuable. C'est ce revenu global qui est imposé à l'IR *via* le mécanisme du quotient familial). L'impôt ainsi calculé est minoré d'un crédit d'impôt[1] plafonné annuellement à 115 € pour un célibataire (230 € pour un couple).

L'associé doit également payer les prélèvements sociaux au taux de 12,1 % calculés sur le **dividende brut** avant l'abattement de 40 %.

L'associé peut opter pour le **prélèvement libératoire au taux de 18 %** calculé sur le dividende encaissé.

Si l'associé de la SARL est une SNC[2], c'est l'associé de la SNC qui déclare sa quote-part de dividendes à l'IR dans la catégorie des revenus de capitaux mobiliers.

Cas n° 34

Imposition du dividende distribué par une SARL à un associé personne physique

Un associé marié est soumis à l'impôt sur le revenu au taux marginal de 40 %. Il perçoit un dividende de 100 000 € payé par une SARL.

1. Le crédit d'impôt est égal à 40 % du montant des dividendes avant application de l'abattement de 40 % et de l'abattement général annuel de 1 525 € ou 3 050 €.
2. D'une manière générale, une société imposée à l'IR.

a) Régime de droit commun

Dividende perçu	100 000 €
Abattement de 40 %	– 40 000 €
Abattement général	– 3 050 €
Base imposable	56 950 €
Impôt sur le revenu au taux de 40 %	22 780 €
Imputation du crédit d'impôt	– 230 €
Impôt sur le revenu net	**22 550 €**
Prélèvements sociaux	
• Base	100 000 €
• CSG + CRDS + PS au taux de 12,1 %	**12 100 €**
Imposition globale	**34 650 €**
	34 %

b) Option prélèvement libératoire

Dividende encaissé	100 000 €
Prélèvement libératoire de 18 %	18 000 €
Prélèvements sociaux de 12,1 %	12 100 €
Imposition globale	**30 100 €**
	30 %

Zoom n° 75

Jouer sur les distributions de dividendes pour minorer l'impôt sur le revenu

Le dividende distribué à un associé personne physique est ajouté à ses autres revenus. Son revenu global est imposé à l'impôt sur le revenu qui est progressif (barème par tranche). Le dividende est donc imposé au taux marginal d'imposition (TMI) du contribuable. Le contribuable peut avoir des revenus annuels qui fluctuent beaucoup, notamment s'il exerce une activité indépendante. Si l'année N, les revenus du contribuable sont faibles, il aura intérêt à distribuer le maximum de dividendes pour qu'ils soient imposés à un TMI relativement faible. Si la SARL a des problèmes de trésorerie, elle n'est pas obligée de décaisser le dividende : elle peut se contenter de l'inscrire en compte courant (l'inscription en compte courant vaut paiement).

*Sur le site **www.minefi.gouv.fr**, vous pouvez faire des simulations de calcul d'IR.*

9.1.2. Dividende distribué à une société imposée à l'IS

Le montant net du dividende est comptabilisé en produits financiers. L'IS est calculé sur ce montant net. La société n'a pas à payer les différents prélèvements sociaux qui s'appliquent uniquement aux personnes physiques.

Cas n° 35

Imposition du dividende distribué par une SARL à une société soumise à l'IS

Une SAS est associée d'une SARL. La SARL verse à la SAS un dividende de 100 000 €.

Dividende comptabilisé en produits financiers	100 000 €
Résultat imposable à l'IS	100 000 €
IS à $33^{1/3}$ %	**33 333 €**

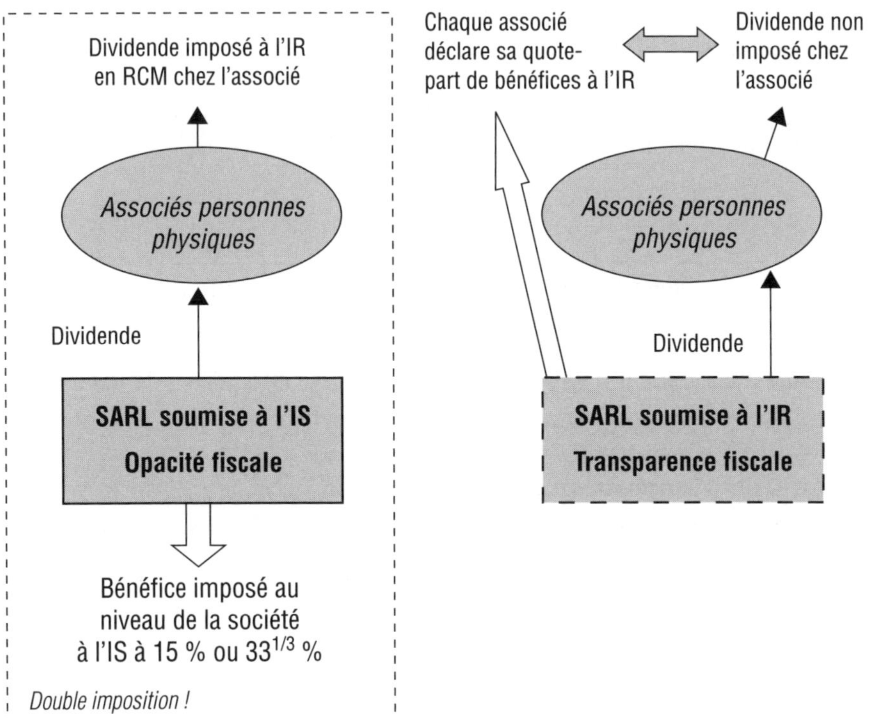

9.1.3. Dividende distribué par une SARL imposée à l'IR

Une SARL soumise à l'impôt sur le revenu est « transparente » fiscalement. Le bénéfice qu'elle réalise n'est pas imposé à son niveau mais remonte directement au niveau des associés. Chaque associé déclare à l'impôt sur le revenu dans la catégorie BIC[1] sa quote-part de bénéfices dans la SARL.

Quand la SARL distribue des dividendes à ses associés, ces dividendes ne sont pas imposables chez l'associé car ils correspondent à des bénéfices qui ont déjà été imposés.

9.2. Le régime des sociétés mères et filiales

Une filiale à l'IS distribue un dividende à sa société mère imposée à l'IS. Le dividende est prélevé sur le bénéfice de la filiale qui a déjà supporté l'IS. Le dividende encaissé par la mère est comptabilisé en produits financiers. Il va donc être imposé deux fois à l'IS. Pour éviter cette double imposition, la société mère peut appliquer le régime des sociétés mères et filiales.

Pour bénéficier du régime des société mères et filiales, la société mère doit détenir au moins 5 % du capital de la filiale[2].

Cas n° 36

Imposition du dividende distribué par une SARL à une société soumise à l'IS

Une SAS est associée d'une SARL. La SARL verse à la SAS un dividende de 100 000 €.

Mécanisme d'imposition. Quand la société mère applique le régime mères et filiales, le dividende n'est pas imposé à l'IS. Le dividende

1. BNC pour une activité libérale ; BA pour une activité agricole.
2. Les titres doivent avoir été souscrits à l'émission ou, à défaut, avoir fait l'objet d'un engagement pris par la société de les conserver pendant deux ans au moins.

comptabilisé en produits financiers est déduit[1] sur le plan fiscal pour ne pas être inclus dans le résultat imposable à l'IS. En revanche, la société doit réintégrer une quote-part de frais et charges fixée à 5 % du dividende. La société n'a pas à payer les différents prélèvements sociaux qui s'appliquent uniquement aux personnes physiques.

Dividende comptabilisé en produits financiers	100 000 €
Bénéfice comptable	**100 000 €**
Déduction extra-comptable du dividende	– 100 000 €
Réintégration d'une quote-part pour frais et charges	5 000 €
Résultat imposable	5 000 €
IS à $33^{1/3}$ %	1 667 €

9.3. La retenue à la source

La distribution de dividendes à des non-résidents (associés qui n'ont pas leur domicile fiscal ou leur siège en France) est soumise à la **retenue à la source**. C'est l'établissement payeur qui doit opérer cette retenue (il est fait interdiction à la société de prendre la retenue à sa charge).

La retenue est calculée au taux de 25 %, sauf application des conventions internationales. Elle doit être acquittée à la recette des impôts au plus tard le 15 du mois suivant l'expiration du mois au cours duquel les dividendes ont été payés. L'entreprise doit utiliser la liasse 2777.

Les dividendes de source française versés à des personnes qui n'ont pas leur domicile fiscal ou leur siège en France et qui ouvrent droit au transfert de l'avoir fiscal en vertu d'une convention internationale, en vue d'éviter les doubles impositions peuvent ne supporter, lors de leur mise en paiement, que la retenue à la source au taux réduit de 15 % prévu par la convention.

1. Le dividende est déduit extra-comptablement (voir page 222).

10. L'imposition des plus-values

10.1. Imposition des plues-values de cession

10.1.1. SARL soumise à l'IS

Si la **SARL** est **soumise à l'IS**, les plus-values réalisées lors de la cession d'une immobilisation (construction, machine…) sont qualifiées de plus-values à court terme imposées au taux de droit commun de $33^{1/3}$ % ou de 15 % si la SARL bénéficie du taux réduit.

Les plus-values sur cession de titres de participation détenus depuis plus de deux ans sont qualifiées de plus-values à long terme exonérées d'imposition à hauteur de 95 %.

Qualification des plus-values de cession pour une SARL soumise à l'IS

La plus-value ou la moins-value est à court terme ou à long terme en fonction de la durée de détention et de la nature du bien.

Nature du bien	Bien détenu depuis	
	Moins de 2 ans	**Plus de 2 ans**
Immobilisations	Court terme	
Titres de participation	Simple produit (ou charge) financier	Long terme

10.1.2. SARL imposée à l'IR

Si la SARL est soumise à l'IR (SARL de famille ou EURL), les plus-values de cession d'immobilisations ou de titres de participation sont qualifiées de plus-value à court terme ou à long terme. Le régime fiscal est différent selon que la plus-value ou la moins-value est à court terme ou à long terme.

Qualification des plus-values de cession pour une SARL soumise à l'IR *La plus-value ou la moins-value est à court terme ou à long terme en fonction de la durée de détention et de la nature du bien.*				
Nature du bien	**Bien détenu depuis**			
	Moins de 2 ans		**Plus de 2 ans**	
	Plus-value	**Moins-value**	**Plus-value**	**Moins-value**
Non amortissable	Court terme	Court terme	Long terme	Long terme
Amortissable	Court terme	Court terme	• À court terme à hauteur des amortissements • À long terme au-delà	Court terme

➥ *Imposition des plus-values et des moins-values à court terme*

À la clôture de l'exercice, les plus-values et les moins-values à court terme se compensent pour faire apparaître une plus-value ou une moins-value nette.

➥ *Imposition des plus-values et des moins-values à long terme*

À la clôture de l'exercice, les plus-values et les moins-values à long terme se compensent pour faire apparaître une plus-value ou une moins-value nette :

- La plus-value nette à long terme peut être utilisée pour compenser les moins-values nettes à long terme subies au cours des dix exercices antérieurs et non encore imputées, le déficit de l'exercice et des exercices antérieurs. Le solde non imputé est taxé au taux réduit de 28,1 % (16 % d'impôt sur le revenu + 12,1 % de prélèvements sociaux).
- La moins-value nette à long terme s'impute sur les plus-values à long terme réalisées au cours des dix exercices suivants.

Cas n° 37

Imposition des plus-values de cession

Une SARL a réalisé un résultat comptable de 40 000 € pour l'exercice. Durant l'exercice N elle a réalisé les cessions suivantes.

…/…

(Suite cas n° 37)

— .../...

Éléments cédés	Prix de vente HT	Prix d'acquisition	Apport, ou provisions	Valeur nette comptable	Plus-value
Constructions Camions Titres de participation[1]	45 000 5 000 8 000	30 000 15 000 2 000	18 000 8 000	12 000 7 000 2 000	33 000 – 2 000 6 000
	58 000	**47 000**	**26 000**	**21 000**	**37 000**

Déterminer le résultat imposable de N de la SARL.

- **Hypothèse 1 : SARL imposée à l'IS à $33^{1/3}$ %.**
- **Hypothèse 2 : SARL imposée à l'IR. Les associés ont un taux marginal d'imposition (TMI) de 35 %.**

1. Pour une SARL soumise à l'IS à $33^{1/3}$ %

Étape n° 1. Qualification des plus-values.

Éléments cédés	Plus-value	Court terme	Long terme
Constructions Camions Titres de participation[1]	33 000 – 2 000 6 000	33 000 – 2 000	 6 000
	37 000	**31 000**	**6 000**

Étape n° 2. Imposition des plus-values.

Les plus-values à court terme sont imposées au taux de droit commun de $33^{1/3}$ % : elles sont donc maintenues dans le résultat imposable au taux de droit commun. Les plus-values à long terme sont exonérées d'imposition à hauteur de 95 % : il faut donc déduire du résultat imposable au taux de droit commun 5 700 € (6 000 × 95 %) pour éviter que ce montant soit imposé à $33^{1/3}$ %.

1. Durée de détention > 2 ans.

Résultat comptable	**40 000**	
Déductions fiscales		
Déduction de la plus-value à long terme	– 5 700	
Résultat imposable à $33^{1/3}$ %	**34 300**	
IS à $33^{1/3}$ %	**11 433**	*34 300 × $33^{1/3}$ %*

2. Pour une SARL soumise à l'IR

Étape n° 1. Qualification des plus-values.

Éléments cédés	Plus-value	Court terme	Long terme
Constructions	33 000	18 000	15 000
Camions	– 2 000	– 2 000	
Titres de participation[1]	6 000		6 000
	37 000	**16 000**	**21 000**

Étape n° 2. Imposition des plus-values.

La plus-value nette à court terme bénéficie d'un étalement sur 3 ans (N, N + 1 et N + 2). Il faut donc en déduire deux tiers du résultat comptable pour déterminer le résultat imposable. La plus-value nette à long terme est imposée au taux réduit de 28,1 %. Il faut donc la déduire du résultat comptable pour déterminer le résultat imposable au taux de droit commun.

Résultat comptable	**40 000**
Déductions fiscales	
Déduction de la plus-value à long terme	– 21 000
Déduction des 2/3 de la plus-value à court terme	– 10 667
Résultat imposable à l'IR au TMI de 35 %	**8 333**

1. Durée de détention > 2 ans.

IR à 35 %	**2 917**	*8 333 × 35 %*
IR à 16 %	**3 360**	*21 000 × 16 %*
	6 277	
Prélèvements sociaux de 12,1 %	**760**	*6 277 × 12,1 %*
Imposition totale	**7 037**	

10.2. Exonération des plus-values de cession

La **SARL soumise à l'IS** ne bénéficie **d'aucune exonération** des plus-values de cession. En revanche, la **SARL soumise à l'IR** (SARL de famille ou EURL) peut bénéficier de l'**exonération des plus-values de cession des petites entreprises**.

Les plus-values de cession d'immobilisations réalisées par une SARL soumise à l'IR sont exonérées d'imposition :

- si l'année de réalisation de la plus-value, les recettes annuelles[1] sont inférieures à 250 000 € pour les activités commerciales ou agricoles et à 90 000 € pour les prestataires de services ;
- et si l'activité professionnelle est exercée depuis au moins cinq ans au jour de la réalisation de la plus-value.

11. Réduction des droits de donation et de succession

Les droits de succession ou de donation sont calculés sur la moitié de la valeur des parts sociales (la moitié de la valeur des parts sociales est donc exonérée de droit de succession ou de donation) si les parts ont fait l'objet d'un engagement collectif de conservation d'une durée minimale de deux ans à compter du jour du décès. L'engagement collectif doit

1. L'exonération est partielle si les recettes annuelles sont comprises entre 250 000 et 350 000 € pour les activités commerciales ou agricoles, et entre 90 000 et 126 000 € pour les prestataires de services.

porter sur au moins 34 % des parts sociales. Les parts sociales doivent être données en pleine propriété. De plus, chaque donataire doit s'engager, dans l'acte de donation, à conserver les parts pendant 6 ans à compter de la fin de l'engagement collectif et l'un d'entre eux doit exercer des fonctions de direction pendant 5 ans.

De plus, en cas de donation des parts sociales, les droits de mutation peuvent être réduits si le donateur est âgé de moins de 75 ans. Le montant de la réduction dépend de la nature de la donation.

Réduction des droits de donation	Donations de la pleine propriété[1] et de l'usufruit	Donations de la nue-propriété
Le donateur a moins de 65 ans	50 %	35 %
Le donateur a entre 65 et 75 ans	30 %	10 %

1. À compter du 1er juillet 2005. Pour les donations réalisées en pleine propriété entre le 25 septembre 2003 et 30 juin 2005, le taux de réduction est égal à 50 %, quel que soit l'âge du donateur.

5

LA PRÉVENTION ET LE TRAITEMENT DES DIFFICULTÉS FINANCIÈRES DE LA SARL

20 % des dépôts de bilan sont dus à la défaillance d'un client de l'entreprise. Afin d'éviter les conséquences d'un impayé, le gérant doit veiller au dépistage précoce des difficultés de ses clients afin d'apprécier leur solvabilité.

Comment apprécier la solvabilité d'un client ?

1. **Les greffes des tribunaux de commerce** permettent l'analyse des comptes annuels des sociétés clientes (service télématique comme **Infogreffe** ou **Euridile**).
2. **Les sociétés de renseignement commercial** disposent d'informations privilégiées car elles ont connaissance des incidents de paiement des clients du fait de la fonction de recouvrement de créance qu'elles exercent fréquemment. Elles procèdent à l'analyse des bilans des clients, et aussi à des analyses plus informelles (interview téléphonique, visites, presse, syndicats professionnels...). Elles peuvent procurer :
   - un renseignement commercial classique avec les banques de données accessibles par e-mail : le renseignement est généralement succinct et peut ne pas être à jour (une information, pour être fiable, doit être récente : une information datant de trois mois n'a pas de valeur pour une décision en matière de crédit) ;

.../...

.../...

- des rapports actualisés à chaque demande : lorsque la ligne de crédit est importante, il est fortement conseillé de faire appel à ce type de rapport dont le coût peut varier de 35 € à 160 € environ ;
- une note d'évaluation du client (« credit-scoring ») ;
- une veille permanente sur une liste de clients désignés, sur lesquels l'entreprise reçoit toute information nouvelle, dès leur émission.

3. **L'entreprise doit être aux aguets** (« veille crédit ») de toute information sur ses clients lui permettant d'apprécier le risque en effectuant :
   - des visites des clients et des prospects, conversations téléphoniques avec le personnel de l'entreprise qui peut donner de précieuses informations sur l'ambiance, lecture de la presse spécialisée, renseignements auprès de syndicats professionnels pour obtenir des informations sur le secteur, sur la concurrence, conversation avec les confrères ;
   - l'analyse des retards de paiement : les retards peuvent provenir d'un litige commercial mais le plus souvent ils sont signes de difficultés financières (lorsqu'une entreprise a des difficultés, ses litiges avec les fournisseurs augmentent ; il s'agit en fait de manœuvres dilatoires pour retarder le paiement) ;
   - l'analyse des lenteurs dans le retour des effets de commerce, des demandes de prorogation d'échéance ou des retours d'effets de commerce avec une modification de la date d'échéance imposée au fournisseur (significatifs de difficultés financières).

I. La prévention des difficultés

La loi sur la prévention et le règlement amiable des difficultés des entreprises a pour objectif d'améliorer l'information financière au sein de l'entreprise, de créer des procédures de contrôle et d'alerte en cas d'évolution préoccupante de la situation de l'entreprise.

Cependant, en dehors de ce cadre légal de prévention, l'entreprise peut négocier avec ses partenaires au cas par cas pour éviter les difficultés.

I.I. Les actions à l'initiative du gérant

I.I.I. Transiger avec un créancier

En dehors du règlement amiable, ou de la désignation d'un mandataire *ad hoc,* le gérant peut conclure des transactions individuelles avec ses créanciers. Le créancier peut avoir intérêt à accepter lorsque l'entreprise est en difficulté, ou lorsqu'elle conteste le montant de la créance (le créancier peut préférer abandonner une partie de sa créance afin d'éviter les aléas d'une éventuelle procédure collective ou d'un procès). La transaction est inattaquable si chacune des parties a consenti des concessions réciproques.

1.1.2. Obtenir une remise de dette

S'il existe un courant d'affaires entre deux entreprises, le gérant de l'entreprise en difficulté peut négocier un abandon de créance. Pour éviter toute contestation ultérieure, la remise de dette sera concrétisée par un écrit qui peut comporter une clause de retour à meilleure fortune (la créance sera payée ultérieurement si l'entreprise réalise, par exemple, un bénéfice au cours des exercices ultérieurs).

1.1.3. Demander en justice des délais de paiement

Le gérant peut solliciter en justice des délais pour retarder le paiement d'une dette (deux ans maximum) même si le créancier a déjà engagé une procédure de saisie.

Le gérant doit démontrer au juge que l'entreprise ne peut pas faire face au paiement à cause d'un problème financier conjoncturel, et qu'elle est en mesure d'y remédier rapidement. Si la SARL est dans un état de cessation des paiements, le juge refusera d'accorder des délais de paiement (l'ouverture d'une procédure collective est obligatoire dans ce cas).

1.1.4. Négocier avec l'URSSAF

Si l'entreprise a des difficultés financières, le gérant doit :

- remplir, dans les délais, les déclarations sociales afin d'éviter les pénalités ;
- régler la part salariale des cotisations (le défaut de règlement du précompte est sanctionné pénalement) ;

- négocier à l'amiable avec l'URSSAF des délais de paiement sur les cotisations, et une remise des pénalités et des majorations de retard.

Zoom n° 76

Négocier avec l'URSSAF des délais de paiement

L'URSSAF délivrera une assignation en redressement ou liquidation judiciaire en cas de défaut de paiement.

1.1.5. Négocier avec le Trésor public

Si l'entreprise a des difficultés financières, le gérant doit :

- déposer, dans les délais, les déclarations fiscales afin d'éviter les pénalités ;
- solliciter du receveur des impôts un plan de règlement échelonné. Le plan peut être accepté si la proposition du gérant est réaliste. Dans ce cas, l'entreprise peut négocier une remise des majorations de retard (NB : si l'entreprise est elle-même créancière de l'État, des délais de règlement et des remises de pénalités lui seront systématiquement accordés).

1.1.6. Le CODEFI

Si l'entreprise est débitrice du Trésor public et des organismes sociaux, le gérant peut s'adresser auprès :

- de la commission des chefs des services financiers et des représentants des organismes de Sécurité sociale pour obtenir des délais de règlement ;
- du comité départemental pour l'examen des problèmes de financement des entreprises (CODEFI) pour obtenir des délais de règlement et bénéficier d'une aide financière publique.

NB : les entreprises de taille importante (plus de 250 salariés) relèvent du CORRI, comité régional, ou du CIRI, comité national.

1.2. L'information comptable et financière

1.2.1. L'obligation d'information de la SARL

1. Quand la SARL a-t-elle l'obligation de présenter des documents prévisionnels ?

L'obligation d'établissement de documents prévisionnels concerne les SARL relativement importantes puisqu'elles doivent, à la clôture d'un exercice social, employer au moins 300 salariés, ou réaliser un chiffre d'affaires au moins égal à 18 millions d'euros (la SARL cesse d'être tenue d'établir ces documents lorsqu'elle ne remplit aucune de ces conditions pendant deux exercices successifs).

Les documents prévisionnels comprennent :

- le tableau de financement ;
- le plan de financement prévisionnel ;
- le compte de résultat prévisionnel ;
- la situation de l'actif réalisable et disponible, valeurs d'exploitation exclues, et du passif exigible.

2. Délais à respecter pour l'établissement des documents prévisionnels

Documents prévisionnels	Fréquence	Délai à respecter
La situation de l'actif réalisable et disponible, et du passif exigible	Semestriel	Dans les quatre mois qui suivent la fin du semestre.
Le tableau de financement	Annuel	En même temps que les comptes annuels[1].
Le plan de financement	Annuel	À l'expiration du quatrième mois qui suit l'ouverture de l'exercice en cours.
Le compte de résultat	Annuel	À l'expiration du quatrième mois qui suit l'ouverture de l'exercice en cours.

1. Dans la pratique, les entreprises importantes établissent les comptes annuels dans les quatre mois qui suivent la clôture de l'exercice écoulé.

3. Comment établir les documents prévisionnels ?

- Les règles de présentation et les méthodes utilisées pour l'élaboration des documents prévisionnels ne peuvent pas être modifiées d'une période à l'autre, sauf si ces changements sont justifiés dans le rapport du gérant qui doit en décrire l'incidence.
- Le tableau de financement, le plan de financement prévisionnel et le compte de résultat prévisionnel doivent comporter les chiffres de l'exercice précédent.
- La situation de l'actif réalisable et disponible, et du passif exigible doit comporter les chiffres des deux semestres précédents.
- Les documents doivent faire apparaître la situation de trésorerie de la SARL, ses résultats prévisionnels ainsi que ses moyens et prévisions de financement.
- Le compte de résultat prévisionnel peut comporter plusieurs simulations.
- Les documents sont analysés dans un rapport établi par le gérant.

4. Contrôle des documents prévisionnels

Les documents prévisionnels accompagnés du rapport du gérant sont adressés au commissaire aux comptes et au comité d'entreprise dans les huit jours de leur établissement.

Si les documents prévisionnels ou le rapport du gérant appellent des observations de la part du commissaire aux comptes, il le signale dans un rapport qui doit être adressé au gérant ainsi qu'au comité d'entreprise dans le mois qui suit l'expiration des délais impartis pour l'établissement des documents prévisionnels.

Le commissaire aux comptes peut demander que son rapport soit communiqué aux associés. Dans ce cas, le gérant doit l'adresser aux associés dans le délai de huit jours à compter de la réception du rapport.

1.2.2. Le droit des associés de s'informer

1. Les questions écrites des associés sur tout fait de nature à compromettre la continuité de l'exploitation

Tout associé non gérant d'une SARL a le droit de poser deux fois par exercice au gérant des questions écrites sur tout fait de nature à compromettre la continuité de l'exploitation. La réponse du gérant doit être communiquée au commissaire aux comptes.

2. L'expertise sur opérations de gestion

Zoom n° 77

Délit d'entrave

Le gérant qui fait sciemment obstacle aux vérifications et contrôles de l'expert est coupable d'un délit sanctionné des mêmes peines que le délit d'entrave au commissaire aux comptes : emprisonnement de cinq ans et/ou amende de 18 000 €.

Un ou plusieurs associés représentant au moins le dixième du capital social peuvent demander au président du tribunal de commerce de désigner un expert chargé de présenter un rapport sur une ou plusieurs opérations de gestion. *Le ministère public et le comité d'entreprise peuvent former la même demande.*

- Le gérant est convoqué à l'audience par lettre recommandée avec demande d'avis de réception.
- Le président du tribunal de commerce définit la mission et les pouvoirs des experts (l'expert a une *mission limitée qui porte seulement sur une ou plusieurs opérations de gestion, et non sur l'ensemble de la gestion sociale*). Le président peut mettre les honoraires à la charge de la société.
- Le rapport d'expertise est adressé au demandeur, au ministère public, au comité d'entreprise, au commissaire aux comptes et au gérant.
- Le rapport doit être annexé à celui établi par le commissaire aux comptes en vue de la prochaine assemblée générale et être soumis aux mêmes formalités de publicité.

1.3. La procédure d'alerte

1.3.1. L'alerte par le commissaire aux comptes

Si la SARL est dotée d'un commissaire aux comptes, il peut mettre en œuvre une procédure d'alerte qui se déroule comme suit.

1. Le commissaire aux comptes demande au gérant des explications sur les faits de nature à compromettre la continuité de l'exploitation. Le gérant, dans les 15 jours de la réception de la demande d'explications, doit répondre par lettre recommandée avec accusé de réception. Dans sa réponse, le gérant donne son analyse de la situation et précise, le cas échéant, les mesures envisagées.
   - Le gérant doit adresser une copie de sa réponse au comité d'entreprise par lettre recommandée avec accusé de réception dans les 15 jours de la réception de la demande d'explications du commissaire aux comptes.
   - Le commissaire informe immédiatement le président du tribunal de commerce de l'existence de la procédure d'alerte par lettre recommandée avec AR, ou par lettre remise en mains propres contre récépissé.
2. En cas d'inobservation des dispositions précédentes, ou si en dépit des dispositions prises, le commissaire aux comptes constate que la continuité de l'exploitation demeure compromise, il établit un rapport spécial et invite par écrit le gérant à faire délibérer la prochaine assemblée sur les faits relevés. Le rapport est également communiqué au comité d'entreprise.
3. Si, à l'issue de l'assemblée générale, le commissaire constate que les décisions prises ne permettent pas d'assurer la continuité de l'exploitation, il en informe immédiatement le président du tribunal de commerce par lettre recommandée avec accusé de réception. Le commissaire communique la copie de tous les documents utiles à l'information du président du tribunal ainsi que l'exposé des raisons qui l'ont conduit à constater l'insuffisance des décisions prises.

1.3.2. L'alerte par le comité d'entreprise

Le comité d'entreprise peut mettre en œuvre une procédure d'alerte s'il constate des faits de nature à affecter de manière préoccupante la situation économique de l'entreprise. Son déroulement est le suivant.

1. Lorsque le comité d'entreprise constate des faits de nature à affecter de manière préoccupante la situation économique de l'entreprise, il peut demander à l'employeur de lui fournir des

explications. Cette demande devra être inscrite à l'ordre du jour de la prochaine séance du comité d'entreprise.

2. Si le comité d'entreprise n'a pu obtenir de réponse suffisante de l'employeur ou si sa réponse confirme le caractère préoccupant de la situation, le comité pourra établir un rapport qui sera transmis à l'employeur et au commissaire aux comptes. Pour l'établissement de ce rapport, le comité peut se faire assister de l'expert-comptable qu'il a choisi pour l'examen annuel des comptes, convoquer le commissaire aux comptes et s'adjoindre avec voix consultative deux salariés de l'entreprise choisis pour leur compétence et hors du comité.
3. Le comité d'entreprise décide s'il convient de demander au gérant de communiquer ce rapport aux associés. Le gérant doit communiquer le rapport aux associés dans les huit jours de la demande du comité.

Les délégués du personnel, en cas d'absence de comité d'entreprise, peuvent mettre en œuvre la procédure d'alerte dans les mêmes conditions que le comité d'entreprise.

1.3.3. L'alerte par le président du tribunal de commerce

Zoom n° 78

En tant que gérant, présentez-vous à la convocation du président du tribunal de commerce

À défaut, il peut prononcer d'office le redressement judiciaire ou la liquidation de l'entreprise s'il considère qu'elle est en état de cessation de paiements. De plus, si plusieurs mois après cette convocation, vous déposez votre bilan pour insuffisance d'actif, le tribunal sera tenté d'engager des poursuites contre vous en comblement de passif.

S'il résulte d'une procédure en cours, ou d'un document, que la SARL connaît des difficultés de nature à compromettre la continuité de l'exploitation, le président du tribunal de commerce peut convoquer le gérant pour que soient envisagées les mesures propres à redresser la situation.

À l'issue de l'entretien, le président du tribunal peut obtenir communication des renseignements de nature à lui donner une exacte information sur la situation économique et financière de l'entreprise, en s'adressant au commissaire aux comptes, aux membres ou représentants du personnel, aux administrations publiques, aux organismes de sécurité et de prévoyance sociales ainsi qu'aux services chargés de la centralisation des risques bancaires et des incidents de paiement.

Le président peut désigner un mandataire *ad hoc* qui peut être chargé, par exemple, de rechercher un accord entre l'entreprise, son banquier et les autres créanciers.

Si le président estime que l'entreprise est en état de cessation des paiements (au vu des renseignements recueillis au cours de l'entretien, ou dans le cadre de la mission confiée au mandataire *ad hoc*), le président peut saisir d'office le tribunal en vue d'un redressement judiciaire, ou de la liquidation judiciaire immédiate.

2. Le règlement amiable des difficultés de l'entreprise

La procédure de règlement amiable permet au gérant d'une entreprise en difficulté de solliciter du président du tribunal de commerce la désignation, pour quatre mois maximum, d'un conciliateur dont la mission sera de rechercher la conclusion d'un accord avec les créanciers.

À la demande du conciliateur, le président du tribunal peut ordonner que toutes les poursuites des créanciers de l'entreprise soient suspendues pendant quatre mois, au maximum. Si le conciliateur parvient à un accord, il sera soumis à l'homologation du président du tribunal de commerce.

Zoom n° 79

La procédure de règlement amiable permet d'imposer des solutions avant que l'entreprise ne soit en état de cessation de paiements

Certains créanciers, notamment le Trésor public et l'URSSAF, ne souhaiteront pas participer à l'accord amiable dans la mesure où leurs intérêts sont mieux protégés dans une procédure de redressement ou de liquidation judiciaire.

.../...

(Suite zoom n° 79)

— .../...

D'autres créanciers accepteront un règlement amiable dans la mesure où c'est leur seule chance de récupérer leur créance.
La procédure de règlement amiable devrait permettre d'obtenir plus facilement du banquier de l'entreprise des délais de règlement car il serait difficile de lui reprocher un soutien abusif dès lors que les délais de règlement qu'il a accordés ont été homologués par le président du tribunal de commerce.

2.1. Quelles sont les entreprises concernées ?

Le règlement amiable est une procédure destinée à une entreprise commerciale ou artisanale **qui n'est pas en état de cessation de paiements**, mais qui connaît cependant **une difficulté** juridique, économique ou financière ou des besoins ne pouvant pas être couverts par un financement adapté aux possibilités de l'entreprise.

Cas n° 38

Règlement amiable

Une entreprise est condamnée pour concurrence déloyale au paiement de dommages et intérêts avec exécution provisoire. Elle fait appel, mais le paiement immédiat des dommages et intérêts met en péril la poursuite de l'exploitation. Cette entreprise qui n'est pas en état de cessation de paiements a tout intérêt à utiliser la procédure de règlement amiable.

2.2. Quelle est la procédure à suivre ?

2.2.1. Demande de règlement amiable

Le gérant de la SARL saisit le président du tribunal de commerce de sa demande de règlement amiable. Il lui expose les difficultés juridiques, économiques ou financières de l'entreprise.

- Le gérant indique les mesures de redressement envisagées, ainsi que les délais de paiement ou les remises de dettes permettant de mettre en œuvre ces mesures.

- Le gérant communique des documents comptables et financiers qui sont annexés à la demande.

Dès réception de la demande de règlement amiable, le président du tribunal de commerce :

- convoque le gérant pour entendre ses explications ;
- en informe le procureur de la République.

Le président du tribunal de commerce peut charger un expert :

- d'établir un rapport sur la situation économique, sociale et financière de l'entreprise (le rapport est communiqué au conciliateur) ;
- et, d'obtenir des établissements bancaires et financiers tout renseignement de nature à donner une exacte information sur la situation économique et financière de l'entreprise.

Zoom n° 80

Dans le dossier qu'il communique, le gérant doit démontrer au président du tribunal de commerce la faisabilité du rétablissement de l'entreprise

Les sources potentielles de réduction de charges (effectifs, frais généraux...) ; les actifs de l'entreprise qui peuvent être cédés pour générer de la trésorerie, ou qui peuvent être donnés en garantie aux créanciers qui participent au règlement amiable... ; peu importe si tous les documents comptables exigés ne sont pas réunis.

2.2.2. Nomination d'un conciliateur

Le président du tribunal de commerce qui ouvre la procédure de règlement amiable, désigne un conciliateur pour une période qui ne peut excéder trois mois (elle peut être prorogée d'un mois à la demande du conciliateur). Sa mission est de favoriser le fonctionnement de l'entreprise et de rechercher la conclusion d'un accord avec les créanciers.

Zoom n° 81

Conciliateur ou mandataire *ad hoc*

La durée de la mission du conciliateur est de quatre mois au maximum. Comme ce délai est souvent trop court pour obtenir un accord de règlement des créanciers, le gérant a intérêt à faire désigner un mandataire *ad hoc* avant d'engager la procédure de règlement amiable afin d'allonger la période de discussion avec les créanciers.

2.2.3. Suspension provisoire des poursuites

Si le conciliateur estime qu'une suspension provisoire des poursuites faciliterait la conclusion d'un accord avec les créanciers, il en saisit le président du tribunal de commerce.

- Le conciliateur en informe les créanciers et sollicite leur avis.
- Le conciliateur communique la liste des créanciers dont il a connaissance, le montant de leur créance exigible et leur avis sur la suspension provisoire des poursuites.
- Le président du tribunal de commerce sollicite l'avis du procureur de la République.

Le président du tribunal de commerce, s'il a l'accord des principaux créanciers, peut ordonner *la suspension provisoire des poursuites de toutes les créances* pour une durée qui ne peut dépasser le terme de la mission du conciliateur. La décision est notifiée au gérant, au procureur de la République et aux créanciers.

Conséquences de la suspension provisoire des poursuites sur les créances antérieures à la décision :

- la suspension ne s'applique pas aux créances des salariés ;
- elle suspend ou interdit toute action en justice pour condamner l'entreprise au paiement, ou à la rupture d'un contrat pour défaut de paiement (exemple : le propriétaire des locaux ne peut pas demander la résiliation du bail en invoquant les loyers impayés) ;
- elle arrête ou interdit toute voie d'exécution sur les biens de l'entreprise ;
- les délais de déchéance ou de résolution sont suspendus ;
- le gérant ne peut pas payer, en tout ou partie, une créance, ou désintéresser une caution, ou faire un acte de disposition contraire à la gestion normale de l'entreprise, ou consentir une hypothèque ou un nantissement (sauf autorisation du président du tribunal).

Zoom n° 82

Suspension provisoire pour faire pression sur les créanciers

La suspension provisoire des poursuites permet de faire pression sur les créanciers qui accepteront plus facilement les propositions du conciliateur dans la mesure où ils ne peuvent plus agir en justice pour se faire payer.

2.2.4. Obtention d'un accord avec les créanciers

Si un accord est conclu avec :

- *tous les créanciers,* il est homologué par le président du tribunal de commerce ;
- *les principaux créanciers* seulement, le président du tribunal de commerce peut l'homologuer et accorder à l'entreprise les délais de paiement prévus à l'article 1244-1 du Code civil pour les créances non incluses dans l'accord.

2.2.5. Effets de l'accord amiable

- Pendant toute la durée de son exécution, l'accord amiable a les mêmes conséquences que la suspension provisoire des poursuites.
- En cas d'inexécution des engagements résultant de l'accord amiable :
  - le tribunal prononce la résolution de l'accord ainsi que la déchéance de tout délai de paiement accordé ;
  - l'inexécution n'entraîne plus d'office l'ouverture d'un redressement judiciaire ;
  - la procédure de redressement judiciaire peut être demandée par le procureur de la République, par le gérant ou par un créancier partie à l'accord.

2.2.6. Secret professionnel

Toute personne qui a connaissance du règlement amiable est tenue au secret professionnel (sous peine de sanctions pénales : emprisonnement d'un à six mois et amende de 1 200 €).

Zoom n° 83

Le mandataire *ad hoc*

Le gérant d'une entreprise en difficulté peut demander au président du tribunal de commerce de désigner un mandataire *ad hoc*. Comme l'ordonnance qui désigne le mandataire ne fait l'objet d'aucune publicité, les clients de l'entreprise ne sont pas, en principe, informés de cette nomination.

.../...

(Suite zoom n° 83)

— .../...

Le mandataire ne s'immisce pas dans la gestion quotidienne de l'entreprise. Son rôle est de préparer une restructuration ou un accord de règlement avec les créanciers afin de résoudre les difficultés de l'entreprise.

Afin d'obtenir un accord avec ses créanciers, le gérant peut avoir intérêt à faire désigner un mandataire *ad hoc* au lieu de recourir à la procédure de règlement amiable pour les raisons suivantes :

- le règlement amiable est une procédure plus lourde ;
- la confidentialité est plus facile à conserver avec un mandataire *ad hoc* (la perte de confidentialité peut porter atteinte au crédit de la société et accentuer encore ses difficultés) ;
- le mandat *ad hoc* peut être un préalable au règlement amiable.

3. Le redressement et la liquidation judiciaire

La loi du 10 juin 1994 relative à la prévention et au traitement des difficultés des entreprises a institué deux types de procédure collective.

- **Le redressement judiciaire** qui à l'issue d'une période d'observation et faute d'un plan de continuation viable aboutit à la liquidation ou à la cession de l'entreprise.
- **La liquidation judiciaire** immédiate qui peut être prononcée sans ouverture d'une période d'observation lorsqu'aucun redressement n'est envisageable.

La loi de 1994 a rétabli les droits des créanciers munis de privilèges ou de sûretés, et a renforcé le contrôle de l'exécution du plan de redressement afin de s'assurer que le repreneur respecte ses engagements.

3.1. Quels sont les cas d'ouverture de la procédure de redressement ou de liquidation judiciaire ?

- **La cessation des paiements** : le débiteur est dans l'impossibilité de faire face à son passif exigible avec son actif disponible.

- **L'inexécution d'un règlement amiable** : le débiteur ne respecte pas les engagements financiers conclus à l'amiable avec un ou plusieurs de ses créanciers.
- **L'inexécution d'un contrat de location-gérance** : le locataire-gérant ne respecte pas son engagement irrévocable d'acquérir l'entreprise dans un certain délai.
- **L'inexécution du plan de continuation de l'entreprise** : le débiteur de l'entreprise en redressement judiciaire ne respecte pas ses obligations et engagements dans les délais fixés par le plan. Dans ce cas, le tribunal peut prononcer la résolution du plan et l'ouverture d'une procédure de liquidation judiciaire.

3.2. Qui ouvre la procédure de redressement ou de liquidation judiciaire ?

- **Le gérant** : il doit demander l'ouverture de la procédure au plus tard dans les 15 jours qui suivent la cessation de paiements sous peine d'être condamné à la faillite personnelle.
- **Le créancier impayé** sur assignation en redressement ou en liquidation quelle que soit la nature de sa créance. L'entreprise assignée préférera souvent régler tout de suite le créancier plutôt que d'être engagée dans une procédure collective.
- **Le procureur de la République** par le biais d'une requête au tribunal.
- **Le tribunal de commerce** d'office sur la base d'informations vérifiées, de déclarations de protêts…

Le tribunal compétent est celui dans le ressort duquel la SARL a son siège.

3.3. Comment se déroule la procédure ?

Le tribunal lors du jugement d'ouverture à la suite de la cessation des paiements peut décider :

- **la liquidation judiciaire immédiate** si le redressement est manifestement impossible, ou lorsque l'entreprise a cessé toute activité ;

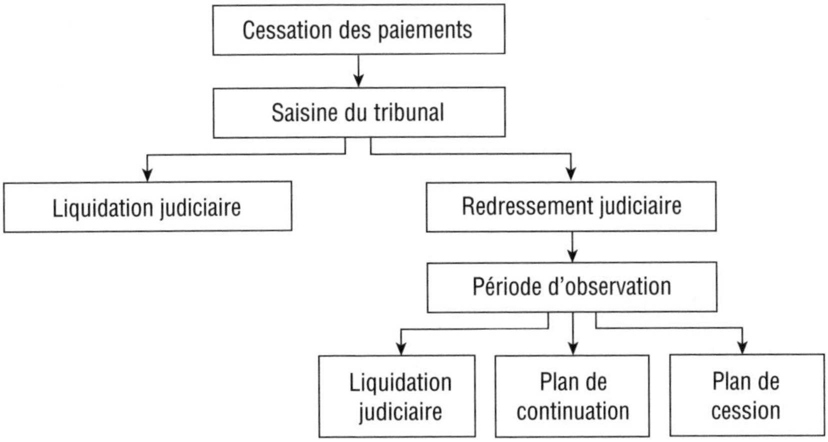

- ou **le redressement judiciaire** qui se déroule en deux phases :
  1. une phase d'observation pendant laquelle un bilan économique et social est établi, et un plan de redressement élaboré sous l'égide d'un administrateur ;
  2. à l'issue de la phase d'observation, le tribunal peut :
     - entériner le plan de continuation : l'entreprise essaiera de se redresser ;
     - décider un plan de cession à un repreneur ;
     - prononcer la liquidation judiciaire (il peut le faire à toute étape de la phase d'observation) ; l'actif de la société est vendu pour apurer partiellement ou totalement le passif.

Lors du jugement d'ouverture à la suite de la cessation des paiements, le tribunal :

- ne peut statuer qu'après avoir entendu le gérant et les représentants du comité d'entreprise (ou, à défaut, les délégués du personnel) ;
- fixe la date de cessation des paiements qui ne peut remonter plus de dix-huit mois avant la date du jugement d'ouverture ;
- nomme un juge-commissaire, un mandataire liquidateur, un représentant des créanciers (en cas de redressement), et demande au comité d'entreprise de désigner un représentant des salariés.

Le juge-commissaire désigne un à cinq contrôleurs choisis parmi les créanciers qui en font la demande.

Redressement judiciaire : régime général ou simplifié ? *Pour les SARL qui emploient moins de cinquante salariés et dont le chiffre d'affaires hors taxes est inférieur à 3 100 000 €, le tribunal peut choisir le régime général ou le régime simplifié. Pour les autres entreprises, seul le régime général est applicable.*		
	Régime général	**Régime simplifié**
Période d'observation	Elle peut atteindre vingt mois	Elle ne peut excéder huit mois
Rôle du gérant	Le tribunal désigne un administrateur qui remplace le dirigeant.	Le tribunal n'est pas tenu de désigner un administrateur ; le gérant continue de diriger l'entreprise sous la surveillance du juge-commissaire.
En % des procédures	10 %.	90 %.
En % de succès	Plus de 48 % obtiennent un plan de redressement.	Plus de 90 % sont liquidées.

6

L'ENTREPRISE UNIPERSONNELLE À RESPONSABILITÉ LIMITÉE (EURL)

L'entreprise unipersonnelle à responsabilité limitée (EURL) est une SARL avec un seul associé. Elle **est** donc **soumise aux mêmes règles que la SARL avec certaines adaptations rendues nécessaires par l'existence d'un associé unique**. Nous ne présenterons donc ici que les spécificités de l'EURL. Pour les règles applicables à la SARL, il vous suffit de vous reporter aux autres parties de ce guide.

1. L'EURL en bref

L'essentiel sur l'entreprise unipersonnelle à responsabilité limitée (EURL)

L'entreprise unipersonnelle à responsabilité limitée (EURL) est une SARL avec un seul associé. L'EURL permet de limiter la responsabilité de l'entrepreneur individuel au montant de ses apports. Elle offre les avantages de la SARL tout en évitant les inconvénients de l'entreprise individuelle. La fonction de gérant n'est pas obligatoirement exercée par l'associé unique. L'associé unique peut être une personne physique ou une personne morale.
Le montant du capital social est librement fixé par l'associé. Le capital doit être libéré du cinquième au moins lors de la constitution.

.../...

.../...

Le capital peut être variable. Un commissaire aux comptes n'est pas obligatoire dans les petites EURL.
L'EURL est soumise à l'impôt sur le revenu avec la possibilité d'opter pour l'impôt sur les sociétés. Le gérant associé de l'EURL a obligatoirement le statut de travailleur indépendant. Les cessions de parts sociales sont imposées au taux de 5 %. Avec l'arrivée de nouveaux associés, l'EURL devient automatiquement une SARL. Les règles de fonctionnement de la SARL s'appliquent à l'EURL avec une plus grande souplesse car il n'y a qu'un seul associé.

2. Pourquoi choisir l'EURL ?

2.1. Pour quels projets utiliser l'EURL ?

2.1.1. Développer un projet professionnel

- **L'EURL est une structure bien adaptée pour l'entrepreneur individuel**. L'EURL peut être utilisée par le créateur d'entreprise ou par l'exploitant individuel qui souhaite apporter son fonds de commerce à une société. Le chef d'entreprise qui adopte l'EURL reste seul maître de l'affaire qu'il a créée ou développée. La responsabilité de l'associé unique est limitée au montant de ses apports. La séparation des patrimoines astreint le dirigeant à une plus grande rigueur dans la gestion comptable et financière de son entreprise. Les clauses statutaires permettent de moduler la structure en fonction du projet de l'entrepreneur. En cas d'évolution, l'EURL peut se transformer en SARL pour bénéficier de l'apport de nouveaux associés.
- **L'EURL pour la création de filiales totalement maîtrisées au sein d'un groupe**. L'EURL permet de constituer des filiales totalement maîtrisées au sein d'un groupe. Elle permet une simplification de l'organisation des groupes, une diminution des coûts de fonctionnement et limite la responsabilité de la société mère. L'EURL permet de confier la gérance à un cadre de la société. L'EURL sera obligatoirement soumise à l'IS car son associé unique est une personne morale[1].

1. Que la personne morale soit imposée à l'IS ou à l'IR.

L'EURL évite des montages avec des associés fictifs pour respecter les exigences légales relatives à un nombre minimal d'associés. Pour ces filiales à 100 %, il faudra éviter la confusion de patrimoine et respecter la réglementation sur les participations réciproques. Ainsi, si L'EURL a pour associé une société par actions, elle ne pourra pas détenir d'actions émises par la société par actions.

- **L'EURL pour isoler chaque activité dans une structure juridique distincte**. Une personne physique ou une société qui a plusieurs activités peut isoler chacune de ces activités dans une EURL car une personne peut être associée unique de plusieurs EURL.

2.1.2. Gérer un patrimoine immobilier

- L'EURL est une structure bien adaptée pour la **gestion d'une activité de loueur en meublé professionnel**. L'activité de loueur en meublé professionnel peut être isolée au sein d'une EURL ou d'une SARL de famille. L'EURL se transforme automatiquement en SARL de famille avec l'entrée au capital de membres de la famille. L'EURL devient alors une **structure patrimoniale** permettant d'optimiser la gestion et la transmission du patrimoine immobilier.
- L'EURL permet à une personne de placer ses capitaux dans **l'acquisition d'un fonds de commerce** et de le faire gérer par un tiers tout en limitant sa responsabilité. La personne évite ainsi le recours au salariat ou à la location-gérance. Le fonds de commerce isolé au sein d'une EURL facilite la transmission de l'entreprise car il est plus facile, moins onéreux et moins formaliste de céder des parts sociales qu'un fonds de commerce.

2.2. Entreprise individuelle, EURL, SASU, SELU ou EARL ?

L'entreprise unipersonnelle à responsabilité limitée (EURL) est une SARL à associé unique. Cet associé ne possède pas le statut social et fiscal d'un gérant minoritaire de SARL mais celui d'un entrepreneur individuel[1].

1. Voir le *Guide pratique de l'entreprise individuelle* aux Éditions d'Organisation.

La société par actions simplifiée unipersonnelle (SASU) est une société par actions créée par une seule personne. L'associé unique est généralement le président de la SASU. Le président de la SASU a le statut social et fiscal d'un salarié[1].

La société d'exercice libéral unipersonnelle (SELU) permet d'exercer une profession libérale sous la forme d'une EURL adaptée aux spécificités de l'exercice libéral (voir, page 301, la partie consacrée à la SEL sous forme de SARL).

L'entreprise agricole à responsabilité limitée unipersonnelle (EARL) est une société civile à responsabilité limitée qui a pour objet l'exercice d'une activité agricole. L'associé est obligatoirement une personne physique (voir, page 309, la partie consacrée à l'EARL).

Entreprise individuelle, EURL ou SASU ?

Le fonctionnement de la SASU et de l'EURL est très lourd par rapport à celui l'entreprise individuelle mais la SASU et l'EURL sont plus adaptées pour le financement et la transmission de l'entreprise. La limitation de la responsabilité dans la SASU et l'EURL peut être remise en cause. La SASU permet à l'entrepreneur de bénéficier du régime fiscal et social des salariés.

	Entreprise individuelle	SASU	EURL
Responsabilité du dirigeant	Le chef d'entreprise est responsable indéfiniment des dettes de l'entreprise sur ses biens personnels[3].	La responsabilité de l'associé unique est limitée au montant du capital[2].	

…/…

1. Voir le *Guide pratique de la SAS et de la SASU* aux Éditions d'Organisation.
2. La limitation de la responsabilité de l'associé unique au montant de ses apports peut être remise en cause si les créanciers exigent des garanties personnelles ou en cas d'action en comblement de passif si la société vient à déposer son bilan.
3. Cependant, dans une EIRL (Entreprise individuelle à responsabilité limitée), la responsabilité de l'entrepreneur peut-être limitée au patrimoine qu'il affecte à l'entreprise. Voir le *Guide pratique de l'EIRL* aux Éditions d'Organisation.

	Entreprise individuelle	SASU	EURL
Séparation des patrimoines et rigueur dans la gestion	La confusion entre le patrimoine privé du chef d'entreprise et le patrimoine professionnel ne contribue pas à une séparation très nette entre la comptabilité privée et celle de l'entreprise.	La gestion de l'entreprise est plus rationnelle car le patrimoine de la société est distinct de celui de l'associé.	
Transmission de l'entreprise	L'entrepreneur doit céder l'intégralité de son entreprise.	L'associé peut organiser son désengagement progressif par des cessions successives de titres sociaux[1].	
Coût de la cession	Élevé car calculé au taux de 3 % sur la valeur brute du fonds de commerce[2].	Plus faible car calculé au taux de 3 % plafonné à 5 000 € sur la valeur des actions[3].	Plus faible car calculé au taux de 3 % sur la valeur des parts sociales[3].
Formalités de la cession	La cession d'un fonds de commerce est soumise à des formalités contraignantes.	La cession des titres sociaux[1] est soumise à une simple inscription en compte.	
Sauvegarde de l'entreprise en cas de décès	En cas de décès, les héritiers deviennent propriétaires indivis de l'entreprise. L'indivision entraînera la vente de l'entreprise[4].	L'associé peut attribuer à chacun de ses héritiers le nombre exact des titres sociaux[1] lui revenant sans remettre en cause la pérennité de l'entreprise.	

.../...

1. Actions pour la SASU ; parts sociales pour l'EURL.
2. On ne peut pas déduire les dettes de la valeur brute du fonds de commerce pour le calcul des droits d'enregistrement. Pour un fonds de commerce : 0 % jusqu'à 23 K€ ; 3 % de 23 K€ à 107 K€ ; 5 % au-delà. Pour les parts d'une SARL abattement de 23 000 €.
3. La valeur des actions ou des parts sociales correspond à la valeur du fonds de commerce minorée des dettes (= situation nette réévaluée de l'entreprise).
4. L'entreprise devra être vendue si les héritiers qui veulent poursuivre l'activité n'ont pas les moyens de racheter la part des cohéritiers qui voudraient immédiatement encaisser leur héritage.

	Entreprise individuelle	SASU	EURL
Financement	Le financement ne peut être assuré que par des apports personnels ou par des emprunts bancaires.	La transformation de la SASU en SAS permet de drainer des capitaux par une simple augmentation de capital. La SASU peut émettre des obligations[1].	La transformation de l'EURL en SARL[2] permet d'avoir de nouveaux associés qui apportent des fonds. Émission d'obligations autorisée.
Régime fiscal et social du dirigeant	L'entrepreneur individuel a le statut social de travailleur indépendant. Sa rémunération est constituée par le bénéfice dégagé par son entreprise[3].	Le président a le statut fiscal et social de salarié comme le président-directeur général dans la SA.	Le gérant de l'EURL a le statut social de travailleur indépendant. Sa rémunération est constituée par le bénéfice dégagé par l'EURL[3].
Standing	Entrepreneur individuel.	Président.	Gérant.
Capital	Le financement est assuré par les apports de l'exploitant (pas de minimum ; pas de capital car ce n'est pas une société).	Le capital est fixé par l'associé. Pour constituer une EURL ou une SASU il suffit d'un euro.	
Imposition des bénéfices	Le bénéfice dégagé par l'entreprise est soumis à l'IR au niveau de l'entrepreneur dans la catégorie BIC[4]. L'EIRL peut opter pour l'IS.	Le bénéfice est soumis à l'IS au niveau de la SASU.	Le bénéfice est soumis à l'IR au niveau du gérant dans la catégorie des BIC[4]. L'EURL peut opter pour l'IS.

.../...

1. La SASU doit avoir deux ans d'existence et un bilan approuvé.
2. La transformation de l'EURL en SARL est nécessaire pour assurer le financement du développement.
3. L'adhésion à un centre de gestion agréé permet d'éviter la majoration de 25 % du bénéfice imposable. Quand l'EIRL opte pour l'impôt sur les sociétés, les charges sociales sont calculées sur la rémunération de l'entrepreneur.
4. BIC, BNC ou BA – voir page 291.

	Entreprise individuelle	SASU	EURL
Fonctionnement	Très souple.	Très lourd[1].	
Droits d'enregis-trement	L'achat d'un fonds de commerce est soumis aux droits d'enregistrement[2].	L'apport d'un fonds de commerce est soumis aux droits d'enregistrement[2].	

3. Comment créer l'EURL ?

L'EURL peut être créée :

- par constitution d'une société nouvelle : un entrepreneur qui veut exploiter son activité sous forme d'une société unipersonnelle constitue une EURL ;
- ou par transformation d'une SARL existante ou d'une société d'une autre forme.

3.1. Constitution d'une société nouvelle

Les conditions de constitution d'une EURL sont les mêmes que celles de la SARL (voir page 18) sous réserve des commentaires qui suivent.

L'associé unique peut être une personne physique ou une personne morale[3]. Si l'associé unique est une personnalité morale, l'EURL devient alors une filiale à 100 %. Cependant, **une EURL ne peut pas**

1. Le fonctionnement d'une SASU ou d'une EURL est contraignant : constatation des décisions dans un registre spécial, obligation de nommer un commissaire aux comptes pour la SASU et pour les EURL importantes, dépôt au greffe des comptes annuels… L'EURL et la SASU sont exclues du régime des micro-entreprises, du régime de la comptabilité super-simplifiée et du bénéfice de la dispense d'établissement du bilan.
2. Pour un fonds de commerce : 0 % jusqu'à 23 K€ ; 3 % de 23 K€ à 107 K€ ; 5 % au-delà. Pour les parts d'une SARL abattement de 23 000 €.
3. Sont dotés de la personnalité morale : les sociétés françaises ou étrangères régulièrement constituées, les associations déclarées, les syndicats, les personnes morales de droit public.

être l'associé unique d'une autre EURL. Une personne physique ou une personne morale peut être associée unique de plusieurs EURL.

La dénomination sociale de l'EURL doit être précédée ou suivie de la mention « Société à responsabilité limitée » ou « SARL ». La mention « Entreprise unipersonnelle à responsabilité limité » ou « EURL » n'est pas obligatoire.

Le capital social de l'EURL est librement fixé par l'associé unique et peut être libéré du cinquième seulement lors de la constitution. Le capital de l'EURL peut être variable. Dans ce cas, l'entrée de nouveaux associés transforme l'EURL en SARL.

Pour les apports, l'associé doit avertir son conjoint en cas d'apport d'un bien commun. Si le conjoint ne renonce pas expressément à devenir associé, l'EURL est transformée en SARL (voir page 21 pour les conséquences). En cas d'apports en nature, l'associé unique qui n'a pas l'obligation de désigner un commissaire aux apports doit conserver les éléments lui permettant de prouver le bien-fondé de son évaluation. Comme dans une SARL, les apports en industrie sont possibles mais ne présentent aucun intérêt dans une EURL.

Le coût de la constitution dépend du régime fiscal de l'EURL. Reportez-vous page 37. Le coût de constitution d'une EURL imposée :

- à l'IR est le même que celui d'une SARL de famille ayant opté pour l'IR ;
- à l'IS est le même que celui d'une SARL classique imposée à l'IS.

Zoom n° 84

Pour limiter sa responsabilité, l'associé unique de l'EURL doit éviter la confusion de patrimoine et de rendre l'EURL fictive

L'associé unique, personne physique ou personne morale, qui crée une EURL doit se comporter comme un véritable associé d'une personne morale : il doit respecter l'objet social de l'EURL et éviter toute confusion entre les biens qui composent le patrimoine social de l'EURL et ses biens personnels[1].

.../...

1. Voir tableaux page 281.

(Suite zoom n° 84)

— .../...

L'associé unique gérant de l'EURL ne doit pas donner l'impression aux tiers qu'il agit en son propre nom et pour son propre compte. Il doit veiller à prendre des décisions conformes à l'intérêt de L'EURL. Il doit formaliser de manière rigoureuse les actes sociaux. De plus, l'EURL ne doit pas être fictive. À défaut, en cas de mise en redressement ou de liquidation judiciaire de l'EURL, l'associé unique s'expose à l'extension de la procédure collective.

Pour limiter sa responsabilité, l'associé unique de l'EURL doit éviter la confusion de patrimoine et de rendre l'EURL fictive **Y a-t-il confusion de patrimoine entre l'EURL et l'associé unique ?** *La confusion de patrimoine résulte de l'imbrication des intérêts et de l'existence de flux financiers anormaux entre l'EURL et l'associé qui font qu'il n'est plus possible de distinguer ce qui est propre à l'EURL et à son associé unique.*	**Oui**	**Non**
Les comptes ou les activités de l'EURL et de l'associé unique sont dans un état d'imbrication inextricable.	**X**	
L'associé unique non dirigeant se fait consentir un découvert par l'EURL pour ses besoins personnels. Le régime des conventions interdites ne s'applique pas à l'associé unique.	**X**	
L'associé gérant conclut un acte dépassant l'objet social de l'EURL.	**X**	
L'associé unique ne formalise pas ses décisions et ne les répertorie pas sur un registre[1].	**X**	
Le dirigeant de l'EURL est l'associé unique. Il est rémunéré.		**X**[2]
Entre l'EURL et l'associé unique, il y a des liens étroits qui résultent de leur siège social et de leur dirigeant commun.		**X**

1. Si l'associé unique ne respecte pas avec rigueur les exigences de formalisation des diverses décisions sociales, il encourt le risque d'une condamnation au comblement du passif car il s'est comporté comme dirigeant de fait.
2. L'attribution d'une rémunération à l'associé unique dirigeant est conseillée pour éviter toute confusion entre le patrimoine de l'EURL et celui de l'associé unique.

L'EURL est-elle fictive ? *Une EURL est fictive lorsqu'elle n'est qu'une façade masquant les activités de l'associé unique.*	**Oui**	**Non**
Une EURL n'est qu'un service d'une autre société.	X	
Une EURL a été créée uniquement dans l'intérêt d'une autre société dont elle gère le fonds de commerce.	X	
Une EURL est dans un état de dépendance financière et n'a pas d'activité économique réelle.	X	

Zoom n° 85

Rédigez les statuts pour permettre l'alternance SARL-EURL

En cours de vie sociale, une EURL peut devenir SARL, et une SARL peut devenir une EURL. Pour éviter de modifier les statuts, des clauses d'agrément applicables en cas de pluralité d'associés (SARL) peuvent être insérées dans les statuts dès la constitution de l'EURL.

3.2. Transformation d'une SARL en EURL

La réunion de toutes les parts sociales d'une SARL entre les mains d'un même associé[1] n'entraîne pas la dissolution[2] de la SARL mais sa simple transformation en EURL. Le passage de la SARL à l'EURL est opposable aux tiers après la réalisation du virement de compte à compte.

Le passage de la SARL à l'EURL peut entraîner un changement de régime fiscal si l'EURL est soumise à l'impôt sur le revenu (la SARL transformée en EURL change de régime fiscal car elle passe de l'IS à

1. Acquisition par un associé de l'ensemble des parts détenues par ses coassociés ; refus d'agrément ; décès d'un associé dans une SARL constituée entre deux époux ; réduction du capital pour permettre à des associés de se retirer.
2. Contrairement au régime de droit commun, il n'est pas possible à tout intéressé de demander en justice la dissolution de la société si celle-ci n'est pas redevenue pluripersonnelle à l'expiration du délai d'un an, sauf si l'associé unique est une autre EURL.

l'IR). Dans ce cas, les incidences fiscales sont très lourdes (voir le tableau de synthèse page 68).

En revanche, si l'EURL opte pour l'IS, le passage de la SARL à l'EURL n'est pas assimilé à une cessation d'entreprise car la société continue d'exister avec un seul associé sous le même régime fiscal[1]. Les bénéfices en cours ou les plus-values latentes ne sont pas imposées à l'IS (voir page 68 le tableau de synthèse).

La cession des parts sociales qui aboutit à la réunion des parts sociales entre les mains d'un même associé est soumise aux droits d'enregistrement au taux de 3 %. Un abattement de 23 000 € s'applique (voir page 92).

La plus-value réalisée par le cédant des parts sociales est imposée :

- selon le régime des plus-values des particuliers au taux de 30,1 % si le cédant est un particulier[2] ;
- selon le régime des plus-values professionnelles si le cédant est une entreprise[3].

3.3. Transformation d'une SASU en EURL

La SASU peut être transformée en EURL car c'est également une société unipersonnelle (la SASU et l'EURL ont un seul associé).

3.3.1. Conditions de la transformation

La transformation d'une SASU en EURL doit être décidée par l'associé unique[4]. Les conditions de la transformation sont les mêmes que pour la transformation d'une SAS en SARL.

- La SASU doit avoir au moins deux ans d'existence.

1. Il en est de même pour une SARL de famille imposée à l'IR qui se transforme en une EURL imposée à l'IR.
2. Ces régimes sont détaillés page 94.
3. Voir note précédente.
4. Le projet de transformation de la société doit être soumis à l'assemblée générale des obligataires.

- Le bilan des deux premiers exercices sociaux doit avoir été établi et approuvé par l'associé unique.
- Le commissaire aux comptes de la SASU établit un rapport attestant que le montant des capitaux propres est au moins égal au montant du capital social.
- Le capital doit être entièrement libéré.

La transformation a des conséquences, exposées page 64. Comme toute modification des statuts, la décision de transformation est soumise aux formalités de publicité, exposées page 51.

3.3.2. Coût de la transformation

La transformation d'une SASU en EURL n'entraîne pas la création d'une personne morale nouvelle. La décision de transformation a un coût très faible (le droit fixe d'enregistrement de 75 € est exigible).

En revanche, la transformation d'une SASU en EURL entraîne un changement de régime fiscal (une SASU transformée en EURL qui n'a pas opté pour l'IS change de régime fiscal car elle passe de l'IS à l'IR) qui a des incidences fiscales lourdes. Cependant, les incidences fiscales en matière d'imposition des bénéfices peuvent être fortement atténuées (voir tableau page 68) ; la colonne 2 concerne l'EURL qui a opté pour l'IS ; la colonne 3, l'EURL imposée à l'IR).

4. Fonctionnement de l'EURL

4.1. La gestion de l'EURL

4.1.1. Qui gère l'EURL ?

Comme dans une SARL, le gérant est obligatoirement une personne physique. L'EURL peut être dirigée par un ou plusieurs gérants. Si l'associé unique est :

- une personne physique, elle se désignera souvent comme gérant dans les statuts ou dans un acte postérieur ;

- une personne morale, elle devra désigner un tiers qui peut être un cadre au sein d'un groupe.

Le gérant associé unique de l'EURL est irrévocable. En revanche, si le gérant est un tiers, l'associé unique peut le révoquer. Si la révocation est décidée sans juste motif, elle peut donner lieu à dommages-intérêts (voir page 115).

Zoom n° 86

L'associé unique doit procéder aux formalités de publicité de la nomination du gérant

En cas d'omission, les tiers pourront toujours engager la responsabilité du gérant sur la base de la théorie du mandat apparent ou de la gestion de fait.

4.1.2. La rémunération du gérant

Comme dans une SARL, la fonction de gérant peut être rémunérée ou gratuite. L'attribution d'une rémunération au gérant associé unique est conseillée pour éviter toute confusion entre le patrimoine de l'EURL et celui de l'associé unique.

Zoom n° 87

Ni rémunération excessive du gérant associé, ni gratuité pour éviter la confusion de patrimoine

Si la rémunération du gérant associé unique est excessive (elle n'est pas compatible avec la capacité financière de l'EURL), il en résulte, en cas de cessation de paiements, une faute de gestion pouvant entraîner une action en comblement de passif à l'encontre du gérant.
Si la fonction du gérant associé unique est gratuite, il ne peut percevoir que des bénéfices sous forme de dividendes ou d'acomptes sur dividendes. Cette procédure est lourde car elle implique l'approbation des comptes pour les dividendes ou l'intervention d'un commissaire aux comptes pour les acomptes. Le gérant ne devra surtout pas prélever librement dans la caisse sociale comme peut le faire un entrepreneur individuel, car il commettrait le délit d'abus de biens sociaux.

4.1.3. Le statut fiscal du gérant de l'EURL

Si l'EURL est soumise à l'impôt sur le revenu, le gérant associé unique est assimilé à un entrepreneur individuel. Sa rémunération n'est pas déductible pour le calcul du résultat imposable de l'EURL.

Le bénéfice de l'EURL est soumis directement au niveau de l'associé à l'impôt sur le revenu dans la catégorie :

- des bénéfices industriels et commerciaux (BIC) si l'activité est commerciale ;
- des bénéfices non commerciaux (BNC) si l'activité est libérale.

Si l'EURL adhère à un centre de gestion agréé, l'associé unique évite la majoration de 25 % de son bénéfice imposable.

Si l'EURL est soumise à l'impôt sur les sociétés, la rémunération du gérant associé unique est déductible dans le calcul du résultat imposable de l'EURL. Le gérant n'est pas assimilé à un salarié mais sa rémunération qui est imposée dans la catégorie art. 62 du CGI bénéficie de la déduction de 10 % pour frais professionnels comme un salarié.

Si le gérant n'est pas associé, sa rémunération est déductible des résultats de l'EURL. Elle est imposée en tant que salaire au niveau du gérant. Si le gérant non associé est le conjoint de l'associé unique de l'EURL, sa rémunération est déductible dans les conditions exposées page 133.

Pour plus d'information, reportez-vous page 150.

4.1.4. Le statut social du gérant de l'EURL

L'associé gérant a obligatoirement le statut de **travailleur indépendant** comme le gérant majoritaire d'une SARL imposée à l'IS (voir page 123). L'assiette des cotisations dépend du régime fiscal de l'EURL (voir les informations concernant le gérant majoritaire dans le tableau page 124).

Le gérant non associé a le statut de **salarié**. Cependant, s'il cogère avec l'associé unique ou s'il est le conjoint de l'associé unique, il est assimilé à un gérant majoritaire et a obligatoirement le statut de **travailleur indépendant**.

Le gérant non associé non rémunéré ne relève d'aucun régime obligatoire.

4.1.5. Les pouvoirs du gérant

Les pouvoirs du gérant à l'égard des tiers sont les mêmes que dans la SARL (voir page 179). Ainsi, les actes du gérant n'engagent pas la SARL s'ils sont de la seule compétence des associés. Cependant, dans une EURL, cette règle ne semble pas pouvoir s'appliquer car tous les pouvoirs sociaux sont réunis entre les mains du gérant associé unique. Cette règle s'applique si le gérant n'est pas l'associé unique.

Zoom n° 88

Limiter les pouvoirs du gérant de l'EURL

Si le gérant n'est pas l'associé unique, les statuts peuvent limiter les pouvoirs du gérant et prévoir que certaines opérations importantes sont subordonnées à l'autorisation préalable de l'associé unique.

4.1.6. La responsabilité du gérant

Le gérant de l'EURL encourt les mêmes responsabilités civiles, pénales et fiscales que le gérant de la SARL pluripersonnelle (voir page 137). De plus, en cas de confusion de patrimoine, la responsabilité de l'associé unique pourra être mise en œuvre dans le cadre d'une procédure de redressement judiciaire frappant l'EURL défaillante (voir page 143).

4.2. Le contrôle de l'EURL

4.2.1. Les conventions entre l'EURL et l'associé unique

L'associé unique peut passer avec l'EURL une **convention réglementée**. Le domaine des conventions réglementées est le même que dans la SARL (voir page 195).

En revanche, la procédure est plus simple[1]. En effet, les conventions réglementées sont seulement mentionnées au registre[2] des décisions. Il n'y a donc pas de rapport spécial du gérant ou du commissaire aux comptes et d'approbation par l'associé unique.

Les **conventions interdites** sont les mêmes que dans la SARL (voir page 181). L'interdiction s'applique à l'associé unique personne physique[3] et au gérant non associé. En revanche, l'interdiction ne s'applique pas à l'associé unique personne morale.

Zoom n° 89

Conventions entre l'EURL et l'associé unique

Le gérant associé d'une EURL peut cautionner au nom de l'EURL les engagements d'une SARL dont il est associé. Cette convention réglementée doit être mentionnée au registre des décisions.
Le compte courant de l'associé unique ne peut pas être débiteur car c'est une convention interdite.

4.2.2. *L'approbation des comptes sociaux*

Pour chaque exercice, le gérant doit dresser l'inventaire, arrêter les comptes annuels[4] (bilan, compte de résultat et annexe) et établir le rapport de gestion.

1. Cependant, la procédure *a posteriori* s'applique si la convention est intervenue entre l'EURL dotée d'un commissaire aux comptes et le gérant non associé. L'autorisation préalable de la convention par l'associé unique s'applique si la convention est intervenue entre l'EURL non dotée d'un commissaire aux comptes et le gérant non associé. L'autorisation est alors mentionnée au registre.
2. Il faut mentionner la nature et l'objet de la convention, les modalités financières de la convention (prix et modalités de paiement), les sûretés éventuellement consenties…
3. Ainsi qu'à son conjoint, ses ascendants et ses descendants.
4. L'EURL pourra adopter une présentation simplifiée des comptes annuels (voir page 201).

L'associé unique doit approuver les comptes dans le délai de six mois à compter de la clôture de l'exercice[1]. L'EURL doit déposer ses comptes annuels au greffe du tribunal de commerce.

L'affectation des résultats s'effectue dans les mêmes conditions que dans la SARL (voir page 204) :

- *en cas de bénéfice :* dotation à la réserve légale[2], versement à l'associé unique d'un dividende[3] après constatation de l'existence de sommes distribuables et attribution éventuelle d'acomptes sur dividendes[4] ;
- *en cas de pertes :* imputation des pertes et régularisation en cas de perte de la moitié du capital.

4.2.3. Le droit de communication et d'information de l'associé unique non gérant

L'associé unique gérant accède à tous les documents sociaux. En revanche, si l'associé unique n'est pas le gérant, il dispose d'un droit de communication.

Comme dans une SARL, l'associé unique bénéficie d'un droit de communication permanent, d'un droit de communication temporaire et du droit de poser des questions par écrit[5] (voir page 193).

1. Après rapport du commissaire aux comptes, s'il est obligatoire. L'associé unique peut demander la prolongation du délai de six mois.
2. 5 % au moins du bénéfice social, diminué des pertes antérieures, doit être affecté au compte « Réserve légale ». Cette obligation cesse lorsque la réserve atteint le dixième du capital.
3. L'associé unique dispose de manière exclusive de tous les droits pécuniaires attachés aux parts sociales. Tout dividende prélevé par l'associé unique en violation des règles concernant l'approbation préalable des comptes et la constatation de l'existence de sommes distribuables constitue un dividende fictif et expose le gérant, qu'il soit ou non l'associé unique, à des sanctions pénales.
4. *Conditions requises :* établissement d'un bilan certifié par un commissaire aux comptes faisant apparaître que la société, depuis la clôture de l'exercice précédent, après constitution des amortissements et provisions nécessaires et déduction faite, s'il y a lieu, des pertes antérieures ainsi que des sommes à porter aux réserves légales et, éventuellement, statutaires, a réalisé un bénéfice d'un montant au moins égal à celui des acomptes.
5. En revanche, l'associé unique non gérant ne peut pas poser par écrit des questions auxquelles le gérant est tenu de répondre au cours de l'assemblée.

Cas n° 39

La SARL est-elle la structure adaptée à votre projet ?

Le gérant d'une EURL refuse de mettre à la disposition de l'associé unique l'un des documents suivants concernant les trois derniers exercices : les comptes annuels, les inventaires, les rapports du gérant et, le cas échéant, des commissaires aux comptes, les décisions de l'associé unique.
L'associé unique peut mettre fin aux fonctions du gérant. Le refus injustifié de satisfaire au droit de communication permanent constitue un juste motif de révocation faisant échec à l'octroi de dommages-intérêts au gérant révoqué.

4.2.4. Le commissaire aux comptes

Comme dans la SARL, le commissaire aux comptes est obligatoire uniquement si l'EURL est importante (voir page 197). Les comptes annuels et le rapport de gestion doivent être tenus, au siège social, à la disposition du commissaire aux comptes deux mois au moins avant la décision d'approbation des comptes par l'associé unique (ce délai est de quarante-cinq jours dans la SARL).

4.3. Le pouvoir de décision de l'associé unique

L'associé unique de l'EURL exerce les pouvoirs de l'assemblée des associés de la SARL (voir page 182). Il peut notamment procéder aux modifications statutaires : les règles de majorité de la SARL ne s'appliquent pas puisqu'il n'y a qu'un seul associé dans l'EURL.

L'associé unique a l'initiative des décisions. Cependant, si la gérance est confiée à un tiers, le gérant peut provoquer les décisions de l'associé unique (approbation des comptes annuels…).

Si l'EURL a un commissaire aux comptes, l'associé doit aviser à l'avance le commissaire aux comptes de la décision qu'il compte prendre.

L'associé unique ne peut pas déléguer ses pouvoirs d'associé, même au profit de son conjoint. En revanche, en tant que gérant, l'associé unique gérant peut déléguer certains de ses pouvoirs de gérance (voir page 182).

Les décisions unilatérales de l'associé unique sont **répertoriées dans un registre**. Le registre est tenu au siège social. Il est coté et paraphé. Les copies ou extraits du registre sont certifiés conformes par le gérant.

Les décisions prises en violation des dispositions précédentes[1] peuvent être **annulées** à la demande de tout intéressé.

4.4. La gestion fiscale de l'EURL

4.4.1. L'imposition des bénéfices réalisés par l'EURL

L'EURL est soumise à l'impôt sur le revenu. Cependant, elle peut opter pour l'impôt sur les sociétés. En revanche, si l'associé unique est une personne morale, l'EURL est obligatoirement soumise à l'impôt sur les sociétés, même si la personne morale est soumise à l'impôt sur le revenu. Reportez-vous page 217 et suivantes pour connaître les modalités détaillées de l'imposition des bénéfices.

Imposition des bénéfices réalisés par l'EURL		
	Si l'associé unique de l'EURL est une...	
	personne physique	**personne morale**
L'EURL est soumise à	l'impôt sur le revenu avec option possible pour l'impôt sur les sociétés **IR** ou **IS**	l'impôt sur les sociétés **IS** uniquement

L'EURL soumise à l'impôt sur le revenu peut adhérer :

- à un centre de gestion agréé (CGA) si elle exerce une activité industrielle, commerciale ou artisanale (BIC) ;
- à une association agréée de gestion (AAG) si elle exerce une activité libérale (BNC) ;
- ou à un centre de gestion agréé agricole si elle exerce une activité agricole (BA).

1. Violation des règles légales ou statutaires relatives aux formes et conditions de validité des décisions sociales, y compris de l'interdiction pour l'associé unique de déléguer ses pouvoirs.

L'adhésion à un centre de gestion agréé permet à l'administration fiscale de mieux connaître les revenus du gérant qui est assimilé à un travailleur indépendant. En contrepartie, il bénéficie d'avantages essentiellement fiscaux.

Avantages et obligations de l'adhésion à un centre de gestion agréé ou à une association agréée de gestion	
Avantages	
Évite la majoration de 25 % du bénéfice imposable	À défaut d'adhésion, le bénéfice imposable est majoré de 25 %.
Meilleure déductibilité du salaire du conjoint de l'associé	Le salaire du conjoint de l'associé est entièrement déductible. À défaut, le salaire du conjoint est déductible dans la limite de 13 800 € en cas de régime de communauté. En cas de régime de séparation de biens, le salaire est toujours déductible s'il n'est pas excessif et s'il correspond à un travail effectif.
Régularisation de la situation fiscale antérieure sans pénalité	Dans les trois mois de l'adhésion, les déclarations antérieures erronées peuvent être régularisées sans pénalité (sauf manœuvres frauduleuses), et sous réserve de payer le supplément d'impôt dans le délai imparti.
Formation	Les centres organisent des réunions, des séminaires de formation et diffusent des informations pour améliorer les connaissances économiques, comptables et fiscales des adhérents.
Comptabilité	Le centre de gestion fournit à l'adhérent, dans les six mois de la clôture de l'exercice, un dossier de gestion (ratios divers, tableau de financement, commentaires sur la situation économique et financière...).
Obligations	
L'adhérent doit s'engager à...	• tenir une comptabilité sincère de l'exploitation ; • communiquer au centre le bilan, le compte de résultat et les annexes ; • accepter les règlements par chèques et en informer la clientèle dans la correspondance et dans les locaux professionnels ; • payer un droit d'entrée et une cotisation annuelle.

NB : La réduction d'impôt de 915 € pour frais de comptabilité et d'adhésion à un centre de gestion agréé s'applique uniquement aux entreprises individuelles.

Cas n° 40

Avantages de l'adhésion à un centre de gestion agréé

Monsieur Déméter exerce une activité de vente de matériel informatique d'occasion dans le cadre d'une EURL imposée à l'IR. Son chiffre d'affaires pour N est de 100 000 €. Ses charges sont de 80 000 € dont 23 800 € de salaire versé à son conjoint et 1 000 € de frais de tenue de comptabilité. Ils sont mariés sans contrat. Le taux moyen d'imposition du couple est de 30 %.

Déterminer le bénéfice imposable selon que Monsieur Déméter adhère ou non à un centre de gestion agréé.

	Adhésion à un CGA	
	Non	**Oui**
Produits Charges	100 000 € – 80 000 €	100 000 € – 80 000 €
Résultat comptable	**20 000 €**	**20 000 €**
Salaire du conjoint non déductible	10 000 €	
	30 000 €	**20 000 €**
Majoration de 25 %	7 500 €	
Résultat imposable	**37 500 €**	**20 000 €**
Impôt sur le revenu au taux de 30 % Prélèvements sociaux au taux de 8 %	11 250 € 3 000 €	6 000 € 1 600 €
Imposition globale Économie d'impôts Pour un coût d'adhésion de	**14 250 €**	**7 600 €** 6 650 € – 300 €
Économie globale		**6 350 €**

Zoom n° 90

Les intérêts d'emprunt pour l'acquisition des parts sociales d'une EURL imposée à l'IR sont déductibles

Si l'associé qui exerce son activité professionnelle dans le cadre d'une EURL soumise à l'IR, a contracté un emprunt pour acquérir les parts sociales, il peut déduire les intérêts d'emprunt de son bénéfice dans l'EURL.

.../...

(Suite zoom n° 90)

— .../...

En cas de transformation d'une SARL soumise à l'IS en une EURL soumise à l'IR, les intérêts déductibles sont les intérêts dus uniquement après la transformation. Ces dispositions s'appliquent à la SARL de famille qui a opté pour l'IR.

4.4.2. L'imposition des bénéfices distribués par l'EURL

Si l'EURL est soumise à l'IS, les dividendes qu'elle distribue sont imposés au niveau de l'associé unique et ouvrent droit à l'avoir fiscal. En revanche, si l'EURL est soumise à l'IR, les dividendes distribués ne sont pas imposés au niveau de l'associé unique car ils correspondent à des bénéfices qui ont déjà été directement imposés au niveau de l'associé unique (l'EURL est transparente fiscalement). Reportez-vous page 242 et suivantes pour connaître les modalités détaillées de l'imposition des bénéfices distribués par l'EURL.

4.4.3. L'ISF

Si l'EURL est soumise à l'IS, les parts sociales de l'EURL sont exonérées d'ISF si elles représentent l'outil de travail de l'associé unique. L'associé unique doit être gérant et être bien payé (par définition, il possède au moins 25 % des droits financiers et des droits de vote de la société puisqu'il est l'associé unique). Les modalités détaillées sont exposées page 239.

Si l'EURL est soumise à l'IR, les parts sociales de l'EURL sont considérées comme un élément d'actif affecté à l'exercice de la profession. Pour l'associé unique gérant qui exerce son activité principale dans l'EURL, ses parts sociales sont exonérées d'ISF.

5. La cession des parts sociales de l'EURL

Si l'associé unique cède la totalité de ses parts sociales à un acheteur, l'EURL ne change pas de régime (l'EURL reste unipersonnelle).

Sur le plan fiscal, cette cession d'actions n'est pas assimilée à une cession d'entreprise.

Si l'associé unique cède ses parts sociales à plusieurs personnes, l'EURL devient alors une SARL.

La cession des parts sociales est imposée au taux de 5 %. Les plus-values réalisées lors de la cession des parts sociales sont imposées selon un régime d'imposition qui dépend de la qualité de l'associé (voir page 91).

6. Comment dissoudre l'EURL ?

6.1. Les causes de la dissolution

Les causes de dissolution de l'EURL sont les mêmes que celles de la SARL à l'exception de celles qui supposent une pluralité d'associés. L'EURL peut donc être dissoute pour toutes les causes indiquées au tableau page 75 à l'exception de la dissolution pour mésentente entre les associés qui ne s'applique pas à l'EURL car elle n'est composée que d'un seul associé. De plus, la dissolution pourra intervenir si l'associé unique est une EURL. Le décès de l'associé unique n'entraînera pas la dissolution de l'EURL.

6.2. Les modalités de la dissolution

6.2.1. La liquidation quand l'associé unique est une personne physique

Si l'associé unique est une personne physique, la dissolution de l'EURL est obligatoirement suivie de sa liquidation[1]. Les modalités de liquidation

1. La loi sur les nouvelles régulations économiques modifie l'article 1844-5 du Code civil : la dévolution universelle du patrimoine ne s'applique pas si l'associé unique est une personne physique.

de la SARL s'appliquent donc à l'EURL (voir page 71). Les conséquences fiscales de la liquidation sont les mêmes (voir page 75).

6.2.2. La dissolution-partage quand l'associé unique est une personne morale

Si l'associé unique est une personne morale, la dissolution de l'EURL n'est pas suivie de sa liquidation[1]. La dissolution de l'EURL entraîne simplement l'appropriation par l'associé unique personne morale de l'ensemble du patrimoine de la société[2] dissoute sauf si les créanciers de la société font opposition à la dissolution dans les trente jours de sa publication. L'associé unique devient indéfiniment responsable des dettes de la société (voir cas n° 41, page 297).

La personnalité morale de la société va subsister pendant le délai de trente jours ouvert aux créanciers sociaux pour faire opposition. Pendant cette période, la société doit être représentée. Le gérant peut assurer cette représentation[3].

Les créanciers sociaux peuvent faire opposition à la dissolution de l'EURL pour sauvegarder leurs droits. L'opposition doit être présentée devant le tribunal de commerce du lieu du siège de l'EURL dissoute, dans un délai de trente jours à compter de la publication de la dissolution dans un journal d'annonces légales.

Le tribunal peut alors rejeter l'opposition, ou ordonner le remboursement des créances ou ordonner la constitution de garanties. La transmission du patrimoine de l'EURL à l'associé unique et la disparition de sa personnalité morale ne sont réalisées[4] qu'après l'exécution de la décision prise par le tribunal.

---

1. L'absence de liquidation et la transmission universelle à l'associé unique s'appliquent de plein droit sans qu'il soit possible d'y déroger.
2. L'associé unique recueille l'intégralité du patrimoine de l'EURL et se substitue à la société dissoute dans tous ses biens, droits et obligations.
3. Le gérant assure la gestion courante de la société, la représente en justice notamment en cas d'opposition d'un créancier, arrête la situation comptable des biens et dettes transférés à l'associé unique, constate la date à partir de laquelle s'opèrent la transmission du patrimoine et la disparition de la personne morale et accomplit les formalités de publicité.
4. Opposition rejetée en première instance ou remboursement des créances effectué ou garanties constituées.

Cas n° 41

La dissolution de l'EURL entraîne la responsabilité indéfinie de l'associé personne morale

L'associé unique personne morale d'une EURL souhaite dissoudre sa société. Il dresse un état complet et valorisé de tous les éléments d'actif et de tous les engagements de sa société, y compris ceux qui n'ont qu'un caractère latent (engagements pouvant résulter d'un contrôle fiscal et d'un contentieux avec un salarié). Il en résulte qu'il n'a pas la certitude que les éléments d'actif seront suffisants pour payer les dettes sociales.
Doit-il envisager la dissolution de l'EURL ?

La dissolution de l'EURL par l'associé unique personne morale entraîne la transmission universelle du patrimoine de la société y compris le passif à l'associé unique. L'associé unique devient indéfiniment responsable des dettes de la société alors que sa responsabilité était limitée au montant de ses apports.

- L'associé unique peut décider la dissolution de la société. La dissolution-confusion de l'article 1844-5 du Code civil est l'un des seuls moyens de fusionner des sociétés dont l'une présente un actif net négatif.
- L'associé unique peut décider de ne pas dissoudre la société. Il peut alors céder à un tiers une partie de ses parts sociales. L'EURL devient pluripersonnelle. La responsabilité de l'associé restera alors limitée au montant de ses apports. La dissolution de l'EURL sera suivie de la liquidation. L'associé ne sera pas contraint au paiement des dettes sociales non remboursées dans le cadre de la liquidation.

Cas n° 42

Les créanciers d'une société, associé unique d'une EURL, peuvent-ils s'opposer à la dissolution de l'EURL ?

Une EURL en difficulté financière est dissoute. Sa dissolution risque d'entraîner une diminution du patrimoine de l'associé unique.

La dissolution de l'EURL entraîne la confusion du patrimoine de l'EURL avec celui de l'associé unique. Cette confusion porte préjudice aux créanciers de l'associé unique puisqu'elle entraîne une diminution du patrimoine de l'associé unique. Comme le droit d'opposition est réservé aux créanciers, ce droit peut être exercé par les créanciers de l'EURL et, semble-t-il, par les créanciers de l'associé unique.

7. Comment transformer l'EURL ?

L'EURL peut être transformée en SASU car c'est également une société unipersonnelle (l'EURL et la SASU ont un seul associé).

L'EURL peut être transformée en une société pluripersonnelle si l'associé unique cède au préalable ses parts sociales. L'EURL devient alors une SARL. La transformation d'une SARL en une société d'une autre forme est exposée page 61.

7.1. Transformation de l'EURL en SASU

L'associé unique d'une EURL peut transformer sa société en SASU par simple décision unilatérale. Comme le capital de l'EURL et de la SASU est librement fixé par les associés, la transformation de l'EURL en SASU n'a pas d'incidence sur le capital. Dans sa décision de transformation, l'associé unique doit indiquer les nouveaux statuts de la société, les nom, prénom et domicile de la personne qui sera le président de la SASU, ainsi que ceux du commissaire aux comptes (pour les modalités précises et les effets de la transformation, voir page 60).

Le coût de la transformation de l'EURL en SASU dépend du changement de régime fiscal de l'EURL (EURL soumise à l'IR ou EURL ayant opté pour l'IS) et/ou du changement d'activité réelle (voir tableau page 67).

7.2. Transformation de L'EURL en SARL

Si l'associé unique cède ses parts sociales à plusieurs personnes, l'EURL devient alors une SARL.

Pour éviter de modifier les statuts, des clauses d'agrément pour limiter la libre cessibilité des parts sociales applicables en cas de pluralité d'associés peuvent être insérées dans les statuts dès la constitution de l'EURL (voir page 86). Ainsi, le passage à la forme pluripersonnelle de la SARL n'entraîne pas de modification des statuts.

Le passage de l'EURL à la SARL peut entraîner un changement de régime fiscal si la SARL est soumise à l'impôt sur les sociétés (l'EURL transformée en SARL change de régime fiscal car elle passe de l'IR à l'IS). Dans ce cas, les incidences fiscales sont très lourdes (voir page 68 le tableau de synthèse).

En revanche, si la SARL peut opter pour l'IR, le passage de l'EURL à la SARL n'est pas assimilé à une cessation d'entreprise car la société continue d'exister sous le même régime fiscal (IR)[1]. Les bénéfices en cours ou les plus-values latentes ne sont pas imposées à l'IS (voir page 68 le tableau de synthèse).

La cession des parts sociales est imposée au taux de 3 %. Les plus-values réalisées lors de la cession des parts sociales sont imposées selon un régime d'imposition qui dépend de la qualité de l'associé (voir page 91).

1. Il en est de même pour une EURL imposée à l'IS qui se transforme en une SARL imposée à l'IS.

7

LA SOCIÉTÉ D'EXERCICE LIBÉRAL CONSTITUÉE SOUS FORME D'UNE SARL OU D'UNE EURL

Une profession libérale peut être exercée dans le cadre :

- **d'une SARL classique** car la qualité d'associé d'une SARL ne confère pas la qualité de commerçant qui est interdite aux membres des professions libérales[1] ;
- ou d'une **société d'exercice libéral** constituée sous la forme d'une SARL[2] (SELARL) ou d'une EURL (SELU : société d'exercice libéral unipersonnelle pour certaines professions réglementées).

La société d'exercice libéral a été créée par la loi du 31 décembre 1990. Des décrets en Conseil d'État pris pour l'exercice de chaque profession libérale déterminent les conditions d'application de cette loi.

1. Cependant, certaines professions libérales ne peuvent être exercées que sous la forme d'une société d'exercice libéral : administrateur judiciaire, avocat, avoué, chirurgien-dentiste, commissaire-priseur, expert agricole et foncier, expert forestier, greffier des tribunaux de commerce, huissier de justice, infirmier, mandataire-liquidateur, masseur-kinésithérapeute, médecin, notaire, vétérinaire.
2. La société d'exercice libéral, créée par la loi du 31 décembre 1990, peut être constituée sous la forme d'une SARL (SELARL), d'une EURL (SELU), d'une SA (SELAFA), d'une SAS (SELAS), d'une SCA (SELCA) ou d'une société en participation d'exercice libéral (SEPEL).

La société d'exercice libéral à responsabilité limitée (SELARL) est une société d'exercice libéral constituée sous forme d'une SARL. Elle est **soumise aux mêmes règles que la SARL avec certaines adaptations**. Nous ne présenterons donc ici que les spécificités de la SELARL. Pour les règles applicables à la SARL, il vous suffit de vous reporter aux autres parties de ce guide.

Zoom n° 91

Exercer une profession libérale en société

Une profession libérale (conseil...) peut être exercée dans le cadre d'une SARL classique. Cependant, certaines **professions réglementées** doivent adopter une **structure juridique spécifique**. L'exercice en commun d'une profession libérale réglementée peut être effectué dans le cadre d'une **société civile professionnelle (SCP)** ou d'une **société d'exercice libéral (SEL)**. La **société civile de moyen (SCM)** est une structure juridique réservée aux professions libérales dont l'objet est la fourniture de moyens matériels (locaux, personnel, matériel) à ses membres afin de faciliter l'exercice de leur profession.
Pour plus d'informations : **www.apce.com** chemin d'accès : choisir un statut juridique, les société, SCP, SEL et SCM.

---

1. Droit d'exercer la profession libérale par les associés

Les décrets en Conseil d'État pris pour l'exercice de chaque profession libérale dans le cadre de la loi du 31 décembre 1990 :

- déterminent les effets de l'interdiction temporaire d'exercer la profession dont la société ou un associé serait frappé ;
- peuvent prévoir qu'un associé n'exerce sa profession qu'au sein d'une seule SEL et ne peut exercer la même profession à titre individuel ou au sein d'une société civile professionnelle (SCP) ;
- peuvent préciser les conditions d'exercice personnel de la profession concernée par les associés ;
- peuvent prévoir des cas où un associé peut être exclu de la SEL et préciser les garanties morales, procédurales et patrimoniales qui lui sont accordées dans ce cas.

L'associé peut cesser l'activité professionnelle qu'il exerce dans la SEL, à condition d'en informer la société par lettre recommandée avec demande d'accusé de réception dans un délai fixé par les statuts (sans qu'il puisse excéder six mois à compter de la notification de cessation d'activité), et d'en aviser le préfet du département du siège social.

La SEL ne peut exercer la profession constituant son objet social qu'après son agrément par l'autorité compétente ou son inscription sur la liste ou au tableau de l'ordre professionnel.

En cas de contentieux, la loi du 31 décembre 1990 prévoit que, sous réserve des compétences des juridictions disciplinaires, les tribunaux civils sont seuls compétents pour connaître des actions en justice dans lesquelles l'une des parties est une SEL ainsi que des contestations entre associés d'une SEL. Les associés peuvent convenir dans les statuts de soumettre à des arbitres les contestations qui surviendraient entre eux.

2. Capital social

Plus de la moitié du capital social doit être détenue[1] par des professionnels en exercice au sein de la société[2].

1. Directement ou par l'intermédiaire d'une société constituée exclusivement pour le rachat de tout ou partie du capital d'une entreprise par les salariés de l'entreprise rachetée (article 220 *quater* A du CGI).
2. Le complément du capital peut être détenu par des personnes physiques ou morales exerçant la ou les professions constituant l'objet social de la société ; pendant un délai de dix ans, par des personnes physiques qui, ayant cessé toute activité professionnelle, ont exercé cette profession ou ces professions au sein de la société ; par les ayants droit des personnes physiques mentionnées ci-dessus, pendant un délai de cinq ans suivant leur décès ; par une société constituée dans les conditions prévues par l'article 220 *quater* A du CGI si les membres de cette société exercent leur profession au sein de la SEL ; par des personnes exerçant une des professions libérales soumise à un statut législatif ou réglementaire ou dont le titre est protégé, selon que l'exercice de cette profession constitue l'objet social.

Les décrets en Conseil d'État peuvent :

- prévoir la faculté pour toute personne physique ou morale de détenir un quart au plus du capital des sociétés constituées sous la forme de SELARL[1] ;
- limiter le nombre de SEL constituées pour l'exercice d'une profession dans lesquelles une même personne physique ou morale peut détenir des participations ;
- interdire la détention de parts d'une SELARL à des catégories de personnes physiques ou morales déterminées si cette détention est de nature à mettre en péril l'exercice de la profession concernée dans le respect de l'indépendance de ses membres et de leurs règles déontologiques propres.

Zoom n° 92

Répartition du capital social d'une SELARL

Une SEL n'a pas l'obligation d'ouvrir son capital. Ainsi, les statuts d'une SEL peuvent stipuler que le capital social ne pourra être détenu que par des personnes exerçant la profession constituant l'objet social.
Il n'y a pas de pourcentage minimum ou maximum du capital devant être détenu par l'un des professionnels en exercice au sein d'une SEL. Chaque professionnel peut détenir un pourcentage différent du capital de la SEL. Cependant, il faut éviter un partage qui conduit à une prise de contrôle de la société par l'un des professionnels associés.

Si les conditions concernant la détention du capital social ne sont plus remplies en cours de vie sociale, la SEL a un an pour se mettre en conformité. À défaut, tout intéressé peut demander en justice la dissolution de la société. Le tribunal de commerce peut accorder à la société un délai maximal de six mois pour régulariser sa situation. La dissolution ne pourra pas être prononcée par le tribunal si, au jour où il est statué sur le fond, cette régularisation a eu lieu.

1. Cette disposition n'est pas applicable aux professions judiciaires ou juridiques.

3. Responsabilité des associés

Comme dans une SARL, la responsabilité des associés est limitée au montant de leurs apports. Cependant, dans une SEL, chaque associé répond, sur l'ensemble de son patrimoine, des actes professionnels qu'il accomplit, la SEL étant solidairement responsable avec lui.

4. Comptes courants d'associés

Le montant des sommes versées en compte courant ne peut être supérieur[1] :

- au double de la participation dans le capital pour les associés exerçant au sein de la SEL ;
- au montant de la participation dans le capital pour les autres associés.

Les sommes en compte courant ne peuvent être retirées, en tout ou en partie, qu'après notification à la société, par lettre recommandée avec demande d'accusé de réception, moyennant un préavis d'au moins[2] :

- six mois pour les associés exerçant au sein de la SEL ou leurs héritiers ;
- un an pour les autres associés.

5. Cession de parts sociales

Quand la cession des parts sociales de la SELARL est soumise à agrément, l'agrément doit être donné par l'assemblée générale extraordinaire statuant à la majorité des trois quarts des porteurs de parts exerçant la profession au sein de la SELARL. Toute clause contraire, ayant

1. Des seuils inférieurs peuvent être fixés dans les statuts.
2. Des seuils supérieurs peuvent être fixés dans les statuts.

notamment pour effet de modifier, dans quelque sens que ce soit, la règle de majorité, est réputée non écrite.

6. Le gérant

Le gérant de la SELARL est obligatoirement choisi parmi les associés exerçant leur profession au sein de la SELARL. Le gérant de la SELU est donc nécessairement l'associé unique. Les fonctions de gérant peuvent être gratuites ou rémunérées.

7. Conventions réglementées

Les conventions conclues entre la société et un gérant ou un associé, portant sur des opérations courantes et conclues à des conditions normales, peuvent être passées librement. Les autres doivent être soumises à l'approbation des associés. Seuls les professionnels exerçant au sein de la SELARL prennent part aux délibérations lorsque les conventions en cause portent sur les conditions dans lesquelles ils y exercent leur profession.

8. Non-déductibilité des intérêts d'emprunts contractés pour l'acquisition des parts de la SELARL

Les associés exerçant une activité professionnelle dans le cadre d'une société de personnes ont la qualité de travailleur indépendant. Les parts sociales dans la société de personnes représentent leur patrimoine professionnel. Les associés peuvent déduire de leur quote-part de résultat dans la société de personnes les intérêts des emprunts qu'ils ont contractés pour l'acquisition de ces parts sociales.

Dans une SELARL, les associés n'ont pas la qualité de travailleur indépendant mais celle de salarié (gérant minoritaire ou égalitaire) ou de gérant au sens de l'article 62 du CGI (gérant majoritaire). Ils ne peuvent donc pas déduire les intérêts d'emprunts contractés pour l'acquisition des parts de la SELARL.

Zoom n° 93

Constituer un holding dans le cadre d'un RES pour déduire les intérêts d'emprunts contractés pour l'acquisition des parts de la SELARL

Les professionnels constituent entre eux, dans le cadre d'un RES, un holding qui contracte l'emprunt et rachète au moins 95 % des titres de la SEL. Grâce au régime de l'intégration fiscale, le holding peut regrouper son résultat avec celui de la SEL. Les intérêts du holding viennent ainsi en déduction des bénéfices de la SEL. Cependant, ce montage manque de souplesse.

9. Transformation d'une SARL en SELARL

Pour se transformer en SELARL, une SARL doit simplement se mettre en conformité avec les dispositions de la loi du 31 décembre 1990.

8

L'ENTREPRISE AGRICOLE À RESPONSABILITÉ LIMITÉE (EARL)

L'exploitation agricole à responsabilité limitée (EARL) a été créée par la loi du 11 juillet 1985 afin de réduire les risques encourus par les agriculteurs qui sont responsables des dettes de leur exploitation sur la totalité de leur patrimoine et afin de faciliter la transmission des exploitations individuelles ou des sociétés civiles d'exploitation agricole (en particulier de GAEC en cas d'arrivée d'un associé non exploitant).

1. L'EARL en bref

L'entreprise agricole à responsabilité limitée en bref

L'exploitation agricole à responsabilité limitée (EARL), créée par la loi du 11 juillet 1985, est une **société civile dont la responsabilité des associés est limitée au montant de leurs apports**. Les associés de l'EARL ne supportent donc les pertes qu'à concurrence de leurs apports.
L'EARL a pour objet l'exercice d'**activités** réputées **agricoles** dans des conditions comparables à celles existant dans les exploitations agricoles de caractère familial.

.../...

.../...

La surface mise en valeur ne peut excéder 10 fois la superficie minimum d'installation.
L'EARL est constituée **par une ou plusieurs personnes physiques** majeures. Le nombre d'associés est limité à dix. Les **associés exploitants** doivent obligatoirement détenir plus de 50 % du capital social. Le gérant doit être choisi parmi les associés exploitants.
L'EARL est en principe soumise à l'**impôt sur le revenu** avec option possible pour l'impôt sur les sociétés. Les associés exploitants ont le statut social de **travailleur indépendant.** Ils relèvent du régime de la **mutualité sociale agricole** (MSA).

2. Dénomination sociale

L'EARL est désignée par une dénomination sociale à laquelle peut être incorporé le nom d'un ou plusieurs associés et qui doit être précédée ou suivie immédiatement des mots « Exploitation agricole à responsabilité limitée » ou des initiales « EARL » et du montant du capital social.

3. Capital social

Le capital social doit au minimum être de 7 500 €. Il peut être variable (voir page 274).

En cas de réduction du capital social en dessous de 7 500 €, il est nécessaire, dans un délai d'un an :

- de procéder à une augmentation pour porter le capital au montant minimal de 7 500 € ;
- ou de transformer l'EARL en société d'une autre forme.

À défaut, tout intéressé (associé, créancier) peut demander en justice la dissolution de l'EARL, après mise en demeure. Le tribunal ne peut pas prononcer la dissolution si la situation a été régularisée le jour où il statue au fond.

4. Les apports

4.1. Nature et évaluation des apports

Les apports peuvent être des apports en numéraire, des apports en nature, en propriété ou en jouissance. Les apports en nature doivent être évalués dans les statuts.

L'intervention d'un commissaire aux apports est, en principe, obligatoire pour vérifier cette évaluation. Cependant, les futurs associés peuvent décider à l'unanimité que le recours à un commissaire aux apports ne sera pas obligatoire lorsque la valeur d'aucun apport en nature n'excède 7 500 € et si la valeur totale de l'ensemble des apports en nature non soumis à l'évaluation d'un commissaire aux apports n'excède pas la moitié du capital. Les associés sont solidairement responsables pendant cinq ans, à l'égard des tiers, de la valeur attribuée aux apports en nature.

L'apporteur de biens communs à une EARL doit en avertir son conjoint comme dans la SARL (voir page 21). Pour les apports en industrie, voir page 159.

Zoom n° 94

Apports en jouissance pour constituer une EARL

Le fermier peut mettre à disposition d'une EARL les biens qu'il prend à bail[1]. Cet apport en jouissance concourt à la formation du capital social et donne donc lieu à l'attribution de parts sociales. Il est estimé à la valeur de la jouissance apportée. Cet apport ne doit pas modifier le contrat de bail.

4.2. Les droits d'enregistrement

Les apports à l'EARL sont soumis aux **droits d'enregistrement** qui dépendent de la nature des biens apportés, du type d'apport (à titre

1. Dans les conditions prévues par l'article L. 411-37 du Code rural.

onéreux ou à titre gratuit), du régime fiscal de l'apporteur et de l'EARL (IR ou IS). Ces règles sont exposées dans le détail page 39 et suivantes.

Cependant, les apports à titre onéreux qui résultent de la **prise en charge du passif grevant les immeubles apportés** à une EARL sont assimilés à des apports à titre pur et simple : exonération de droits d'enregistrement lors de la création de l'EARL et droit fixe de 230 € en cas d'augmentation de capital.

5. La rémunération des associés

5.1. Fixation de la rémunération

La rémunération des associés qui participent de façon effective aux travaux est fixée par les statuts. Cette rémunération ne peut être ni inférieure au SMIC ni supérieure à trois fois ce salaire (ou à quatre fois ce salaire pour les gérants de l'EARL).

5.2. Imposition de la rémunération

Dans une EARL imposée à l'IR, cette **rémunération** est une **charge** d'exploitation à inscrire au compte 641 « Rémunérations du personnel », mais **qui n'est pas déductible** dans le calcul du résultat fiscal de l'EARL. L'associé est soumis à l'IR sur sa quote-part de bénéfice agricole dans l'EARL (voir page 217). La rémunération est une simple avance sur cette quote-part de bénéfice. L'associé peut adhérer à un centre de gestion agricole pour éviter une majoration de 25 % de sa quote-part de bénéfice agricole dans l'EARL (voir page 218).

Dans une EARL imposée à l'IS, cette **rémunération** est une **charge** d'exploitation à inscrire au compte 641 « Rémunérations du personnel », **qui est déductible** dans le calcul du résultat fiscal de l'EARL. La rémunération de l'associé est soumise à l'IR dans la catégorie de l'article 62 du CGI (rémunération des dirigeants) ou dans la catégorie des traitements et salaires (voir page 150).

	La rémunération de l'associé est imposée à l'IR dans la catégorie...	
EARL imposée à l'IS	**de l'article 62 du CGI**	**des traitements et salaires**
De plein droit	Gérants majoritaires	Gérants minoritaires Associés non gérants
Sur option	Les associés gérants ou non	

6. Les associés exploitants

L'EARL est constituée par une ou plusieurs personnes physiques majeures. Le nombre d'associés est limité à dix. Les associés peuvent être :

- des associés exploitants participant effectivement à l'exploitation et qui doivent obligatoirement détenir plus de 50 % du capital social ; le ou les gérants doivent être choisis parmi eux ;
- des associés simples apporteurs de capitaux.

L'EARL comprend obligatoirement un ou plusieurs associés exploitants[1]. Les statuts doivent mentionner le nom des associés exploitants.

Les associés exploitants doivent détenir ensemble plus de 50 % des parts représentatives du capital. Les associés exploitants disposent de la majorité des voix dans l'EARL car les associés disposent de droits de vote dans les assemblées proportionnels au nombre de parts qu'ils détiennent. Les statuts peuvent prévoir que les associés exploitants se répartissent d'une façon égalitaire les droits de vote qu'ils détiennent ensemble.

Le gérant (ou les gérants) doit être désigné parmi les associés exploitants titulaires de parts représentatives du capital. Les gérants sont

1. Les associés exploitants doivent participer effectivement à l'exploitation au sens de l'article L. 411-59 du Code rural qui définit les bénéficiaires du droit de reprise.

nommés pour la durée de la société si aucune durée n'a été prévue par les associés. Les statuts fixent le mode d'organisation de la gérance.

Si les associés exploitants ne détiennent plus la majorité du capital ou si la gérance n'est plus confiée à un associé exploitant[1], tout intéressé (associé, créancier) peut demander en justice la dissolution si la situation n'a pas été régularisée dans le délai d'un an[2].

7. Le statut social des associés exploitants

Les associés exploitants ont le statut social de **travailleur indépendant**. Ils relèvent du régime de la mutualité sociale agricole (MSA).

L'assiette des cotisations dues par les associés exploitants d'une EARL est répartie en parts égales entre eux, sauf si les statuts prévoient une participation aux bénéfices différente.

Le montant total des pensions de retraite proportionnelle servies à des coexploitants d'une EARL ne peut excéder celui de la pension qui serait servie à un agriculteur dirigeant seul la même exploitation.

Les prestations d'invalidité sont également allouées aux associés exploitants d'une EARL qui présentent une invalidité réduisant au moins des deux tiers leur capacité à l'exercice de la profession agricole.

L'assurance accidents du travail-maladies professionnelles garantit également le versement d'une pension d'invalidité aux associés exploitants d'une EARL qui présentent une invalidité réduisant au moins des deux tiers leur capacité de travail.

1. Jusqu'à la régularisation de la situation, l'EARL peut être gérée par une personne physique désignée par les associés ou, à défaut, par le tribunal à la demande de tout intéressé. Le gérant provisoire peut être un associé ou un tiers.
2. Ce délai est porté à 3 ans si la situation résulte de la cessation d'activité d'un associé exploitant à la suite de son décès ou d'une inaptitude à l'exercice de la profession agricole (dans les conditions exigées pour l'attribution d'une pension d'invalidité). Le tribunal ne peut pas prononcer la dissolution si la situation a été régularisée le jour où il statue au fond.

8. Les décisions collectives

Les décisions collectives sont prises à l'unanimité des associés ou selon les dispositions statutaires, en assemblée, lors d'une consultation écrite ou dans un acte (voir page 183). L'associé unique exerce les pouvoirs de l'assemblée.

9. L'imposition des bénéfices de l'EARL

9.1. EARL soumise à l'impôt sur le revenu

L'EARL unipersonnelle (EARL constituée d'un seul associé), **l'EARL de famille** (EARL composée des membres d'une même famille[1]) et **l'EARL créée avec un exploitant qui s'installe**[2] sont soumises à l'**impôt sur le revenu**. Elles peuvent **opter pour l'IS**.

Le bénéfice de l'EARL est déterminé en appliquant les règles des « Bénéfices agricoles » (BA) car c'est l'activité qui détermine le mode d'imposition. Le bénéfice (le déficit) dégagé par l'EARL est soumis à l'impôt sur le revenu (déduit) directement au niveau des associés à hauteur de leur quote-part dans les droits sociaux (l'EARL est transparente fiscalement). Le mécanisme d'imposition est donc le même que celui d'une SARL de famille ou d'une EURL soumise à l'impôt sur le revenu (voir page 231).

1. Les membres de la famille sont les parents en ligne directe, les frères et sœurs ainsi que les conjoints de ces personnes. Chacun des associés doit être directement uni aux autres soit par des liens de parenté directs ou collatéraux jusqu'au deuxième degré, soit par le mariage.
2. EARL créée depuis le 1er janvier 1989 uniquement entre l'apporteur de tout ou partie d'une exploitation individuelle et un exploitant qui s'installe simultanément. Les membres de leurs familles peuvent entrer en cours de vie sociale. L'EARL doit disposer d'une superficie au moins égale à la moitié de la SMI (surface minimale d'installation) multipliée par le nombre d'associés dans la limite de dix SMI.

Les intérêts d'emprunt contractés pour l'acquisition des parts sociales sont déductibles de la quote-part de bénéfice de l'associé.

L'EARL peut déduire une fraction de son bénéfice à la clôture de chaque exercice en vue de financer, dans les cinq années qui suivent, les stocks, les immobilisations amortissables ou des parts de sociétés coopératives agricoles.

Zoom n° 95

EARL de famille

La définition de l'EARL de famille est plus libérale que celle de la SARL de famille (voir page 23). Ainsi, une société entre beaux-frères est une EARL de famille. L'Administration exclut de la définition des EARL de famille une EARL constituée entre deux frères et le fils de l'un d'eux.

Zoom n° 96

EARL créée avec un exploitant qui s'installe mais imposée à l'IS

L'EARL doit résulter de l'apport d'une exploitation et de l'installation simultanée d'un jeune agriculteur pour pouvoir être soumise à l'impôt sur le revenu. À défaut, l'EARL est soumise à l'impôt sur les sociétés. Sont ainsi soumises à l'impôt sur les sociétés les EARL suivantes :

- une EARL à associé unique dont un jeune exploitant qui s'installe, non apparenté à l'associé unique, devient associé ;
- une EARL de famille dont un jeune exploitant non apparenté devient associé.

Zoom n° 97

Une EARL imposée à l'IS reste imposée à l'IS

Une EARL soumise à l'IS qui au cours de sa vie vient à être composée de deux familles qui pourraient remplir les conditions pour constituer une EARL de famille reste soumise à l'IS.

Zoom n° 98

Une EARL imposée à l'IR peut réaliser des activités commerciales accessoires

Une EARL dont l'activité commerciale ne dépasse 30 % du chiffre d'affaires tiré de l'activité agricole ou 30 000 € est soumise à l'impôt sur le revenu pour l'ensemble de son activité[1]. En cas de dépassement de ces limites, l'EARL est imposée à l'IS. Ce changement de régime fiscal a des conséquences fiscales lourdes (voir page 67).

Zoom n° 99

Une EARL de famille réalisant des activités commerciales importantes doit se transformer en SARL de famille pour échapper à l'IS

Une EARL dont l'activité commerciale dépasse 30 % du chiffre d'affaires dégagé par l'activité agricole ou 30 000 € est imposée à l'IS pour l'ensemble de son activité. L'EARL de famille peut alors se transformer en SARL de famille qui opte pour l'IR dans l'acte constatant la transformation évitant ainsi un changement de régime fiscal (la société reste à l'IR – voir page 66). La SARL de famille aura alors deux activités distinctes :

- l'activité agricole sera imposée selon les règles des « BA » (Bénéfices agricoles) ;
- l'activité commerciale sera imposée selon les règles des « BIC » (Bénéfices industriels et commerciaux).

Chaque associé devra déclarer à l'impôt sur le revenu sa quote-part de BA et de BIC en proportion de ses droits sociaux (la SARL imposée à l'IR est transparente fiscalement).

9.2. EARL soumise à l'impôt sur les sociétés

L'EARL soumise à l'impôt sur le revenu peut opter pour l'impôt sur les sociétés[2]. D'autres EARL sont soumises à l'**impôt sur les sociétés** : il s'agit des **EARL composées de plusieurs associés non parents** en dehors de l'EARL créée avec un exploitant qui s'installe.

1. Pour la vente d'électricité photovoltaïque, les limites sont de 50 % du CAHT ou 100 000 €.
2. Les droits d'enregistrement sur les immeubles apportés à l'EARL avant l'option pour l'IS deviennent alors exigibles.

Le bénéfice de l'EARL est imposé à l'IS au niveau de l'EARL car l'EARL est opaque. Elle peut distribuer des dividendes qui seront imposés au niveau des associés dans la catégorie des « revenus de capitaux immobiliers ». Le mécanisme d'imposition est donc le même que celui d'une SARL imposée à l'IS (voir page 222).

Zoom n° 100

TVA et CET dans une EARL

Le régime de la TVA agricole s'applique à l'EARL dans les conditions ordinaires. L'EARL est exonérée de contribution économique territoriale, tant pour son activité agricole qu'au titre de sa participation à un groupement d'employeurs.

10. Cession des parts de l'EARL

En principe, les parts sociales ne peuvent être cédées qu'avec l'accord unanime de tous les associés et les cessions à des ascendants ou à des descendants ne sont pas soumises à agrément. Cependant, **les statuts peuvent librement définir les modalités d'agrément** en cas de cession de parts sociales.

10.1. EARL soumise à l'impôt sur les sociétés

Si l'EARL est soumise à l'impôt sur les sociétés, les cessions de parts sont soumises au droit de **3 %**, que la cession soit ou non constatée par un acte (voir page 91).

10.2. EARL soumise à l'impôt sur le revenu

Si les parts cédées à l'amiable sont représentatives **d'apport de cheptel et autres biens mobiliers** dépendant d'une exploitation agricole et que leur **cession n'est pas corrélative** à la cession au même acquéreur **de parts représentatives du fonds exploité**, la cession est soumise au

droit fixe de 75 €[1], quel que soit le délai écoulé depuis la réalisation définitive des apports.

Les autres cessions de parts d'EARL sont soumises au droit de **3 % si la cession intervient plus de trois ans après l'apport des biens**. Si la cession intervient moins de trois ans après l'apport des biens, elle est considérée comme ayant pour objet les biens en nature représentés par les titres cédés :

- Le droit d'enregistrement sur les ventes d'immeubles s'applique lorsque les parts cédées sont représentatives de tels biens. Comme il est également de 3 %, cela ne change rien.
- En revanche, pour les biens meubles, l'apport est exonéré. Il y aura donc exonération au lieu de taxation à 3 %.

11. Dissolution de l'EARL

Si l'**EARL est pluripersonnelle**, voir les développements page 75 concernant la SARL.

Si l'**EARL est unipersonnelle**, voir les développements page 295 concernant l'EURL.

1. Pour bénéficier de ce régime de faveur, l'acte (ou la déclaration) de cession doit contenir toutes les indications sur la composition du capital de l'EARL.

9

LA SARL POUR DÉVELOPPER UN PROJET D'ENTREPRENEURIAT SOCIAL

1. La société coopérative d'intérêt collectif (SCIC)

La société coopérative d'intérêt collectif (SCIC) constituée sous forme d'une SARL

La **société coopérative d'intérêt collectif** (SCIC) est une forme d'entreprise coopérative qui a pour objet « la production ou la fourniture de biens et de services d'intérêt collectif, qui présentent un caractère **d'utilité sociale** ». La SCIC peut concerner tous les secteurs d'activité si l'intérêt collectif se justifie au regard des biens et services proposés, mais également au regard de l'organisation du travail et des relations avec les partenaires de la SCIC. La SCIC a un statut de **société commerciale, de SARL** ou de SA **à capital variable**. Comme toute entreprise commerciale, elle est soumise aux impératifs de performance et de bonne gestion. En tant que **coopérative**, la SCIC respecte les règles de répartition du pouvoir selon le principe 1 personne = 1 voix. Cependant, elle peut constituer des collèges permettant de pondérer les voix selon des règles approuvées en assemblée générale. La SCIC implique tous les associés à la vie de l'entreprise et aux décisions de gestion.

.../...

.../...

Elle affecte une part significative de son résultat à des réserves impartageables. C'est l'assemblée des associés qui élit les administrateurs et les dirigeants de la coopérative. La SCIC doit être **agréée**. Une **association** peut être transformée en SCIC. Comme une société commerciale, la SCIC est soumise à l'IS et à la TVA.
La SCIC permet d'associer autour du même projet d'utilité sociale, tous types d'acteurs (salariés, bénévoles, usagers, financeurs, entreprises, associations...) qui peuvent être associés au capital de la coopérative. La SCIC concrétise l'avènement en France de la coopération en **multisociétariat** (*multi-stakeholder).*
L'impartageabilité des réserves de la SCIC la préserve d'une prise de contrôle majoritaire par des investisseurs extérieurs et garantit ainsi son indépendance et sa pérennité.
Pour en savoir plus : consultez les sites www.scic.coop, www.avise.org, www.scop.coop.

1.1. Les associés de la SCIC

Les associés sont des personnes physiques ou des personnes morales qui ont un intérêt suffisant dans le projet économique et sociétal de la SCIC pour souhaiter participer aux décisions d'orientation, en partageant le risque de l'entreprise.

1.1.1. Les catégories d'associés

Peuvent être associés d'une SCIC :

1. les salariés de la coopérative ;
2. les bénéficiaires des biens et services proposés par la coopérative ;
3. les bénévoles ;
4. les collectivités publiques et leurs groupements (dans la limite de 20 % du capital) ;
5. toute personne physique ou morale contribuant à l'activité de la coopérative.

Le nombre minimum de catégories d'associés est de trois.

- La catégorie des associés salariés ainsi que celle des associés bénéficiaires doivent être obligatoirement représentées dans la

SCIC. Mais tous les usagers et tous les salariés ne doivent pas être obligatoirement associés.
- Une autre catégorie doit être au moins présente, en fonction du projet porté par la SCIC (collectivités locales, financeurs...).

La loi ne fixe pas de nombre maximum de catégories. Une SCIC SARL doit donc comprendre au moins 3 associés et au plus 50.

Chaque associé ne peut représenter qu'une seule catégorie d'associés à la fois. Si un associé relève de plusieurs catégories (bénévole et usager par exemple), il devra choisir une seule catégorie dans laquelle il pourra être associé. Une personne peut changer de catégorie si son rapport à la coopérative s'est modifié. Les statuts de la SCIC doivent définir avec précision les catégories d'associés.

1.1.2. L'engagement financier des associés

Pour devenir associé, il faut souscrire au moins une part sociale dans la coopérative. Le montant d'une part est fixé par les statuts de la SCIC. En contrepartie de cet apport en capital, la SCIC pourra verser des intérêts annuels dont le taux est égal, au plus, au taux moyen de rendement des obligations des entreprises privées. Pour une SARL, le montant du capital est librement fixé par les associés en fonction de la taille, de l'activité, et des besoins en capitaux de la société. La responsabilité des associés est limitée à leurs apports en capital.

Le capital est variable : il peut augmenter ou diminuer sans aucune formalité d'enregistrement. Les augmentations et diminutions sont constatées en assemblée générale ordinaire. Le capital ne doit cependant jamais descendre en dessous du quart du capital le plus élevé atteint dans l'histoire de la coopérative.

Les associés peuvent donc entrer et sortir facilement de la société par voie d'apport ou de retrait de leur apport (application de la règle générale des coopératives de la « libre entrée et sortie »). Si un associé décide de quitter la SCIC, le montant du capital qu'il avait apporté à la coopérative lui est remboursé. Aucune plus-value sur les parts ne pourra être réalisée lors de la sortie de la coopérative. Certaines pertes de la coopérative peuvent être imputables sur la valeur des parts. Les statuts peuvent prévoir les délais dans lesquels les coopérateurs qui quittent la coopérative se verront restituer le montant qu'ils avaient immobilisé dans la coopérative.

Les limites des apports en capital des collectivités publiques concernent uniquement les collectivités territoriales et leurs groupements, dont le total cumulé des parts dans le capital de la SCIC ne peut excéder 20 %.

1.1.3. Les collèges d'associés

Les statuts de la SCIC peuvent prévoir le regroupement des associés en collèges au nombre de 3 minimum et 10 maximum.

Les statuts déterminent librement les modalités de la constitution des collèges. Cependant, la constitution des collèges ne peut pas reposer sur le montant du capital apporté par l'associé. À part cette restriction, tout critère est valable s'il a été approuvé par l'assemblée générale : géographique, secteur d'activité, par projet, par affinité acceptée et votée par tous et qui a un sens dans la gestion de la prise de décision collective... Un associé ne peut appartenir qu'à un seul collège.

Pour l'organisation des votes en assemblée générale, on applique, comme dans toute coopérative, la règle de base « **un associé = une voix** » car chaque associé a le même pouvoir.

Cependant, si la coopérative a fait le choix de mettre en place des collèges, cette règle est appliquée différemment :

1. Au sein des collèges d'associés, chaque associé a le même pouvoir : « 1 personne = 1 voix ».
2. Chaque collège dispose d'un nombre de voix défini dans les statuts dans les limites prévues par la loi (10 % du total des voix au minimum, et 50 % au maximum).

1.2. Financement par les collectivités publiques

Les collectivités territoriales peuvent soutenir financièrement les SCIC sur les trois postes suivants :

- Aide au fonctionnement : 100 000 € pour chaque période de trois ans.

- Aide à l'investissement : 15 % du montant des investissements, (7,5 % pour les entreprises employant plus de 50 personnes).
- Aide à la formation : 70 % du montant des projets de formation.

Les autres collectivités publiques peuvent attribuer des subventions dans les limites de leur cadre réglementaire.

1.3. L'agrément de la SCIC

La SCIC doit être agréée par le préfet du département du siège de la société pour une durée de 5 ans renouvelable. L'agrément doit être demandé après la demande d'immatriculation auprès du CFE. L'immatriculation est alors suspendue dans l'attente de la décision d'agrément.

Le préfet doit répondre dans les deux mois de la demande d'agrément. À défaut, l'agrément est considéré comme obtenu d'office.

Pour obtenir l'agrément, la SCIC doit justifier de sa conformité (statuts, capital, préinscription au RCS, liste des dirigeants), et de son caractère d'utilité sociale.

En cas de retrait ou de non-renouvellement d'agrément, la SCIC reste une coopérative. S'il y a des collectivités publiques dans les associés, elles devront quitter la coopérative et demander le remboursement de leurs parts sociales. S'il y avait des collèges, toutes les dispositions les concernant devront être abrogées. La coopérative devra limiter l'accès de ses services aux seuls coopérateurs.

1.4. L'utilité sociale de la SCIC

Pour apprécier l'utilité sociale de la SCIC, le préfet vérifie notamment si « l'activité de la SCIC répond à des besoins émergents ou non satisfaits, contribue à l'insertion sociale et professionnelle, au développement de la cohésion sociale, à l'accessibilité des biens et services, et dans quelles conditions l'activité est exercée » (décret du 21 février 2002).

Selon la jurisprudence, « le caractère d'utilité sociale d'une institution ne découle pas du secteur dans lequel elle exerce son activité, mais bien des conditions dans lesquelles elle l'exerce. Tout secteur d'action socio-économique, qu'il s'agisse de la santé, de l'éducation, de la culture ou, demain, de la protection de l'environnement, peut donner lieu à des activités sociales. » (arrêt du 30 novembre 1973 : association Saint-Luc, clinique du Sacré-Cœur, n° 85586-85598).

1.5. La répartition des excédents et les réserves impartageables

Les excédents de l'entreprise sont répartis de la manière suivante :

1. *Réserve légale* : comme toute coopérative, la SCIC doit affecter au minimum 15 % de ses résultats à une réserve dite « légale » (ce prélèvement cesse lorsque le montant de la réserve s'élève au montant le plus élevé atteint par le capital).
2. *Réserve statutaire* : une fois la réserve légale dotée, la SCIC a l'obligation de verser au minimum 50 % du solde à une réserve dite « statutaire » ou « fonds de développement » (soit 42,5 % des excédents : (100 % – 15 %) × 50 % = 42,5 %).
3. *Rémunération des parts sociales* : le solde peut être en partie affecté à la rémunération des parts sociales.
4. Après déduction des éventuelles aides publiques et associatives, qui doivent être affectées aux *réserves impartageables*, le dernier solde est affecté à ces mêmes réserves. **Au final, 57,5 % minimum des excédents nets annuels sont affectés à des réserves impartageables**.

Les **réserves impartageables** constituent le patrimoine propre de la coopérative. Elles servent à l'exploitation pour financer les investissements ou alimenter le fonds de roulement.

Les réserves impartageables ne peuvent pas être réparties entre les associés. En cas de liquidation de l'entreprise, ces réserves seront attribuées à une autre structure poursuivant le même but d'utilité sociale que la SCIC : coopératives, collectivités publiques…

1.6. La révision coopérative

Les SCIC sont soumises à l'obligation de révision coopérative. Le réviseur est agréé par la Commission nationale de la révision. La révision coopérative a pour vocation de valider la conformité du fonctionnement de la coopérative au regard de ses obligations légales (répartition des excédents, organisation du sociétariat...), et d'éclairer les associés sur la situation économique de la coopérative.

1.7. Le régime fiscal de la SCIC

On applique les règles de droit commun[1]. La SCIC est donc soumise à l'impôt sur les sociétés, à la TVA et à la taxe professionnelle comme une SARL classique.

1.8. La direction de la SCIC

La SCIC est dirigée par un (ou plusieurs) dirigeant, qui peut être choisi :

- *soit parmi les associés.* S'il s'agit d'un associé détenant un contrat de travail au sein de la SCIC avant son élection, celui-ci pourra continuer à bénéficier de son statut de salarié ;
- *soit à l'extérieur de la SCIC.* Les statuts peuvent alors prévoir l'obligation de salariat pour le dirigeant.

Les dirigeants sont, comme dans toute SARL, responsables de leurs fautes de gestion.

1.9. Transformation d'une association en SCIC

Toute association, coopérative ou société de droit public ou privé, a la possibilité de se transformer en SCIC sans qu'il y ait création de personne morale nouvelle : l'ensemble des actifs et du patrimoine reste donc propriété de la SCIC. De plus, l'ensemble des contrats et des conventions ne sont pas remis en cause.

1. La Commission européenne a accordé aux coopératives sociales italiennes la possibilité de soustraire du bénéfice imposable 30 % du montant versé en réserves impartageables.

2. La société coopérative de production (SCOP)

Une **société coopérative de production** (SCOP) a un statut de société commerciale, de **SARL** ou de SA. Les salariés sont associés majoritaires de l'entreprise dont ils détiennent au moins 51 % du capital. Ils décident collectivement selon le principe coopératif « une personne = une voix », indépendamment du montant de capital détenu. Les salariés réunis autour d'un même projet économique et des mêmes valeurs, s'impliquent totalement dans l'entreprise. Tous les salariés ont vocation à devenir associés dans des modalités définies par les associés existants et avec leur accord.

La SCOP peut accueillir tous types d'associés extérieurs, dans la limite de 49 % du capital et de 35 % des droits de vote, attribués comme pour le salarié selon le principe « une personne = une voix », quel que soit le montant du capital détenu.

Les SCOP peuvent être créées dans tous les secteurs d'activité : commerce, industrie, artisanat, services, multimédia et mêmes certaines professions libérales réglementées (architectes, géomètres-experts).

La SCOP se constitue un patrimoine propre grâce à des réserves financières impartageables qui ne peuvent pas être incorporées dans le capital social ou distribuées. L'impartageabilité de ces réserves préserve la SCOP d'une prise de contrôle majoritaire par des investisseurs extérieurs et garantit ainsi son indépendance et sa pérennité.

Une association peut se transformer en SCOP.

Pour en savoir plus : consultez les sites www.scop.coop et www.apce.com chemin d'accès : choisir un statut juridique, les sociétés, **SCOP**.

3. Les coopératives de commerçants et les coopératives d'artisans

L'organisation des artisans et des commerçants en coopérative leur offre des complémentarités de moyens et des économies d'échelle indispensables pour s'adapter aux exigences du marché, faire face à la concurrence, et répondre aux besoins des sociétaires et de leurs clients.

Le **groupement d'achat** offre aux coopérateurs les moyens de regrouper leurs achats et d'organiser dans le cadre d'une structure commune la négociation des prix, la gestion des stocks et la rationalisation des approvisionnements. Le **groupement de commercialisation** permet aux coopérateurs de décupler leurs moyens de promotion et de vente. La coopérative de commerçants permet de mettre en place une politique commerciale commune afin d'affronter les réseaux intégrés ou franchisés. **Le groupement de production et de services** permet aux petites entreprises de mutualiser leurs outils de production, leurs investissements ou certains de leurs services tertiaires pour assurer leur modernisation et leur compétitivité.

Les coopératives de commerçants et les coopératives d'artisans peuvent être constituées sous forme de **SARL** ou de SA **à capital variable**. Deux associés suffisent pour créer la coopérative sous forme de SARL. En tant que coopérative, les associés d'une coopérative, à la fois sociétaires et utilisateurs, décident collectivement selon le principe coopératif « une personne = une voix », indépendamment du montant de capital détenu. Parallèlement à l'engagement d'activité de leurs membres, les coopératives constituent des réserves impartageables qui représentent un mode de développement durable pour les entreprises adhérentes. Les résultats des coopératives sont répartis au prorata des opérations réalisées.

Les **coopératives d'artisans ou de commerçants** peuvent recruter des associés établis sur le territoire de l'Union européenne afin de faciliter leur accès aux marchés. Les coopératives d'artisans peuvent adhérer à d'autres coopératives en tant qu'associés non coopérateurs afin de mieux diffuser les savoir-faire. Le conjoint collaborateur peut représenter l'entreprise adhérente au sein de la coopérative d'artisans.

ANNEXE

I. Les tableaux comparatifs entre les différentes structures juridiques

I.I. Comparatif de la SARL avec la SNC, la SA et la SAS

Critères juridiques				
	SNC	**SARL**	**SA**	**SAS**
Capital minimum	Pas de minimum exigé.	Pas de minimum exigé.	37 000 €.	Pas de minimum exigé.
Libération du capital	Selon la volonté des associés.	Le capital doit être libéré[1] du cinquième au moins lors de la souscription. Le solde dans les 5 ans.	Le capital doit être libéré[1] : • de la moitié au moins lors de la souscription, • le solde dans les 5 ans.	
Capital variable	Possible.	Possible.	Interdit.	Possible.
Appel public à l'épargne	Interdit.	Interdit.	Autorisé si capital d'au moins 225 000 €.	Interdit.
Nombre d'associés	• Minimum : 2 ; • Pas de maximum sauf clause statutaire limitant le nombre.	• Minimum : 2 (1 pour l'EURL) ; • Maximum : 100.	• Minimum : 7 ; • Pas de maximum.	• Minimum : 2 (1 pour la SASU) ; • Pas de maximum sauf clause statutaire limitant le nombre.
Nomination des dirigeants	*Gérant* nommé par les statuts, ou par l'assemblée des associés. Si rien de prévu, tous les associés sont gérants.	Le ou les *gérants* sont nommés par les statuts, ou par les associés représentant plus de la moitié du capital sauf majorité plus forte prévue par les statuts.	• Le *président-directeur général* est nommé par le conseil d'administration ; • Il est assisté, s'il le souhaite, d'un *directeur général*[2] personne physique, nommé par le CA ;	• Un président, personne *physique* ou morale, doit être obligatoirement désigné. Sa nomination est fonction des clauses statutaires ;

.../...

1. Concerne les apports en numéraire. Les apports en nature doivent être immédiatement libérés.
2. Ou deux si le capital est au moins égal à 75 000 €, cinq si le capital est au moins égal à 1 500 000 €.

	SNC	SARL	SA	SAS
			• Le *conseil d'administration* (3 à 24 membres) est nommé par l'assemblée générale ordinaire.	• *D'autres organes de direction* peuvent être institués par les statuts : vice-président, directeur général, collège de dirigeants.
Révocation des dirigeants	• Révocation des gérants non associés à la majorité simple des associés ; • Révocation à l'unanimité des gérants associés désignés dans les statuts.	Révocation du gérant par les associés à la majorité des parts sociales, sans avoir à en justifier le motif, et sans indemnités[1].	• Le président et les directeurs généraux sont librement révocables par le CA sans motif ni préavis ; • Les membres du CA sont librement révocables par l'assemblée.	Selon les clauses statutaires : • révocation libre ou pour juste motif avec ou sans indemnités ; • révocation à la majorité simple ou renforcée des associés.
Pouvoir des dirigeants	Décisions courantes prises par le gérant. Autres décisions prises par l'assemblée à l'unanimité (un associé = une voix).	Le gérant a les pouvoirs les plus étendus dans ses rapports avec les tiers tant que ses décisions restent dans le cadre de l'objet social.	Le président dispose de pouvoirs étendus, mais il agit dans les limites de la politique fixée par le conseil d'administration.	Le président représente la société envers les tiers. Il a les pouvoirs les plus étendus dans ses rapports avec les tiers.
Mode de consultation des associés	Le mode de consutation des associés *est défini par les statuts* : assemblée des associés, consultation écrite, décision dans un acte, réunion informelle…	Les décisions des associés sont prises en assemblée. Cependant : • possibilité de consultation écrite si les statuts l'ont prévu ; • possibilité d'acte signé de tous les associés.	Les décisions des actionnaires sont prises *uniquement* en assemblée. Possibilité de vote par correspondance auquel est attaché un grand formalisme.	Le mode de consultation des associés est *défini par les statuts* : assemblée des associés, consultation écrite, décision dans un acte, réunion informelle…
Quorum pour les assemblées générales d'associés	Les statuts peuvent prévoir un quorum.	Quorum pour les AGE.	• Pour une AGO : 1/4 des actions sur 1re convocation, pas de quorum sur 2e convocation.	Les statuts peuvent prévoir un quorum.

…/…

1. Octroi de dommages-intérêts en l'absence de juste motif de révocation.

	SNC	SARL	SA	SAS
Majorité pour les décisions des associés	Les conditions de majorité sont *définies par les statuts* : • Un droit de veto peut être institué pour un ou plusieurs associés ; • L'unanimité est exigée pour adopter ou modifier des clauses statutaires restreignant les droits des actionnaires.	• AGO : plus de la moitié des parts sociales ; • AGE : 2/3 des parts sociales[1].	• AGO : plus de 50 % des voix ; • AGE : 2/3 des voix.	Les conditions de majorité sont *définies par les statuts* : • Un droit de veto peut être institué pour un ou plusieurs associés ; • L'unanimité est exigée pour adopter ou modifier des clauses statutaires restreignant les droits des actionnaires.
Approbation des comptes annuels	L'approbation par les associés est obligatoire. Cependant, les modalités sont prévues par les statuts.	AGO.	AGO.	L'approbation par les associés est obligatoire. Cependant, les modalités sont prévues par les statuts.
Dépôt des comptes au greffe	Non.	Obligatoire.		
Cession des droits sociaux	La cession nécessite l'accord de l'ensemble des associés. L'agrément doit, en principe, être donné à l'unanimité des associés.	• Nécessité d'un acte ; • Un original de l'acte de cession est déposé au siège social contre remise par le gérant d'une attestation du dépôt[3] ;	• Les actions sont négociables[2] ; • Les cessions sont faites librement sauf clause d'agrément ou de préemption[4] ;	Les actions sont négociables. *Les statuts déterminent les modalités de cession des actions* : • cessions libres ou soumises à un agrément préalable[5] ;

.../...

1. Double majorité pour cession des parts à des tiers.
2. Elles se transmettent par virement de compte à compte.
3. À défaut, signification par huissier dans les termes de l'article 1690 du Code civil.
4. Ces clauses d'agrément ne peuvent s'appliquer en cas de cession entre époux, un ascendant ou un descendant. La clause d'agrément ne peut jouer entre actionnaires.
5. L'agrément peut être général, y compris pour les cessions entre associés, ou limité à certains associés ; l'agrément peut être donné par les associés ou le président.

	SNC	SARL	SA	SAS
		• La cession aux tiers nécessite le consentement de plus de la moitié des associés représentant au moins 3/4 des parts sociales.	• Le conseil d'administration peut être déclaré compétent pour statuer sur les demandes d'agrément.	• d'autres *clauses statutaires* peuvent s'appliquer[1].
Commissaire aux comptes	Nomination obligatoire uniquement pour les entreprises importantes[3].		Nomination obligatoire[2].	Pas de commissaire aux comptes pour les petites SAS[4].
Statut de l'associé	Statut de commerçant.	Les associés ne sont pas commerçants.		
Responsa-bilité des associés	Les associés sont responsables *indéfiniment et solidairement* des dettes sociales.	La responsabilité des associés est limitée au montant de leurs apports.		
Responsa-bilité des dirigeants	Le gérant est responsable des dettes sociales en cas de faute de gestion. Sa responsabilité fiscale peut être engagée.		Le président est responsable des dettes sociales en cas de faute de gestion. Sa responsabilité fiscale peut être engagée.	

1. Inaliénabilité des actions pendant 10 ans maximum ; exclusion d'un ou plusieurs associés et obligation de céder les actions aux conditions prévues ; suspension du droit de vote et exclusion sous certaines conditions de la société actionnaire dont le contrôle est modifié.
2. Nomination obligatoire d'au moins un commissaire aux comptes pour 6 exercices par les associés.
3. Nomination obligatoire si deux des critères ci-après sont dépassés à la clôture d'un exercice : bilan : 1,55 million d'euros ; CA : 3,1 millions d'euros ; nombre moyen de salariés permanents : 50.
4. Le commissaire aux comptes est obligatoire si la SAS dépasse à la clôture d'un exercice social deux des seuils suivants : 1 000 000 € pour le total du bilan, 2 000 000 € pour le chiffre d'affaires HT ou le nombre moyen de 20 salariés au cours de l'exercice.

Critères sociaux				
	SNC	**SARL**	**SA**	**SAS**
Statut social du dirigeant	• Gérant associé : régime des travailleurs indépendants[1] ; • Gérant non associé : régime des salariés.	• Gérant majoritaire : régime des travailleurs indépendants[1] ; • Gérant minoritaire : régime des salariés[2].	*PDG et directeur général* : régime des salariés[2].	*Président de la SAS* : régime des salariés[2].
Cumul avec un contrat de travail	Impossible pour le gérant associé.	• Gérant minoritaire : possible si les critères du contrat sont réunis ; • Gérant égalitaire : difficile ; • Gérant majoritaire : impossible.	Possible si les critères du contrat de travail sont réunis.	Possible pour le président personne physique si les critères du contrat de travail sont réunis.

Critères fiscaux				
	SNC	**SARL**	**SA**	**SAS**
Imposition de la rémunération du dirigeant	La quote-part de bénéfice de la SNC qui revient à l'associé en fonction de ses droits sociaux constitue sa rémunération. Elle est imposée à l'impôt sur le revenu[3].	Le gérant majoritaire ou minoritaire est assimilé à un salarié : il bénéficie des mêmes abattements qu'un salarié (déduction forfaitaire de 10 % pour frais professionnels).	Le PDG et le DG sont imposés comme un salarié : ils bénéficient des mêmes abattements qu'un salarié.	Le président de la SAS est imposé comme un salarié.

.../...

1. Pas d'assurance chômage UNEDIC.
2. Pas d'assurance chômage sauf si contrat de travail réel cumulable avec le mandat.
3. L'adhésion à un centre de gestion agréé permet à l'associé de bénéficier d'un abattement de 20 % sur sa quote-part de bénéfice.

	SNC	SARL	SA	SAS
Imposition des bénéfices de l'entreprise	Les bénéfices sont soumis à l'impôt sur le revenu au niveau des associés.	Les bénéfices sont soumis à l'impôt sur les sociétés au taux de $33^{1/3}$ %, majoré des contributions exceptionnelles.		
Cession des droits sociaux	3 % sur le prix de cession ou la valeur vénale.	3 % sur le prix de cession après abattement de 23 000 €.	3 % plafonné à 5 000 € par cession quelle qu'en soit la forme.	

1.2. Comparatif de l'EURL avec la SASU et l'entreprise individuelle

	Entreprise individuelle	EURL	SASU
Capital	Aucun minimum exigé.	Aucun minimum exigé.	Aucun minimum exigé.
Libération du capital	L'exploitant fait des apports et des retraits en fonction des besoins de l'entreprise.	Libération du 1/5 à la constitution, le solde au plus tard dans les 5 ans de l'immatriculation au RCS.	Libération de la 1/2 à la constitution, le solde au plus tard dans les 5 ans de l'immatriculation au RCS.
Associé	L'exploitant n'a pas la qualité d'associé (ce n'est pas une société).	Une personne physique ou une personne morale. Une EURL ne peut pas avoir pour associé unique une autre EURL.	Une personne physique ou une personne morale. Une SASU peut avoir pour associé unique une autre SASU.
Direction	L'exploitant assure la direction en tant que chef d'entreprise.	Un gérant personne physique, associé ou non.	Un président personne physique ou personne morale, associé ou non.
Commissaire aux comptes	Non.	Non.	Non.
Droits sociaux	Le capital correspond au compte de l'exploitant (pas de droits sociaux).	Parts sociales non négociables. Droit de revendication du conjoint commun en biens.	Actions librement négociables. Pas de droit de revendication du conjoint commun en biens.
Financement	Apports au compte de l'exploitant qui n'est pas un compte courant.	Impossibilité d'émettre des obligations. Apports en compte courant.	Possibilité d'émettre des obligations. Apports en compte courant.

.../...

	Entreprise individuelle	EURL	SASU
Imposition	Imposition à l'IR au niveau du chef d'entreprise.	Imposition à l'IR au niveau de l'associé unique personne physique[1].	Imposition à l'IS au niveau de la SAS[2].
Responsabilité	Le chef d'entreprise est responsable indéfiniment des dettes de l'entreprise sur ses biens personnels car il y a confusion de patrimoine. Cependant, la responsabilité de l'entrepreneur peut-être limité au patrimoine qu'il affecte à l'entreprise.	La responsabilité de l'associé unique non gérant est limitée à son apport. L'associé unique gérant[3] peut être responsable sur ses biens personnels en cas de faute de gestion.	La responsabilité de l'associé unique non président est limitée à son apport. L'associé unique président[3] peut être responsable sur ses biens personnels en cas de faute de gestion.
Pouvoirs	Le chef d'entreprise est seul à décider.	Le gérant a tous les pouvoirs envers les tiers.	Le président à tous pouvoirs envers les tiers.
Formalisme	Aucun formalisme lié à la structure sociale n'est à respecter (confusion de patrimoine).	L'associé unique doit respecter le formalisme et la réglementation propres à la SARL. Ainsi, pour l'approbation des comptes, il doit rédiger un procès-verbal.	L'associé a une très grande liberté d'organisation de la SASU. Ainsi, l'associé peut approuver les comptes dans un acte.
Cession des droits sociaux	Droit sur le fonds de commerce : 0 % jusqu'à 23 K€ ; 3 % de 23 K€ à 107 K€ ; 5 % au-delà.	Droit de 3 % sur la valeur des parts après abattement de 23 000 €.	Droit de 3 % plafonné à 5 000 € sur la valeur des actions cédées.
Statut fiscal du dirigeant	Le chef d'entreprise est imposé sur le bénéfice dégagé par l'entreprise individuelle dans la catégorie des BIC ou BNC.	Le dirigeant est imposé sur le bénéfice dégagé par l'EURL dans la catégorie des BIC ou BNC.	Le président est assimilé à un salarié : son salaire est imposable entre ses mains et déductible du bénéfice de la SASU.

.../...

1. Imposition à l'IS si l'associé unique est une personne morale ou si l'EURL opte pour l'IS. Le salaire du conjoint n'est déductible que sous certaines limites.
2. La « petite » SAS peut opter pour l'impôt sur le revenu pour une période de 5 ans.
3. En pratique, les établissements de crédit demandent la caution solidaire du dirigeant et de son conjoint.

	Entreprise individuelle	EURL	SASU
ISF	Les biens affectés à l'exercice de la profession sont exonérés d'ISF si la profession est exercée à titre principal.	Les parts de l'associé sont des biens professionnels exonérés d'ISF si l'associé exerce son activité professionnelle principale dans l'EURL.	Les actions sont des biens professionnels exonérés d'ISF si la fonction de président est effectivement exercée et rémunérée[1].
Statut social	Régime des travailleurs indépendants[2].	Régime des travailleurs indépendants[2].	Le président de la SASU bénéficie du régime général de la Sécurité sociale.

1. La rémunération doit représenter plus de la moitié des revenus professionnels.
2. Possibilité de déduire dans certaines limites les cotisations pour financer la protection sociale complémentaire.

INDEX

B

C

D

E

F

G

H

I

L

M

N

O

P

Composé par Sandrine Rénier

Dépôt légal : mai 2010
N° d'éditeur : 4071
IMPRIMÉ EN FRANCE

Achevé d'imprimer le 10 mai 2010
sur les presses de l'imprimerie « La Source d'Or »
63039 Clermont-Ferrand
Imprimeur n° 12586

Dans le cadre de sa politique de développement durable,
La Source d'Or a été référencée IMPRIM'VERT®
par son organisme consulaire de tutelle.
Cet ouvrage est imprimé - pour l'intérieur - sur papier offset « Amber Graphic » 90 g
provenant de la gestion durable des forêts, des papeteries Arctic Paper,
dont les usines ont obtenu les certifications environnementales ISO 14001 et E.M.A.S.